ŒUVRES COMPLÈTES

DE

RONSARD

Nogent-le-Rotrou. — Imprimé par A. Gouverneur, avec les caractères elzeviriens de la Librairie Franck.

ŒUVRES COMPLÈTES
DE
P. DE RONSARD
NOUVELLE ÉDITION

Publiée sur les textes les plus anciens

AVEC LES VARIANTES ET DES NOTES

PAR

M. PROSPER BLANCHEMAIN

TOME VII

PARIS
LIBRAIRIE A. FRANCK
Rue Richelieu, 67

MDCCCLXVI

LES DISCOURS

DE

P. DE RONSARD

Gentilhomme Vandosmois,

DEDIEZ

A LA ROYNE MERE DU ROY.

Dans l'édition de 1623, les Discours sont commentés par Claude Garnier; dans les éditions in-12, ils n'ont pas de commentaires.

AD CAROLUM AGENOREUM,

Episcopum Cenomanensem, (¹)

EPIGRAMMA.

Materiem vellem meliorem fata dedissent
    Spectandi egregios marte vel arte viros
Quàm nuper Gallis Jove quam damnante dederunt
    Tristia proque aris prœlia proque focis.
Si tamen haud aliâ licuit ratione probare
    In patriam quantus fortibus esset amor,
Pace tua dicam fuit hoc, o Gallia, tanti
    Visa quod es vires ipsa timere tuas.
Si modo sic patuit pro laude subire pericla
    Quis posset patriæ proque salute suæ
Ronsardus patriam patriis defenderat armis,
    Carminibus patriis patria sacra canens.
Digna tuo quondam quæ nomine charta legatur,
    Carole Agenoreæ gloria magna domus;
Qui velut auspiciis iisdem quibus usus et ille
    Cenomani vindex ausus es esse soli.
Sic tamen ut linguæ post sancta pericula linguam
    Non timidam fortis sit comitata manus.

(1567.)

1. Charles Vaillant, évêque du Mans.

AVERTISSEMENT. (¹)

En ces Discours de feu Monsieur de Ronsard, qui doivent tenir le premier rang de tout ce qu'il a jamais fait voir au jour, il dépeint excellemment, comme un tableau vivement representé, les miseres et les infortunes, qui sous la minorité du Roy Charles IX, de louable memoire, accablerent presque toute la France, à l'advenement de l'irreligion de Calvin, ministre de Geneve; et manifeste si à nud la verité, qu'il ne se peut mieux, comme estant né dans le monde en l'origine de ceste abominable et plus que miserable secte. Or ayant esté prié de remettre les Œuvres d'un si digne Autheur en leur premier estat, et de leur rendre par une correction volontaire l'honneur qui leur avoit esté ravy par les ignorances, ou par les negligences de la presse, j'ay de mesme esté requis de jetter l'œil sur le parangon de cet Ouvrage, pour y donner un Commentaire (j'entens parler de ces Discours des Miseres de la France). Je me suis rendu ployable aux honnestes prieres que l'on m'en a fait, (nonobstant une infinité de considerations, dont je m'en pouvois distraire) à

1. Extrait du commentaire de Claude Garnier (éd. 1623 in-folio).

condition toutesfois que l'on ne rechercheroit un entier Commentaire de moy, comme chose repugnante aux douces libertez de mon esprit, ains que l'on auroit à gré d'en tirer sans plus un esclaircissement. Je ne doute point que nombre de ceux lesquels ont mis peine de faire authoriser, au prejudice des Muses, leurs nouvelles façons d'escrire, differentes des belles conceptions de l'antiquité, ne renforcent les atteintes dont ils m'ont tousjours assailly, pour me voir estre ennemy de leurs foibles nouveautez; et qu'ils ne prennent icy le temps et l'occasion d'ouvrir entierement la bonde aux orages de leurs medisances. Je n'en doubte point; mais j'y suis tellement fait, que c'est une des moindres passions qui me gouvernent. S'ils croyent faire mieux, la campagne est libre, je ne leur veux rien contester; et puis ce n'est là que je recherche le fondement et la racine de ma gloire. Ceux qui vont dans le bon sentier, et qui n'ont l'ame portée qu'à juger sainement, auront à gré ce petit labeur, et s'ils y trouvent quelque chose à redire, ils considereront à par eux que les hommes ne sont tout parfaits, et que ces attributs ne sont referez qu'à Dieu.

DISCOURS

DES

MISERES DE CE TEMPS.

A LA ROYNE MERE DU ROY. (¹)

Si depuis que le monde a pris commencement,
Le vice d'âge en âge eust pris accroissement,
Il y a ja longtemps (*a*) que l'extreme ma-
lice
Eust surmonté le monde, et tout ne fust que vice ;
Mais puis que nous voyons les hommes en tous lieux
Vivre l'un vertueux, et l'autre vicieux,
Il nous faut confesser que le vice difforme
N'est pas victorieux ; mais suit la mesme forme

a. Var. :

Cinq mille ans sont passez...

1. Catherine de Medicis.
Ce Discours a paru pour la première fois à Paris, chez G. Buon, 1563, in-4° de 6 feuillets. — J'ai vu une édition de la même date, Lyon, 6 feuillets in-4°.

Qu'il receut dés le jour que l'homme fut vestu
(Ainsi que d'un habit) de vice et de vertu.
    Ny mesme la vertu ne s'est point augmentée;
Si elle s'augmentoit, sa force fust montée
Au plus haut periode, et tout seroit ici
Vertueux et parfait, ce qui n'est pas ainsi.
    Or comme il plaist aux mœurs, aux Princes et à l'âge,
Quelquefois la vertu abonde d'avantage,
Le vice quelquefois, et l'un en se haussant,
Va de son compagnon le credit rabaissant,
Puis il est rabaissé; à fin que leur puissance
Ne prenne dans ce monde une entiere accroissance.
    Ainsi il plaist à Dieu de nous exerciter,
Et entre bien et mal laisser l'homme habiter,
Comme le marinier qui conduit son voyage
Ores par le beau temps et ores par l'orage.
    Vous, Royne(¹), dont l'esprit prend plaisir quelquefois
De lire et d'escouter l'histoire des François,
Vous sçavez (en voyant tant de faits memorables)
Que les siecles passez ne furent pas semblables.
    Un tel Roy fut cruel, l'autre ne le fut pas;
L'ambition d'un tel causa mille debats;
Un tel fut ignorant, l'autre prudent et sage;
L'autre n'eut point de cœur, l'autre trop de courage.
Tels que furent les Roys, tels furent leurs sujets;
Car les Roys sont tousjours des peuples les objets.
    Il faut donc dés jeunesse instruire bien un Prince, (²)
A fin qu'avec prudence il tienne sa province.
Il faut premierement qu'il ait devant les yeux
La crainte d'un seul Dieu, qu'il soit devotieux
Envers la sainte Eglise, et que point il ne change

---

1. Catherine de Medicis, espouse du Roy Henry II du nom, et mere des Roys François II, Charles IX, Henry III, et François Duc d'Anjou, de Berry et de Touraine.

2. Il entend parler du Roy Charles IX, le pere des lettres et des Muses, lors regnant, et lequel estoit encores, pour sa minorité, sous la regence de la Royne sa mere.

La foy de ses ayeux pour en prendre une estrange;
Ainsi que nous voyons instruire notre Roy,
Qui par vostre vertu n'a point changé de loy.
   Las! Madame, en ce temps que le cruel orage
Menace les François d'un si piteux naufrage,
Que la gresle et la pluye, et la fureur des cieux
Ont irrité la mer de vents seditieux,
Et que l'astre jumeau ne daigne plus reluire,
Prenez le gouvernail de ce pauvre navire,
Et maugré la tempeste, et le cruel effort
De la mer et des vents, conduisez-le à bon port.
   La France à joinctes mains vous en prie et reprie,
Las! qui sera bien tost et proye et moquerie
Des Princes estrangers, s'il ne vous plaist en bref
Par vostre authorité appaiser son meschef.
   Hà! que diront, là bas, sous les tombes poudreuses,
De tant de vaillans Roys les ames genereuses?
Que dira Pharamond, Clodion, et Clovis?
Nos Pepins, nos Martels, nos Charles, nos Loys,
Qui de leur propre sang versé parmy la guerre
Ont acquis à nos Roys une si belle terre?
   Que diront tant de Ducs et tant d'hommes guerriers
Qui sont morts d'une playe au combat les premiers,
Et pour France ont souffert tant de labeurs extrêmes,
La voyant aujourd'huy destruire par nous-mesmes?
   Ils se repentiront d'avoir tant travaillé,
Querellé, combattu, guerroyé, bataillé,
Pour un peuple mutin divisé de courage,
Qui perd en se jouant un si bel heritage,
Heritage opulent, que toy peuple qui bois
Dans l'Angloise Tamise, et toy More qui vois
Tomber le chariot du soleil sur ta teste,
Et toy race Gothique aux armes tousjours preste,
Qui sens la froide bise en tes cheveux venter,
Par armes n'avez sceu ny froisser ny domter.
   Car tout ainsi qu'on voit une dure coignée
Moins reboucher son fer, plus est embesongnée
A couper, à trancher, et à fendre du bois,

Ainsi par le travail s'endurcit le François;
Lequel n'ayant trouvé qui par armes le donte,
De son propre couteau soi-mesme se surmonte.
Ainsi le fier Ajax fut de soy le vainqueur,
De son propre poignard se transperçant le cœur.
Ainsi Rome jadis des choses la merveille,
(Qui depuis le rivage où le soleil s'éveille,
Jusques à l'autre bord son empire estendit)
Tournant le fer contre elle à la fin se perdit.
 C'est grand cas que nos yeux sont si pleins d'une nue,
Qu'ils ne cognoissent pas nostre perte avenue,
Bien que les estrangers ([1]) qui n'ont point d'amitié
A nostre nation, en ont mesme pitié.
Nous sommes accablez d'ignorance si forte,
Et liez d'un sommeil si paresseux, de sorte
Que nostre esprit ne sent le malheur qui nous poingt,
Et voyant nostre mal, nous ne le voyons point.
 Dés long-temps les escrits des antiques prophetes,
Les songes menaçans ([2]), les hideuses cometes,
Avoient assez predit que l'an soixante et deux
Rendroit de tous costez les François malheureux,
Tuez, assassinez; mais pour n'estre pas sages
Nous n'avons jamais creu à si divins presages,
Obstinez, aveuglez. Ainsi le peuple Hebrieu
N'adjoutoit point creance aux prophetes de Dieu;
Lequel ayant pitié du François qui fourvoye,
Comme pere benin, du haut ciel luy envoye
Songes et visions, et prophetes, à fin
Qu'il pleure et se repente, et s'amende à la fin.
 Le ciel qui a pleuré tout le long de l'année,

---

1. L'Espagnol et l'Anglois, qui paravant s'estoient fait assez recognoistre ennemys de la France au regne de François 1er et de Henry II.
2. C'est une particuliere intelligence du temps, comme est le songe de la Royne Marie de Medicis, mere du Roy Louys le Juste et Victorieux, la nuict devant le parricide execrable du Roy Henry le Grand.

Et Seine qui couroit d'une vague effrenée,
Et bestail, et pasteurs, et maisons ravissoit,
De son malheur futur Paris advertissoit, (¹)
Et sembloit que les eaux en leur rage profonde
Voulussent re-noyer une autre fois le monde.
Cela nous predisoit que la terre et les cieux
Menaçoient nostre chef d'un mal prodigieux.
 O toy historien, qui d'encre non menteuse
Escris de nostre temps l'histoire monstrueuse,
Raconte à nos enfans tout ce malheur fatal,
Afin qu'en te lisant ils pleurent nostre mal,
Et qu'ils prennent exemple aux pechez de leurs peres,
De peur de ne tomber en pareilles miseres.
 De quel front, de quel œil, ô siecles inconstans!
Pourront-ils regarder l'histoire de ce temps?
En lisant que l'honneur et le sceptre de France,
Qui depuis si long âge avoit pris accroissance,
Par une opinion nourrice des combats,
Comme une grande roche est bronché contre bas!
 On dit que Jupiter, fasché contre la race
Des hommes, qui vouloient par curieuse audace
Envoyer leurs raisons jusqu'au ciel, pour sçavoir
Les hauts secrets divins que l'homme ne doit voir,
Un jour, estant gaillard, choisit pour son amie
Dame Presomption, la voyant endormie
Au pied du mont Olympe; et la baisant, soudain
Conceut l'Opinion, peste du genre humain;
Cuider en fut nourrice, et fut mise à l'escolle
D'Orgueil, de Fantasie et de Jeunesse folle.
 Elle fut si enflée et si pleine d'erreur,
Que mesme à ses parens elle faisoit horreur.
Elle avoit le regard d'une orgueilleuse beste;
De vent et de fumée estoit pleine sa teste;
Son cœur estoit couvé de vaine affection,

---

1. Ecrit pendant le siege de Paris, formé par le prince de Condé le 25 novembre 1562.

Et sous un pauvre habit cachoit l'ambition ;
Son visage estoit beau comme d'une Sereine ;
D'une parole douce avoit la bouche pleine ;
Legere elle portoit des ailes sur le dos ;
Ses jambes et ses pieds n'estoient de chair ny d'os,
Ils estoient faits de laine et de coton bien tendre,
Afin qu'à son marcher on ne la peust entendre.
    Elle se vint loger par estranges moyens
Dedans le cabinet des theologiens,
De ces nouveaux rabins, et brouilla leurs courages
Par la diversité de cent nouveaux passages,
A fin de les punir d'estre trop curieux,
Et d'avoir eschelé, comme Geans, les cieux.
    Ce monstre que j'ay dit, met la France en campagne,
Mendiant le secours de Savoye et d'Espagne,
Et de la nation qui, prompte au tabourin,
Boit le large Danube et les ondes du Rhin.
    Ce monstre arme le fils contre son propre pere,
Et le frere (ô malheur!) arme contre son frere,
La sœur contre la sœur, et les cousins germains
Au sang de leurs cousins veulent tremper leurs mains ;
L'oncle hait son nepveu, le serviteur son maistre ;
La femme ne veut plus son mary recognoistre ;
Les enfans sans raison disputent de la foy,
Et tout à l'abandon va sans ordre et sans loy.
    L'artisan par ce monstre a laissé sa boutique,
Le pasteur ses brebis, l'advocat sa practique,
Sa nef le marinier, son trafiq' le marchant,
Et par luy le preud'homme est devenu meschant.
L'escolier se desbauche, et de sa faulx tortue
Le laboureur façonne une dague pointue,
Une pique guerriere il fait de son rateau,
Et l'acier de son coutre il change en un couteau.
    Morte est l'authorité ; chacun vit à sa guise ;
Au vice desreglé la licence est permise ;
Le desir, l'avarice, et l'erreur insensé
Ont c'en dessus dessous le monde renversé.
    On a fait des lieux saincts une horrible voirie,

Un assassinement et une pillerie, (a)
Si bien que Dieu n'est seur en sa propre maison ;
Au ciel est revolée et Justice et Raison,
Et en leur place, helas! regne le brigandage,
La haine, la rancueur, le sang et le carnage.
 Tout va de pis en pis ; le sujet a brisé
Le serment qu'il devoit à son Roy mesprisé ;
Mars enflé de faux zele et de vaine apparence,
Ainsi qu'une furie agite nostre France,
Qui, farouche à son Prince, opiniastre suit
L'erreur d'un estranger qui folle la conduit. (b)
 Tel voit-on le poulain, dont la bouche trop forte
Par bois et par rochers son escuyer emporte,
Et maugré l'esperon, la houssine et la main,
Se gourme de sa bride, et n'obéit au frein ;
Ainsi la France court, en armes divisée,
Depuis que la raison n'est plus authorisée.
 Mais vous, Royne tres-sage, en voyant ce discord,
Pouvez en commandant les mettre tous d'accord ;
Imitant le pasteur, qui voyant les armées
De ses mouches à miel fierement animées,
Pour soustenir leurs chefs, au combat se ruer,
Se percer, se piquer, se navrer, se tuer,
Et, parmy les assauts, forcenant pesle-mesle,
Tomber mortes du ciel aussi menu que gresle,
Portant un gentil cœur dedans un petit corps ;
Il verse parmy l'air un peu de poudre, et lors
Retenant des deux camps la fureur, à son aise
Pour un peu de sablon leurs querelles appaise.
 Ainsi presque pour rien la seule dignité

 a. Var. (1578) :

Une grange, une estable, et une porcherie,

 b. Var. (1587) :

L'erreur d'un estranger, et soy-mesmes destruit.

De vos enfans, de vous, de vostre authorité
(Que pour vostre vertu chaque estat vous accorde)
Pourra bien appaiser une telle discorde.
 O Dieu! qui de là haut nous envoyas ton Fils,
Et la paix eternelle avecques nous tu fis,
Donne, je te suppli', que ceste Royne mere
Puisse de ces deux camps (¹) appaiser la colere;
Donne-moy derechef que son sceptre puissant
Soit maugré le discord en armes fleurissant;
Donne que la fureur de la guerre barbare
Aille bien loin de France au rivage Tartare;
Donne que nos harnois de sang humain tachez
Soient dans un magazin pour jamais attachez;
Donne que mesme loy unisse nos provinces,
Unissant pour jamais le vouloir de nos Princes. (a)
 Ou bien (ô Seigneur Dieu!) si les cruels destins
Nous veulent saccager par la main des mutins,
Donne que hors des poings eschappe l'alumelle
De ceux qui soustiendront la mauvaise querelle;
Donne que les serpens des hideuses fureurs
Agitent leurs cerveaux de paniques terreurs.
 Donne qu'en plein midy le jour leur semble trouble,
Donne que pour un coup ils en sentent un double,
Donne que la poussiere entre dedans leurs yeux.
D'un esclat de tonnerre arme ta main aux cieux,
Et pour punition eslance sur leur teste,
Et non sur les rochers les traicts de la tempeste!

 a. Var. (1578) :

Et les armes au croq, sans estre embesongnées
Soient pleines desormais de toiles d'araignées.

 1. De celuy du Roy Charles IX et de celuy de l'Huguenot, qui desja s'estoit campé sur les rangs pour luy donner bataille.

CONTINUATION

DU

DISCOURS DES MISERES DE CE TEMPS.

A LA MESME ROYNE. (1)

Madame, je serois ou du plomb ou du bois,
Si moy que la nature a fait naistre François,
Aux races à venir je ne contois la peine
Et l'extréme malheur dont nostre France est pleine.
 Je veux, maugré les ans, au monde publier
D'une plume de fer sur un papier d'acier,
Que ses propres enfans l'ont prise et devestue,
Et jusques à la mort vilainement batue.
 Elle semble au marchand, helas! qui par malheur,
En faisant son chemin rencontre le volleur,
Qui contre l'estomach luy tend la main armée
D'avarice cruelle et de sang affamée.
 Il n'est pas seulement content de luy piller
La bourse et le cheval; il le fait despouiller,
Le bat et le tourmente, et d'une dague essaye
De luy chasser du corps l'ame par une playe;
Puis en le voyant mort il se rit de ses coups,
Et le laisse manger aux mastins et aux loups.
Si est-ce qu'à la fin la divine puissance
Court aprés le meurtrier et en prend la vengeance;
Et dessus une roue (aprés mille travaux)
Sert aux hommes d'exemple et de proye aux corbeaux.
Mais ces nouveaux tyrans qui la France ont pillée,
Vollée, assassinée, à force despouillée,
Et de cent mille coups le corps luy ont batu,

---

1. Imprimé pour la première fois à Paris, chez Gab. Buon, 1564, in-4° de 10 feuillets.

(Comme si brigandage estoit une vertu)
Vivent sans chastiment, et à les ouïr dire,
C'est Dieu qui les conduit, et ne s'en font que rire.
    Ils ont le cœur si fol, si superbe et si fier,
Qu'ils osent au combat leur maistre desfier,
Ils se disent de Dieu les mignons, et au reste
Qu'ils sont les heritiers du royaume celeste.
Les pauvres insensez! qui ne cognoissent pas
Que Dieu pere commun des hommes d'icy bas
Veut sauver un chacun, et que la grand' closture
Du grand paradis s'ouvre à toute creature
Qui croit en Jesus-Christ. Certes beaucoup de lieux
Et de sieges seroient sans ames dans les cieux,
Et paradis seroit une plaine deserte,
Si pour eux seulement la porte estoit ouverte.
    Or eux se vantant seuls les vrais enfans de Dieu,
En la dextre ont le glaive et en l'autre le feu,
Et comme furieux qui frappent et enragent,
Vollent les temples saincts, et les villes saccagent.
    Et quoy? brusler maisons, piller et brigander,
Tuer, assassiner, par force commander,
N'obéir plus aux Rois, amasser des armées,
Appellez-vous cela Eglises reformées?
    Jesus que seulement vous confessez icy
De bouche et non de cœur, ne faisoit pas ainsi;
Et sainct Paul en preschant n'avoit pour toutes armes
Sinon l'humilité, les jeusnes et les larmes;
Et les peres martyrs aux plus dures saisons
Des tyrans, ne s'armoient sinon que d'oraisons ;
Bien qu'un ange du ciel, à leur moindre priere,
En soufflant eust rué les tyrans en arriere.
    Mais par force on ne peut paradis violer;
Jesus nous a monstré le chemin d'y aller.
Armez de patience il faut suivre sa voye;
Celuy qui ne la suit se damne et se fourvoye. (a)

   a. Var. :
Non amasser un camp, et s'enrichir de proye.

DISCOURS. 19

Voulez-vous ressembler à ces fols Albigeois (¹)
Qui planterent leur secte avecque le harnois ?
Ou à ces Arriens (²) qui par leur frenesie
Firent perdre aux Chrestiens les villes de l'Asie ? (³)
Ou à Zvingle (⁴) qui fut en guerre déconfit,
Ou à ceux que le Duc de Lorraine desfit ?
   Vous estes, dés longtemps, en possession d'estre
Par armes combattus ; nostre Roy vostre maistre
Bien tost à vostre dam le vous fera sentir,
Et lors de vostre orgueil sera le repentir.
   Tandis vous exercez vos malices cruelles,
Et de l'Apocalypse estes les sauterelles,
Lesquelles aussi tost que le puits fut ouvert
D'enfer, par qui le ciel de nues fut couvert,
Avecque la fumée en la terre sortirent,
Et des fiers scorpions la puissance vestirent.
Ell' avoient face d'homme et portoient de grands dens,
Tout ainsi que lyons affamez et mordans.
Leur maniere d'aller en marchant sur la terre
Sembloit chevaux armez qui courent à la guerre,

  1. Les Albigeois estoient des heretiques, peres des nostres, du païs d'Alby vers le Languedoc, qui furent debellez et reduits par saint Louys, Roy de France. Ils tenoient de la creance folle des Gots, qui jadis avoient esté maistres de ce païs qu'ils infecterent. Plusieurs grands estoient de leur secte, le Roy d'Arragon, les Comtes de Toulouse et de Foix, etc.
  2. Anciens heretiques portans ce nom d'Arrius, evesque apostat.
  3. Estans cause du passage du Turc en Asie, qui ne demandoit qu'à pescher en eau trouble.
  4. Heretique Allemand, venu depuis Luther, qui s'estant fait chef d'une armée d'aussi bonnes gens que luy, voulant tirer chemin vers les terres de Lorraine pour y venir authoriser, avec les siennes, les resveries que ledit Luther son maistre avoit commencé de forger l'an 1517 par tyrannie ; mais il fut trompé de l'oracle à bon escient, car le Duc et son frere puisné Claude de Lorraine, premier Duc de Guise, le deffirent et le taillerent en pieces luy et les siens.

Ainsi qu'ardentement vous courez aux combas,
Et villes et chasteaux renversez contre-bas.

Ell' avoient de fin or les couronnes aux testes ;
Ce sont vos morions haut dorés par les crestes ;
Ell' avoient tout le corps de plastrons enfermez ;
Les vostres sont tousjours de corselets armez ;
Comme des scorpions leur queue estoit meurtriere ;
Ce sont vos pistolets, qui tirent par derriere. (¹)

1. Pour l'assassin commis à l'endroit de François de Lorraine, Duc de Guise, devant Orleans, par Jean Poltrot, soy disant sieur de Merey. Le siege estant campé devant Orleans (1563), par mondit Seigneur de Guise, où Beze, ministre de Geneve, et les plus qualifiez des Huguenots s'estoient retirez et fortifiez ; comme le 24 de febvrier, aprés avoir mis bon ordre à tout, il revenoit le soir du Porte-reau, l'un des fauxbourgs de la ville, et repassoit la riviere de Loire en petite compagnie, le traistre qui depuis n'aguere avoit l'honneur d'estre sien, le frappa d'un coup de pistolet chargé de trois balles dans l'espaule droite, au deffaut de l'armure, dont il mourut en peu de jours, avec l'extreme regret de toute la France. Le meurtrier eschappa, monté à l'avantage, et courut toute la nuict ; mais comme Dieu ne laisse rien d'impuny tost ou tard, il permit qu'il se trouva, le jour venu, dans le camp des Suisses, où miraculeusement il fut pris, et de là tiré à quatre chevaux dans la ville principale du royaume. Telle mort eut ce grand Prince, qui depuis l'an 1543 qu'il vestit ses premieres armes, fit des choses merveilleuses pour le service des Rois du ciel et de la terre. Je m'abstiendray d'en parler, disant seulement pour ceste heure qu'il deffit l'Empereur Charles cinquiesme à Renty ; que pour la deffense du Vicaire de Jesus, il remplit d'effroy l'Italie ; qu'il sauva Mets contre une armée de quatre vingts mille hommes ; qu'il mit en sept jours Calais à raison, detenu par deux cents et dix ans des Anglois ; qu'il prit Thionville ; qu'il delivra Paris d'un siege, et gaigna la journée à Dreux. Lors que le Roy Henry le Grand fut à la guerre de Piémont, la Cour estant à Geneve, on dit que Beze, desja caduc, se voulut purger d'avoir esté complice du meurtre, envers Messeigneurs de Guise, les petits fils de ce vaillant et genereux Prince.

Perdant estoit leur maistre (¹), et le vostre a perdu
Le sceptre que nos Rois avoient tant defendu.
　Vous ressemblez encore à ces jeunes viperes,
Qui ouvrent en naissant le ventre de leurs meres;
Ainsi en avortant vous avez fait mourir
La France vostre mere en lieu de la nourrir.
　De Beze (²), je te prie, escoute ma parolle,
Que tu estimeras d'une personne folle;
S'il te plaist toutesfois de juger sainement,
Aprés m'avoir oüy tu diras autrement.
　La terre qu'aujourd'huy tu remplis toute d'armes,
Y faisant fourmiller grand nombre de gendarmes
Et d'avares soldats qui du pillage ardents
Naissent dessous ta voix, tout ainsi que des dents
Du grand serpent Thebain les hommes qui muerent
Le limon en couteaux dont ils s'entretuerent,
Et nés et demy-nés se firent tous perir,
Si qu'un mesme soleil les vit naistre et mourir.
　De Beze, ce n'est pas une terre Gothique,
Ny une region Tartare ny Scythique;
C'est celle où tu nasquis, qui douce te receut,
Alors qu'à Vezelay (³) ta mere te conceut;
Celle qui t'a nourry et qui t'a fait apprendre

　1. L'ange de l'abysme nommé de l'hebrieu *Abaddon*, et du grec *Apollyon*, et du latin *Exterminans*, qui veut dire en françois comme *Perdant*.
　2. Beze, le boutefeu des rebellions.
　3. Ville de Bourgongne, où Theodore de Beze avoit pris naissance, d'honnestes et sages parents, et qualifiez. Voyez à l'eglise Saint Cosme, prés les Cordeliers de Paris, à costé droit de la porte du chœur, un petit tableau, dans lequel sont representez des personnages vestus en dueil avec torches, et des vers que le mesme Beze a faits pour un sien oncle, honoré du tiltre de Conseiller. Il fut tenu dans ce lieu de Vezelay jadis un Concile pour le voyage d'outre-mer, où saint Bernard harangua devant maints Prelats, et mesme devant le Pape. Voyla comme les rosiers font naistre les espines.

La science et les arts dés ta jeunesse tendre, (¹)
Pour luy faire service et pour en bien user,
Et non comme tu fais, à fin d'en abuser.
 Si tu es envers elle enfant de bon courage,
Ores que tu le peux, rens-luy son nourrissage,
Retire tes soldarts, et au lac Genevois
(Comme chose execrable) enfonce leurs harnois.
 Ne presche plus en France une Evangile armée,
Un Christ empistolé tout noirci de fumée,
Portant un morion en teste, et dans sa main (a)
Un large coutelas rouge de sang humain.
Cela desplaist à Dieu, cela desplaist au Prince;
Cela n'est qu'un appast qui tire la province
A la sedition, laquelle dessous toy
Pour avoir liberté ne voudra plus de Roy.
 Certes il vaudroit mieux à Lauzanne relire
Du grand fils de Thetis les prouesses et l'ire,
Faire combattre Ajax, faire parler Nestor,
Ou re-blesser Venus, ou re-tuer Hector,
[En papier non sanglant, que remply d'arrogance
Te mesler des combats dont tu n'as cognoissance,

 a. Var. (1578):

Qui comme un Mehemet va portant en la main

 1. Beze avoit merité le nom de Prince des Poëtes latins de son temps; et l'on void par le stile et par les non communs aiguillons de ce qu'il nomme *Juvenalia Bezæ*, que s'il eust plustost voulu s'arrester aux fontaines d'Hippocrene et d'Aonie qu'à celles de Styx et de Leman, veritablement il eust acquis autant de gloire et de renom qu'il merite d'oubliance : mais quoy? le prieuré de Lonjumeau, dónt il n'eust la preference, nous le ravit. Et bien qu'il tesmoignast assez par lettres et par messages l'estroite amitié qu'il avoit jurée autresfois à mon pere, (toute consideration de religion mise à part) dés leurs conferences d'estudes, je ne laisseray d'en parler comme je fais, et comme je doibs. Il est mort le 13 d'octobre 1616, aagé de 86 ans.

Et trainer aprés toy le vulgaire ignorant
Lequel ainsi qu'un Dieu te va presque adorant.
  Certes il vaudroit mieux celebrer ta Candide,
Et comme tu faisois tenir encor la bride
Des cygnes Paphians, ou prés d'un antre au soir
Tout seul dans le giron des neuf Muses t'asseoir,]
Que reprendre l'Eglise, ou, pour estre veu sage,
Amender en sainct Paul je ne sçay quel passage;
De Beze, mon amy, tout cela ne vaut pas
Que la France pour toy face tant de combas,
Ny qu'un Prince royal pour ta cause s'empesche. (¹)
  Un jour en te voyant aller faire ton presche, (²)
Ayant dessous un reistre (³) une espée au costé,
« Mon Dieu, ce dis-je lors, quelle saincte bonté!
O parole de Dieu d'un faux masque trompée,
Puis que les predicans preschent à coups d'espée!
Bien tost avec le fer nous serons consumez,
Puis que l'on voit de fer les ministres armez. »
  Et lors deux surveillans qui parler m'entendirent,
Avec un hausse-bec ainsi me respondirent :
« Quoy? parles-tu de luy qui seul est envoyé

1. Louys de Bourbon Prince de Condé, seigneur quant au reste de bon naturel, et cherissant les hommes vertueux et sçavants : mais quoy? la bourrasque fut generale, et par une mauvaise atteinte il en fut choisi comme les autres.

2. A la maison des Quatre Evangelistes, dans le faux-bourg Saint Marcel, prés l'eglise de Saint Medard, aux premiers troubles.

3. Sous un grand manteau devallant jusqu'aux pieds, comme les portoient les reistres (mot qui signifie en alle-mand homme de cheval, comme *lansquenet*, ou *lansquenez*, veut dire homme de pied). Beze alloit ainsi faire son presche, et les autres ministres, ce que j'ay ouy raconter à qui l'a veu, mesme alors du tumulte de Saint Medard, où ces nouveaux reformez pillerent et briserent tout, foulans aux pieds le Saint Sacrement de l'autel, esgorgeans et tuans les hommes, pour ce, disoient-ils, que le son de la cloche importunoit leur ministre Malo qui faisoit le presche. Ce fut en decembre, aux festes de Noël.

Du ciel pour r'enseigner le peuple dévoyé?
Ou tu es un athée, ou quelque benefice
Te fait ainsi vomir ta rage et ta malice;
Puis que si arrogant tu ne fais point d'honneur
A ce prophete sainct envoyé du Seigneur. »
    Adonc je respondy : « Appellez-vous athée
Celuy qui dés enfance onc du cœur n'a ostée
La foy de ses ayeuls? qui ne trouble les lois
De son pays natal, les peuples ny les Rois?
Appellez-vous athée un homme qui mesprise
Vos songes contre-faits, les monstres de l'Eglise?
Qui croit en un seul Dieu, qui croit au Sainct Esprit,
Qui croit de tout son cœur au Sauveur Jesus-Christ?
Appellez-vous athée un homme qui deteste
Et vous et vos erreurs comme infernale peste?
Et vos beaux predicans, qui subtils oiseleurs
Pipent le simple peuple, ainsi que basteleurs,
Lesquels enfarinez au milieu d'une place
Vont jouant finement leurs tours de passe-passe;
Et à fin qu'on ne voye en plein jour leurs abus,
Soufflent dedans les yeux leur poudre d'oribus.
  » Vostre poudre est crier bien haut contre le Pape,
Deschirant maintenant sa tiare et sa chape,
Maintenant ses pardons, ses bulles et son bien;
Et plus vous criez haut, plus estes gens de bien.
  » Vous ressemblez à ceux que les fiévres insensent,
Qui cuident estre vrais tous les songes qu'ils pensent;
Toutefois la pluspart de vos rhetoriqueurs
Vous preschent autrement qu'ils n'ont dedans les cœurs.
L'un monte sur la chaire ayant l'ame surprise
D'arrogance et d'orgueil, l'autre de convoitise,
L'autre qui se voit pauvre est aise d'en avoir,
L'autre qui n'estoit rien veut monter en pouvoir, (a)

a. Var. :

Et l'autre qui n'a rien voudroit bien en avoir;
L'autre brusle d'ardeur de monter en pouvoir,

DISCOURS. 25

L'autre a l'esprit aigu qui par mainte traverse
Sous ombre des abus la verité renverse.
[» Bref un Peroceli apparoist entre vous
Plus sage et continent, plus modeste et plus doux,
Qui reprend asprement les violeurs d'ymages,
Les larrons, les meurdriers; qui de fardez langages
N'entretient point la guerre, ains deteste bien fort
Ceux qui pleins de fureurs nourricent le discord.
Il est vray que sa faute est bien abominable;
Toutesfois en ce fait elle est bien excusable.] (¹)
» Ah! que vous estes loing de nos premiers docteurs,
Qui sans craindre la mort ny les persecuteurs,
De leur bon gré s'offroient aux plus cruels supplices,
Sans envoyer pour eux je ne sçay quels novices!
» Que vit tant à Geneve un Calvin desja vieux, (²)
Qu'il ne se fait en France un martyr glorieux
Souffrant pour sa parole? O ames peu hardies!
Vous ressemblez à ceux qui font les tragedies,
Lesquels sans les jouer demeurent tous craintifs,
Et en donnent la charge aux nouveaux apprentifs,
Pour n'estre point mocquez ny sifflez, si l'issue
De la fable n'est pas du peuple bien receue.

1. Ces vers ont été supprimés dès la 2ᵉ édition (1567).
2. Jean Calvin fut en premier chanoine de l'eglise de Noyon, ville de Picardie; de là, honteux de s'estre veu punir de quelque forfait desnaturé, le compagnon se retira dans Geneve, la retraitte et l'asile des bons garçons et des banis, où pour comble de ses meschancetez il fit banqueroute à la foy. Il mourut à Geneve en 1569, aagé de 56 ans, 7 mois, 13 jours. Assez de fois j'ai memoire d'avoir entendu par la bouche d'une personne qui m'attouchoit assez, qu'estant venu dans Paris secrettement, elle le veid de hazard comme elle entroit en la maison d'une portant le nom mesme, de laquelle il estoit frere, et que tout plein de grands affluoient de toutes parts là, mais qu'il vuida la nuict pour se tirer d'inconvenient. Or est-il qu'il se nommoit Chauvin, nom lequel il desguisa, pour avoir forfaict, ne voulant estre cogneu.

» Le peuple qui vous suit est tout empoisonné;
Il a tant le cerveau de sectes estonné,
Que toute la rhubarbe et toute l'anticyre
Ne luy sçauroient guarir sa fiebvre qui empire;
Car tant s'en faut, helas! qu'on la puisse guarir,
Que son mal le contente, et luy plaist d'en mourir.
 » Il faut, ce dites-vous, que ce peuple fidelle
Soit guidé par un chef qui prenne sa querelle,
Ainsi que Gedeon, qui seul esleu de Dieu,
Contre les Madians mena le peuple Hebrieu.
 » Si Gedeon avoit commis vos brigandages,
Vos meurtres, vos larcins, vos gothiques pillages,
Il seroit execrable; et s'il avoit forfait
Contre le droict commun, il auroit tres-mal fait.
 » De vostre election faictes-nous voir la bulle,
Et nous monstrez de Dieu le seing et la cedulle;
Si vous ne la monstrez, il faut que vous croyez
Qu'ici vous n'estes pas du Seigneur envoyez.
 » Ce n'est plus aujourd'huy qu'on croit en tels oracles!
Faites à tout le moins quelques petits miracles,
Comme les peres saincts, qui jadis guerissoient
Ceux qui de maladie aux chemins languissoient,
Et desquels seulement l'ombre estoit salutaire.
 » Il n'est plus question, ce dites-vous, d'en faire;
La foy est approuvée. Allez aux regions
Qui n'ont ouy parler de nos religions,
Au Perou, Canada, Calicuth, Canibales;
Là monstrez par effect vos vertus Calvinales.
 » Si tost que ceste gent grossiere vous verra
Faire un petit miracle, en vous elle croira,
Et changera sa vie où toute erreur abonde;
Ainsi vous sauverez la plus grand'part du monde.
 » Les Apostres jadis preschoient tous d'un accord;
Entre vous aujourd'huy ne regne que discord;
Les uns sont Zvingliens, les autres Lutheristes,
Les autres Puritains, Quintins (¹), Anabaptistes,

---

1. Heretiques du nom de leur auteur; il y peut avoir

Les autres de Calvin vont adorant les pas,
L'un est predestiné et l'autre ne l'est pas,
Et l'autre enrage aprés l'erreur Muncerienne,
Et bien tost s'ouvrira l'escole Bezienne.
Si bien que ce Luther lequel estoit premier,
Chassé par les nouveaux est presque le dernier,
Et sa secte qui fut de tant d'hommes garnie,
Est la moindre de neuf qui sont en Germanie.
 » Vous devriez pour le moins avant que nous troubler,
Estre ensemble d'accord sans vous desassembler ;
Car Christ n'est pas un Dieu de noise ny discorde :
Christ n'est que charité, qu'amour et que concorde,
Et monstrez clairement par la division
Que Dieu n'est point autheur de vostre opinion.
 » Mais monstrez-moy quelqu'un qui ait changé de vie,
Aprés avoir suivy vostre belle folie !
J'en voy qui ont changé de couleur et de teint,
Hideux en barbe longue et en visage feint,
Qui sont plus que devant tristes, mornes et palles,
Comme Oreste agité de fureurs infernales.
 » Mais je n'en ay point veu qui soient d'audacieux
Plus humbles devenus, plus doux ny gracieux,
De paillards continens, de menteurs veritables,
D'effrontez vergongneux, de cruels charitables,
De larrons aumosniers, et pas un n'a changé
Le vice dont il fut auparavant chargé.
 » Je cognois quelques-uns de ces fols qui vous suivent ;
Je sçay bien que les Turcs et les Tartares vivent
Plus modestement qu'eux, et suis tout effroyé
Que mille fois le jour leur chef n'est foudroyé.
 » J'ay peur que tout ainsi qu'Arrius fit l'entrée
Au Turc qui surmonta l'Asienne contrée,
Que par vostre moyen il ne se vueille armer,

60 ans. Ils ne durerent guere, aussi ne fut-il guere suivy.
J'aurois eu quelque opinion d'un François qui portoit le
nom de Quintus, amy de nostre autheur paravant sa revolte,
et depuis un de ceux qui l'auroient blasmé.

Et que pour nous donter il ne passe la mer,
Et que vous les premiers n'en supportiez la peine
En pensant vous venger de l'Eglise romaine.
Ainsi voit-on celuy qui tend le piege au bois,
En voulant prendre autruy se prendre quelquefois. (a)
 » La tourbe qui vous suit est si vaine et si sotte,
Qu'estant affriandée aux douceurs de la lotte, (¹)
J'entens affriandée à ceste liberté
Que vous preschez par tout, tient le pas arresté
Sur le bord estranger, et plus n'a souvenance
De vouloir retourner au lieu de sa naissance.
 » Helas! si vous aviez tant soit peu de raison,
Vous cognoistriez bien tost qu'on vous tient en prison,
Pipez, ensorcelez, comme par sa malice
Circe tenoit charmez les compagnons d'Ulysse.
 » O Seigneur tout-puissant, ne mets point en oubly
D'envoyer un Mercure avecque le moly
Vers ce Prince royal (²), à fin qu'il l'admoneste,
Et luy face r'entrer la raison en la teste,
Luy décharme le sens, luy dessille les yeux,
Luy monstre clairement quels furent ses ayeux,
Grands Rois et gouverneurs des grandes republiques,
Tant craints et redoutez pour estre catholiques!
 » Si la saine raison le regaigne une fois,
Luy qui est si gaillard, si doux et si courtois,
Il cognoistra l'estat auquel on le fait vivre,
Et comme pour de l'or on luy donne du cuivre,
Et pour un grand chemin un sentier esgaré,
Et pour un diamant un verre bigarré.

    a. Var. :

Ainsy celuy qui tend le piege decevant,
En voulant prendre autruy se prend le plus souvent.

1. Le lotos que Circé faisoit manger aux compagnons d'Ulysse, pour leur faire oublier leur patrie et les changer en pourceaux.
2. Le Prince de Condé, chef des Huguenots.

» Ha ! que je suis marry que cil qui fut mon maistre, (¹)
Depestré du filet ne se peut recognoistre !
Je n'aime son erreur, mais haïr je ne puis
Un si digne prelat dont serviteur je suis,
Qui benin m'a servi (quand fortune prospere
Le tenoit prés des Roys) de seigneur et de pere.
Dieu preserve son chef de mal-heur et d'ennuy,
Et le bon-heur du ciel puisse tomber sur luy ! »
   Achevant ces propos je me retire et laisse
Ces surveillans confus au milieu de la presse,
Qui disoient que Satan le cœur m'avoit couvé,
Et me grinçant les dents, m'appelloient reprouvé.
   L'autre jour, en pensant que ceste pauvre terre
S'en alloit (ò mal-heur !) la proye d'Angleterre, (²)
Et que ses propres fils amenoient l'estranger
Qui boit les eaux du Rhin, à fin de l'outrager ;
M'apparut tristement l'idole de la France,
Non telle qu'elle estoit lors que la brave lance
De Henry la gardoit, mais foible sans confort,
Comme une pauvre femme atteinte de la mort.
Son sceptre luy pendoit, et sa robe semée
De fleurs de lys estoit en cent lieux entamée ;
Son poil estoit hideux, son œil have et profond,
Et nulle majesté ne luy haussoit le front.
   En la voyant ainsi, je luy dis : « O Princesse,
Qui presque de l'Europe as esté la maistresse,
Mere de tant de Roys, conte-moy ton malheur,
Et dy-moy je te pri' d'où te vient ta douleur ? »
   Elle adonc en tirant sa parole contrainte,
Souspirant aigrement, me fit ainsy sa plainte :
   « Une ville est assise és champs Savoysiens,
Qui par fraude a chassé ses seigneurs anciens,
Miserable sejour de toute apostasie,
D'opiniastreté, d'orgueil et d'heresie,
Laquelle (en ce-pendant que les Rois augmentoient

   1. Odet de Coligny, cy-devant cardinal de Chastillon.
   2. Le traité de Hamptoncourt du 20 septembre 1562.

Mes bornes, et bien loin pour l'honneur combatoient)
Appellant les banis en sa secte damnable,
M'a fait comme tu vois chetive et miserable.

» Or mes Rois cognoissans qu'une telle cité
Leur seroit quelque jour une infelicité, (a)
Deliberoient assez de la ruer par terre;
Mais contre elle jamais n'ont entrepris la guerre;
Ou soit par negligence, ou soit par le destin,
Entiere ils l'ont laissée, et de là vient ma fin.

» Comme ces laboureurs, dont les mains inutiles
Laissent pendre l'hyver un toufeau de chenilles
Dans une fueille seiche au faiste d'un pommier;
Si tost que le soleil de son rayon premier
A la fueille eschauffée, et qu'elle est arrosée
Par deux ou par trois fois d'une tendre rosée,
Le venin qui sembloit par l'hyver consumé,
En chenilles soudain apparoist animé,
Qui tombent de la fueille, et rampent à grand' peine
D'un dos entre-cassé au milieu de la plaine.
L'une monte en un chesne et l'autre en un ormeau,
Et tousjours en mangeant se trainent au coupeau;
Puis descendent à terre, et tellement se paissent
Qu'une seule verdure en la terre ne laissent.

» Alors le laboureur voyant son champ gasté,
Lamente pour neant qu'il ne s'estoit hasté
D'estouffer de bonne heure une telle semence;
Il voit que c'est sa faute et s'en donne l'offence.

» Ainsi lors que mes Rois aux guerres s'efforçoient,
Toutes en un monceau ces chenilles croissoient!
Si qu'en moins de trois mois telle tourbe enragée
Sur moy s'est espandue, et m'a toute mangée.

» Or mes peuples mutins, arrogans et menteurs,
M'ont cassé le bras droit chassant mes senateurs;
Car de peur que la loy ne corrigeast leur vice,
De mes palais royaux ont banny la justice.

a. Var. :

S'efforceroit de rompre un jour leur dignité,

DISCOURS.   31

Ils ont rompu ma robbe en rompant mes citez,
Rendans mes citoyens contre moy despitez;
Ont pillé mes cheveux en pillant mes eglises,
Mes eglises, helas! que par force ils ont prises,
En poudres foudroyant images et autels,
Venerable sejour de nos Saincts immortels.
Contr'eux puisse tourner si mal-heureuse chose,
Et l'or sainct desrobé leur soit l'or de Tholose! (¹)
 » Ils n'ont pas seulement, sacrileges nouveaux,
Fait de mes temples saincts estables à chevaux ;
Mais comme tourmentez des fureurs Stygiales
Ont violé l'honneur des ombres sepulcrales, (²)
A fin que par tel acte inique et mal-heureux
Les vivans et les morts conspirassent contre eux.
Busire fut plus doux, et celuy qui promeine
Une roche aux enfers eut l'ame plus humaine!
Bref ils m'ont delaissée en extréme langueur.
Toutesfois en mon mal je n'ay perdu le cœur,
Pour avoir une Royne (³) à propos rencontrée,
Qui douce et gracieuse envers moy s'est monstrée.
Elle par sa vertu (quand le cruel effort
De ces nouveaux mutins me trainoit à la mort)
Lamentoit ma fortune, et comme Royne sage
Reconfortoit mon cœur et me donnoit courage.
 » Elle, abaissant pour moy sa haute Majesté,

1. Un temple magnifique estoit dans la ville de Tholose (ou Thoulouse) anciennement, dès long-temps garny d'une infinité de grands thresors amassez, ausquels si l'on touchoit pour y mesfaire, on ne failloit point de mourir, et d'une fin mal-heureuse. Cela parut en Cepion, comme en d'autres capitaines Romains.

2. Comme de sainct Martin de Tours, et du Roy Louis XI, à Nostre Dame de Clery, prés Vendosme, jettant leurs cendres au vent, et jouant à la courte boule de la teste de ce Roy des fleurs de lys, oincte de la Saincte Ampoulle, en hayne de ce qu'il honnoroit la Vierge Marie, et portoit son image au chappeau.

3. Catherine de Medicis, mere du Roy Charles IX.

Preposant mon salut à son authorité,
Mesmes estant malade est maintefois allée (¹)
Pour m'appointer à ceux qui m'ont ainsi volée.
 » Mais Dieu qui des malings n'a pitié ny mercy
(Comme au Roy Pharaon) a leur cœur endurcy,
A fin que tout d'un coup sa main puissante et haute
Les corrige en fureur et punisse leur faute.
 » Puis quand je voy mon Roy, qui desja devient grand,
Qui courageusement me soustient et defend,
Je suis toute guarie, et la seule apparence
D'un Prince si bien né me nourrit d'esperance.
[Ce prince, ou je me trompe en voyant son maintien,
Sa nature si douce et incline à tout bien,
Et son corps agité d'une âme ingenieuse,
Et sa façon de faire honneste et gracieuse,
Ny mocqueur, ny jureur, menteur ny glorieux,
Je pense qu'icy bas il est venu des cieux
Afin que la couronne au chef me soit remise,
Et que par sa vertu refleurisse l'Eglise.]
 » Avant qu'il soit longtemps ce magnanime Roy
Dontera les mutins qui s'arment contre moy,
Et ces faux devineurs qui d'une bouche ouverte
De son sceptre royal ont predite la perte.
[Ce prince, accompaigné d'armes et de bonheur,
Envoyra jusqu'au ciel ma gloire et mon honneur,
Et aura, pour se rendre aux ennemis terrible,
Le nom de tres-chrestien et de tres-invincible.
 » Puis voyant d'autre part cet honneur de Bourbon,
Ce magnanime Roy, qui tres-sage et tres-bon
S'oppose à l'heresie, et par armes menace
Ceux qui de leurs ayeux ont delaissé la trace;
Voyant le Guisian d'un courage indomté,
Voyant Montmorency, voyant d'autre costé

---

1. En 1562, estant malade, elle se fit porter à Toury, et d'autres fois elle est allée hors Paris trouver les ennemis, où souvent elle a plus fait d'une parole que n'avoient sceu faire les camps armez.

Aumale et Sainct André; puis voyant la noblesse
Qui porte un cœur enflé d'armes et de prouesse,
J'espere aprés l'orage un retour de beau temps
Et aprés un hyver un gratieux printemps:
Car le bien suit le mal comme l'onde suit l'onde,
Et rien n'est asseuré sans se changer au monde.]
 » Cependant pren la plume, et d'un style endurcy
Contre le trait des ans, engrave tout cecy;
A fin que nos nepveux puissent un jour cognoistre
Que l'homme est mal-heureux qui se prend à son maistre. »
 Ainsi par vision la France à moy parla,
Puis s'esvanouissant de mes yeux s'en-vola
Comme une poudre au vent, ou comme une fumée
Qui se jouant en l'air est en rien consumée.

FIN DU DISCOURS DES MISERES DE CE TEMPS.

INSTITUTION

POUR L'ADOLESCENCE DU ROY TRES-CHRESTIEN

CHARLES IX DE CE NOM. (¹)

Sire, ce n'est pas tout que d'estre Roy de France,
Il faut que la vertu honore vostre enfance;
Car un roy sans vertu porte le sceptre en vain,
Et luy sert d'un fardeau qui luy charge la main.
 Pource on dit que Thetis, la femme de Pelée,
Aprés avoir la peau de son enfant bruslée
Pour le rendre immortel, le print en son giron,

1. Imprimé pour la première fois à Paris, chez G. Buon,
1564, in-4° de 6 feuillets.

Et de nuict l'emporta dans l'antre de Chiron,
Chiron noble Centaure, à fin de luy apprendre
Les plus rares vertus dés sa jeunesse tendre,
Et de science et d'art son Achille honorer :
Un Roy pour estre grand ne doit rien ignorer.
 Il ne doit seulement sçavoir l'art de la guerre,
De garder les citez, ou les ruer par terre,
De picquer les chevaux, ou contre son harnois
Recevoir mille coups de lances aux tournois ;
De sçavoir comme il faut dresser une embuscade,
Ou donner une cargue (1) ou une camisade, (2)
Se renger en bataille et sous les estendars
Mettre par artifice en ordre les soldars.
 Les Rois les plus brutaux telles choses n'ignorent,
Et par le sang versé leurs couronnes honorent ;
Tout ainsi que lyons qui s'estiment alors
De tous les animaux estre veuz les plus forts,
Quand leur gueule devore un cerf au grand corsage,
Et ont remply les champs de meurtre et de carnage.
 Mais les Princes chrestiens n'estiment leur vertu
Proceder ny de sang, ny de glaive pointu,
Ny de harnois ferrez qui les peuples estonnent,
Mais par les beaux mestiers que les Muses nous donnent.
 Quand les Muses, qui sont filles de Jupiter
(Dont les Rois sont issus), les Rois daignent hanter,
Elles les font marcher en toute reverence,
Loin de leur Majesté bannissant l'ignorance ;
Et tous remplis de grace et de divinité,
Les font parmy le peuple ordonner equité.
 Ils deviennent appris en la mathematique,
En l'art de bien parler, en histoire, en musique,
En physiognomie, à fin de mieux sçavoir
Juger de leurs subjets seulement à les voir.

---

1. Bailler la cargue, charger l'ennemy.
2. Mettre des chemises blanches par dessus l'armeure pour se recognoistre, quand on veut donner atteinte de nuit aux ennemis.

DISCOURS.

    Telle science sceut le jeune Prince Achille,
Puis sçavant et vaillant il fit mourir Troïlle
Sur le champ Phrygien, et fit mourir encor
Devant le mur Troyen le magnanime Hector;
Il tua Sarpedon, tua Pentasilée,
Et par luy la cité de Troye fut bruslée.
    Tel fut jadis Thesée, Hercules et Jason,
Et tous les vaillans preux de l'antique saison.
Tels vous serez aussi, si la Parque cruelle
Ne tranche avant le temps vostre trame nouvelle.
    Charles, vostre beau nom tant commun à nos Rois,
Nom du ciel revenu en France par neuf fois,
Neuf fois, nombre parfait, comme cil qui assemble
Pour sa perfection trois triades ensemble,
Monstre que vous aurez l'empire et le renom
Des huict Charles passez dont vous portez le nom.
Mais pour vous faire tel il faut de l'artifice,
Et dés jeunesse apprendre à combatre le vice.
    Il faut premierement apprendre à craindre Dieu,
Dont vous estes l'image, et porter au milieu
De vostre cœur son nom et sa saincte parole,
Comme le seul secours dont l'homme se console.
    Aprés si vous voulez en terre prosperer,
Vous devez vostre mere humblement honorer,
La craindre et la servir, qui seulement de mere
Ne vous sert pas icy, mais de garde et de pere.
    Aprés il faut tenir la loy de vos ayeux,
Qui furent Rois en terre et sont là haut aux cieux;
Et garder que le peuple imprime en sa cervelle
Le curieux discours d'une secte nouvelle.
    Aprés il faut apprendre à bien imaginer.
Autrement la raison ne pourroit gouverner;
Car tout le mal qui vient à l'homme prend naissance
Quand par sus la raison le cuider a puissance.
    Tout ainsi que le corps s'exerce en travaillant,
Il faut que la raison s'exerce en bataillant
Contre la monstrueuse et fausse fantaisie,
De peur que vainement l'ame n'en soit saisie;

Car ce n'est pas le tout de sçavoir la vertu,
Il faut cognoistre aussi le vice revestu
D'un habit vertueux, qui d'autant plus offence
Qu'il se monstre honorable et a belle apparence.

De là vous apprendrez à vous cognoistre bien,
Et en vous cognoissant vous ferez tousjours bien.
Le vray commencement pour en vertus accroistre
C'est (disoit Apollon) soy-mesme se cognoistre.
Celuy qui se cognoist est seul maistre de soy,
Et sans avoir royaume il est vrayment un Roy.

Commencez donc ainsi; puis si tost que par l'âge
Vous serez homme fait de corps et de courage,
Il faudra de vous-mesme apprendre à commander,
A ouïr vos subjects, les voir et demander,
Les cognoistre par nom et leur faire justice,
Honorer la vertu et corriger le vice.

Mal-heureux sont les Rois qui fondent leur appuy
Sur l'ayde d'un commis, qui par les yeux d'autruy
Voyent l'estat du peuple, et oyent par l'oreille
D'un flateur mensonger qui leur conte merveille.
Tel Roy ne regne pas, ou bien il regne en peur
(D'autant qu'il ne sçait rien) d'offenser un trompeur.

Mais, Sire, ou je m'abuse en voyant vostre grace,
Ou vous tiendrez d'un Roy la legitime place;
Vous ferez vostre charge, et comme un Prince doux,
Audience et faveur vous donnerez à tous.

Vostre palais royal cognoistrez en presence,
Et ne commettrez point une petite offence.
Si un pilote faut tant soit peu sur la mer,
Il fera dessous l'eau la navire abysmer;
Ainsy faillant un Roy tant soit peu, la province
Se perd; car volontiers le peuple suit son Prince.

Aussi pour estre Roy vous ne devez penser
Vouloir comme un tyran vos subjets offenser.
Car comme nostre corps vostre corps est de boue;
Des petits et des grands la Fortune se joue;
Tous les regnes mondains se font et se desfont,
Au gré de la Fortune ils viennent et s'en-vont;

Et ne durent non plus qu'une flamme allumée,
Qui soudain est esprise, et soudain consumée.
  Or, Sire, imitez Dieu, lequel vous a donné
Le sceptre, et vous a fait un grand Roy couronné.
Faites misericorde à celuy qui supplie,
Punissez l'orgueilleux qui s'arme en sa folie,
Ne poussez par faveur un homme en dignité,
Mais choisissez celuy qui l'a bien merité ;
Ne baillez pour argent ny estats ny offices,
Ne donnez aux premiers les vacans benefices,
Ne souffrez prés de vous ne flateurs ne vanteurs ;
Fuyez ces plaisans fols qui ne sont que menteurs,
Et n'endurez jamais que les langues legeres
Mesdisent des Seigneurs des terres estrangeres.
  Ne soyez point mocqueur, ny trop haut à la main,
Vous souvenant tousjours que vous estes humain.
Ne pillez vos sujets par rançons ny par tailles,
Ne prenez sans raison ny guerres ny batailles ;
Gardez le vostre propre, et vos biens amassez ;
Car pour vivre content vous en avez assez.
  S'il vous plaist vous garder sans archers de la garde,
Il faut que d'un bon œil le peuple vous regarde,
Qu'il vous aime sans crainte ; ainsi les puissans Rois
Ont gardé leur empire, et non par le harnois.
  Comme le corps royal ayez l'ame royale ;
Tirez le peuple à vous d'une main liberale,
Et pensez que le mal le plus pernicieux
C'est un Prince sordide et avaricieux.
  Ayez autour de vous des personnes notables,
Et les oyez parler volontiers à vos tables ;
Soyez leur auditeur comme fut vostre ayeul,
Ce grand François, qui vit encores au cercueil.
  Soyez comme un bon Prince amoureux de la gloire,
Et faites que de vous se remplisse une histoire
Digne de vostre nom, vous faisant immortel
Comme Charles le Grand, ou bien Charles Martel.
  Ne souffrez que les grands blessent le populaire ;
Ne souffrez que le peuple au grand puisse desplaire.

Gouvernez vostre argent par sagesse et raison :
Le Prince qui ne peut gouverner sa maison,
Sa femme, ses enfans, et son bien domestique,
Ne sçauroit gouverner une grand' republique.

Pensez long-temps devant que faire aucuns edicts;
Mais si tost qu'ils seront devant le peuple dicts,
Qu'ils soient pour tout jamais d'invincible puissance;
Car autrement vos loix sentiroient leur enfance.

Ne vous monstrez jamais pompeusement vestu ;
L'habillement des Rois est la seule vertu.
Que vostre corps reluise en vertus glorieuses,
Et non pas vos habits de perles precieuses.

D'amis plus que d'argent monstrez-vous desireux ;
Les Princes sans amis sont tousjours malheureux.
Aimez les gens de bien, ayant tousjours envie
De ressembler à ceux qui sont de bonne vie.
Punissez les malins et les seditieux ;
Ne soyez point chagrin, despit, ne furieux ; (¹)
Mais honneste et gaillard, portant sur le visage
De vostre gentille ame un gentil tesmoignage.

Or, Sire, pour autant que nul n'a le pouvoir
De chastier les Rois qui font mal leur devoir,
Punissez-vous vous-mesme, à fin que la justice
De Dieu qui est plus grand, vos fautes ne punisse.

Je dy ce puissant Dieu dont l'empire est sans bout,
Qui de son throsne assis en la terre void tout,
Et fait à un chacun ses justices égales,
Autant aux laboureurs qu'aux personnes royales;
Lequel je suppliray vous tenir en sa loy,
Et vous aymer autant qu'il fit David son Roy,
Et rendre comme à luy vostre sceptre tranquille.
Car sans l'ayde de Dieu la force est inutile. (²)

---

1. Humeurs du Roy Charles quand il estoit en bas aage, au rapport de ceux qui l'ont veu familierement.
2. Qui desirera voir quelque chose de l'institution du Prince, Isocrate et Xenophon de la Cyropedie en ont pertinemment discouru ; feu monsieur Jean Antoine de Baïf, com-

ELÉGIE

A GUILLAUME DES AUTELS,

Gentilhomme Charollois,
Poëte et Jurisconsulte excellent,

SUR LE TUMULTE D'AMBOISE. (¹)

Des Autels que la loy et que la rhetorique,
Et la Muse cherit comme son fils unique,
Je suis esmerveillé que les grands de la court
(Veu le temps orageux qui par l'Europe court)
Ne s'arment les costez d'hommes ayans puissance
Comme toy de plaider leurs causes en la France,
Et revenger d'un art par toy renouvelé
Le sceptre que le peuple a par terre foulé.
   Ce n'est pas aujourd'huy que les Rois et les Princes
Ont besoin de garder par armes leurs provinces,
Il ne faut acheter ni canons ni harnois;
Mais il faut les garder seulement par la voix,

pagnon d'estude de l'autheur, recogneu pour un des sçavans hommes de nostre siecle, en a fait une pour le Roy Charles IX; monsieur Des Yveteaux, precepteur du Roy d'à present (Louys XIII), une pour Monseigneur Cesar Duc de Vendome; et (s'il m'est permis d'avoir rang parmy les bons esprits) celle que j'ay faite pour le Roy le plus grand de tous les Roys ne sera teue. Les Espagnols et les Italiens n'ont traîné l'aisle en ce digne et fructueux subject.
   1. Ce Discours est du tumulte d'Amboise, au commencement du regne de François II.
   Il se trouve à la fin du troisième tome de l'édit. de 1560. Il a été réimprimé séparément à Paris, chez G. Buon, 1564, in-4° de 6 feuillets.

Qui pourra dextrement de la tourbe mutine
Appaiser le courage et flatter la poitrine ;
Car il faut desormais defendre nos maisons,
Non par le fer trenchant, mais par vives raisons,
Et d'un cœur courageux nos ennemis abbatre
Par les mesmes bastons dont ils nous veulent batre.
  Ainsi que l'ennemy par livres a seduit (¹)
Le peuple dévoyé qui faussement le suit,
Il faut en disputant par livres le confondre,
Par livres l'assaillir, par livres luy respondre,
Sans monstrer au besoin nos courages faillis,
Mais plus fort resister plus serons assaillis.
  Si ne voy-je pourtant personne qui se pousse
Sur le haut de la breche, et l'ennemy repousse,
Qui brave nous assaut ; et personne ne prend
La plume, et par escrit nostre loy ne defend.
Les peuples ont recours à la bonté celeste,
Et par priere à Dieu recommandant le reste,
Comme gens esperdus demeurent ocieux,
Cependant les mutins se font victorieux.
[Carles (*) et toy et moy, seuls entre cent mille hommes
Que la France nourrist, opposez nous y sommes,
Et faisant de nous trois paroistre la vertu,
D'un magnanime cœur nous avons combattu,
Descouvrant l'estomach aux playes honorables,
Pour soutenir l'Eglise et ses loix venerables,
Et celles du pays auquel nous sommes nez,
Et pour l'ayde duquel nous sommes ordonnez.]
  Durant la guerre à Troye, à l'heure que la Grece
Pressoit contre les murs la Troyenne jeunesse,
Et que le grand Achille empeschoit les ruisseaux
De porter à Tethys le tribut de leurs eaux,
Ceux qui estoient dedans la muraille assiegée,
Ceux qui estoient dehors dans le port de Sigée,
Failloient également. Mon Des Autels, ainsi

---

1. De petits livrets jettez par les carrefours et maisons.
2. Lancelot Carles, evesque de Riez.

Nos ennemis font faute, et nous faillons aussi.
Ils faillent de vouloir renverser nostre empire,
Et de vouloir par force aux Princes contre-dire,
Et de presumer trop de leurs sens orgueilleux,
Et par songes nouveaux forcer la loy des vieux;
Ils faillent de laisser le chemin de leurs peres,
Pour ensuivre le train des sectes estrangeres; (¹)
Ils faillent de semer libelles et placars, (²)
Pleins de derisions, d'injures et brocars,
Diffamans les plus grands de nostre cour royale, (³)
Qui ne servent de rien qu'à nourrir un scandale;
Ils faillent de penser que tous soient aveuglez,
Que seuls ils ont des yeux, que seuls ils sont reiglez,
Et que nous fourvoyez ensuivons la doctrine
Humaine et corrompue, et non pas la divine.
  Ils faillent de penser qu'à Luther seulement
Dieu se soit apparu, et generalement
Que depuis neuf cens ans l'Eglise est depravée,
Du vin d'hypocrisie à longs traits abreuvée ;
Et que le seul escrit d'un Bucere vaut mieux,
D'un Zvingle et d'un Calvin (hommes seditieux),
Que l'accord de l'Eglise et les statuts de mille
Docteurs, poussez de Dieu, convoquez au concile.
  Que faudroit-il de Dieu desormais esperer,
Si luy, sans ignorance, avoit souffert errer
Si long-temps son Eglise ? Est-il autheur de faute ?
Quel gain en reviendroit à sa Majesté haute ?
Quel honneur, quel profit de s'estre tant celé,

    1. Venantes d'Allemagne, d'entre les pots et les gobelets.
    2. Recours de l'heretique. Voyez la procession memorable du Saint Sacrement, où mesme le Roy François Ier assista, Messeigneurs les Enfans, tous les Princes et Gentilshommes, les Archers et les Suisses, la torche en main, teste nue, faisant amende honorable pour eux, de leurs invectives abominables affichées dans les carrefours de Paris, contre l'honneur du Saint Sacrement de l'autel.
    3. Messeigneurs de Guise, oncles de la Royne espouse de François II.

Pour s'estre à un Luther seulement revelé ?
  Or nous faillons aussi; car depuis sainct Gregoire,
Nul Pape dont le nom soit escrit dans l'histoire (*a*)
En chaire ne prescha; et faillons d'autre part,
Que le bien de l'Eglise aux enfans se depart.
  Il ne faut s'estonner, Chrestiens, si la nacelle
Du bon pasteur sainct Pierre en ce monde chancelle,
Puis que les ignorans, les enfans de quinze ans,
Je ne sçay quels muguets, je ne sçay quels plaisans,
Tiennent le gouvernail, puis que les benefices (*b*)
Se vendent par argent ainsi que les offices.
  Mais que diroit sainct Paul, s'il revenoit icy,
De nos jeunes prelats, qui n'ont point de soucy
De leur pauvre troupeau, dont ils prennent la laine,
Et quelquesfois le cuir ; qui tous vivent sans peine,
Sans prescher, sans prier, sans bon exemple d'eux,
Parfumez, decoupez, courtisans, amoureux,
Veneurs et fauconniers, et avec la paillarde
Perdent les biens de Dieu dont ils n'ont que la garde ?
  Que diroit-il de voir l'Eglise à Jesus-Christ,
Qui fut jadis fondée en humblesse d'esprit,
En toute patience, en toute obeïssance,
Sans argent, sans credit, sans force, ny puissance,
Pauvre, nue, exilée, ayant jusques aux os
Les coups de foüets sanglans imprimez sur le dos ;
Et la voir aujourd'huy riche, grasse et hautaine,
Toute pleine d'escus, de rente et de domaine ?
Ses ministres enflez, et ses Papes encor
Pompeusement vestus de soye et de drap d'or ?
Il se repentiroit d'avoir souffert pour elle
Tant de coups de baston, tant de peine cruelle,

a. Var. :

Nul Pontife Romain dont le nom soit notoire

b. Var. :

Ont les biens de l'Eglise, et que les benefices

Tant de bannissemens, et voyant tel meschef,
Pri'roit qu'un trait de feu luy accablast le chef.
   Il faut donc corriger de nostre saincte Eglise
Cent mille abus commis par l'avare prestrise,
De peur que le courroux du Seigneur tout-puissant
N'aille d'un juste feu nos fautes punissant.
   Quelle fureur nouvelle a corrompu nostre aise?
Las! des Lutheriens la cause est tres-mauvaise,
Et la defendent bien; et par malheur fatal
La nostre est bonne et saincte, et la defendons mal.
   O heureuse la gent que la mort fortunée
A depuis neuf cens ans sous la tombe emmenée!
Heureux les peres vieux des bons siecles passez,
Qui sont sans varier en leur foy trespassez,
Ains que de tant d'abus l'Eglise fut malade!
Qui n'oüirent jamais parler d'Œcolampade,
De Zvingle, de Bucer, de Luther, de Calvin;
Mais sans rien innover au service divin,
Ont vescu longuement, puis d'une fin heureuse
En Jesus ont rendu leur ame genereuse.
   Las! pauvre France, helas! comme une opinion
Diverse a corrompu ta premiere union!
Tes enfans, qui devroient te garder, te travaillent,
Et pour un poil de bouc entr'eux-mesmes bataillent,
Et comme reprouvez, d'un courage meschant,
Contre ton estomac tournent le fer trenchant.
   N'avions-nous pas assez engraissé la campagne
De Flandres, de Piedmont, de Naples et d'Espagne
De nostre propre sang (1), sans tourner les couteaux
Contre toy nostre mere et tes propres boyaux?
A fin que du Grand-Turc les peuples infidelles
Rissent en nous voyant sanglans de nos querelles;
Et en lieu qu'on les deust par armes surmonter,

---

1. Du sang et de la charongne des corps, dont la terre devient grasse et meilleure à porter. Il entend des guerres faites par les Roys Charles VIII, Louys XII, François Ier et Henry II.

Nous vissent de nos mains nous-mesmes nous donter,
Ou par l'ire de Dieu, ou par la destinée,
Qui te rend par les tiens, ô France, exterminée?
Las! faut-il, ô Destin! que le sceptre François,
Que le fier Allemant, l'Espagnol et l'Anglois,
N'a sceu jamais froisser, tombe sous la puissance
Du vassal qui devroit luy rendre obeïssance?
Sceptre qui fut jadis tant craint de toutes pars,
Qui jadis envoya outre-mer ses soldars
Gaigner la Palestine, et toute l'Idumée,
Tyr, Sidon, Antioche, et la ville nommée
D'un sainct nom, où Jesus en la Croix attaché
De son precieux sang lava nostre peché?
Sceptre qui fut jadis la terreur des Barbares,
Des Turcs, des Mammelus, des Perses, des Tartares,
Bref, par tout l'univers tant craint et redouté,
Faut-il que par les siens luy-mesme soit donté?

 France, de ton malheur tu es cause en partie :
Je t'en ay par mes vers mille fois advertie ;
Tu es marastre aux tiens et mere aux estrangers
Qui se mocquent de toy quand tu es aux dangers ;
Car sans aucun travail les estrangers obtiennent
Les biens qui à tes fils justement appartiennent.

 Pour exemple te soit ce docte Des Autels, (¹)
Qui à ton los a fait des livres immortels, (²)
Qui poursuivoit en cour dés long-temps une affaire
De bien peu de valeur et ne la pouvoit faire,
Sans ce bon Cardinal (³), qui rompant le sejour
Le renvoya content en l'espace d'un jour.

---

1. A qui ceste piece est dediée, lequel estant au pourchas de quelque affaire envers les thresoriers peut-estre et les secretaires (dont l'on en voit assez de pareils, qui cherissent plus un charlatan qu'un homme recommandable), ne pouvoit obtenir ce qu'il demandoit raisonnablement.

2. De vers et de prose.

3. Ou le Cardinal de Lorraine, ou celuy de Chastillon, devant sa revolte.

DISCOURS. 45

Voilà comme des tiens tu fais bien peu de conte,
Dont tu devrois au front toute rougir de honte.
 Tu te mocques aussi des prophetes que Dieu
Choisit en tes enfans, et les fait au milieu
De ton sein apparoistre, à fin de te predire
Ton malheur à venir ; mais tu n'en fais que rire.
Ou soit que du grand Dieu l'immense eternité
Ait de Nostradamus (¹) l'enthousiasme excité,
Ou soit que le démon bon ou mauvais l'agite,
Ou soit que de nature il ait l'ame subite,
Et outre le mortel s'eslance jusqu'aux cieux,
Et de là nous redit des faits prodigieux ;
Ou soit que son esprit sombre et melancolique,
D'humeurs grasses repeu, le rende fantastique;
Bref, il est ce qu'il est ; si est-ce toutefois
Que par les mots douteux de sa prophetie vois,
Comme un oracle antique il a dés mainte année
Predit la plus grand'part de nostre destinée.
Je ne l'eusse pas creu, si le ciel qui depart
Bien et mal aux humains, n'eust esté de sa part.
Certainement le ciel marry de la ruine
D'un sceptre si puissant, en a monstré le signe :
Depuis un an entier n'a cessé de pleurer ;
On a veu la comete (²) ardante demeurer

---

1. Entre les Propheties de Nostradamus on recognoist par les Centuries qu'il a faittes dés le temps de Henry II, et qui tesmoignent de jour en jour des merveilles, quel homme c'estoit. Il avoit nom Michel de Nostradame, et venoit de la Gascogne, estant petit-fils d'une femme qui, ce dit-on, predisoit comme luy. Je tiens de ceux lesquels ont fait sa vie, qu'il l'exerçoit en bon catholique et en bon chrestien, jeusnant et donnant l'aumosne, et craignant Dieu.

2. Je pense en avoir parlé cy-devant, la disant venir de *coma*, chevelure, qui vient du mot grec κόμη, dont elle est ditte κομήτης. Cette estoille chevelue est tousjours avant-courriere de quelque malheur : celle de l'an 1579 et 80 preceda la contagion qui mit sous terre quarante mille corps dans Paris, l'embrasement du convent des Cordeliers, la

46   DISCOURS.

Droit sur nostre païs; et du ciel descendante
Tomber à Sainct Germain une colonne ardante. (¹)
Nostre Prince au milieu de ses plaisirs est mort, (²)
Et son fils jeune d'ans a soustenu l'effort
De ses propres subjets (³), et la chambre honorée
De son palais royal ne luy fut asseurée.
  Donques ny les hauts faits des Princes ses ayeux,
Ny tant de temples saincts eslevez jusqu'aux cieux,
Ny son sceptre innocent (⁴), ny sa terre puissante,
Aux guerres addonnée, aux lettres florissante, (⁵)

mort de François de Valois, frere du Roy, comme depuis les mouvements de la Ligue, où furent tuez Messieurs de Guise à Blois, et depuis le Roy Henry III à Sainct Cloud, dont le siege de Paris fut la suitte, et mille autres prodiges. Celle de l'an 1618, enorme en grandeur, s'il en fut jamais, a precedé les guerres de l'Empereur et du Palatin, comme du Roy de France, et des rebelles de la Rochelle et de Montauban.

1. A Sainct Germain en Laye, prés Paris. Le 12 de septembre 1621, quatre jours avant la fatale et deplorable mort de ce grand et vaillant guerrier Henry de Lorraine, Duc de Mayenne, au siege de Montauban, le ciel fut rendu tout clair à Paris vers le soir des chevrons de feu qui parurent.

2. Henry II, qui fut blessé à mort d'un coup de lance, par le sieur de Lorges, comte de Montgomery, capitaine des gardes de sa Majesté, joustant avec luy devant l'excellente maison des Tournelles (de present la place Royale au quartier Sainct Anthoine), en resjouissance de la paix jurée avec Philippe, Roy d'Espagne, et du mariage de sa fille Elisabeth avec luy, et de sa sœur Marguerite avec le Prince de Piemont.

3. François II, à qui les nouveaux Huguenots, et des plus grands de sa Cour, presenterent des requestes fort audacieusement, pour l'introduction de leur nouvelle creance.

4. A cause de son jeune aage de quinze à seize ans, auquel il mourut.

5. D'autant que la France estoit alors, ou peu devant, ce qu'estoit la ville d'Athenes chez les Grecs, et celle de Rome au pays Latin; je dis par l'entremise du grand Roy François Iᵉʳ, nommé Grand à cet effect.

Ny sa propre vertu, bonté et piété,
Ny ses ans bien appris en toute honnesteté, (a)
Ny la devotion, la foy, ny la priere
De sa femme pudique (¹), et de sa chaste mere, (²)
N'ont envers le Destin tant de graces trouvé,
Qu'un malheur si nouveau ne luy soit arrivé,
Et que l'air infecté du terroir Saxonique, (³)
N'ait empuanty l'air de sa terre Gallique!
 Que si des Guisiens le courage hautain
N'eust au besoin esté nostre rempart certain,
Voire et si tant soit peu leur ame genereuse
Se fust alors monstrée ou tardive, ou peureuse,
C'estoit fait que du sceptre, et la contagion
De Luther eust gasté nostre religion.
Mais François (⁴) d'une part tout seul avec les armes
Opposa sa poitrine à si chaudes alarmes;
Et Charles (⁵) d'autre part avec devotions
Et sermons s'opposa à leurs seditions,
Et par sa prevoyance et doctrine severe

 a. Var. :

Ny sa bonté naïve, indole, et piété,
Ny sa propre vertu grave de majesté,

 1. Marie de Stuard, legitime Royne d'Escosse et d'Angleterre, une des plus belles Princesses du monde, et la mere du sçavant Roy Jacques, à present regnant en la Grande-Bretagne. Elisabeth, Royne usurpatrice d'Angleterre, l'a fait decapiter inhumainement et tres-innocemment pour la foy.
 2. Catherine de Medicis.
 3. Il le nomme infecté de l'heresie, pource que Luther avoit pris naissance en la ville d'Islebe, de la comté de Mansfelt en Saxe, qui fut la nuict precedente le jour de sainct Martin 1493.
 4. Duc de Guise.
 5. Cardinal de Lorraine, un des freres dudit Duc, qui montoit en chaire alors pour combatre l'heresie, avec une langue d'or.

Par le peuple engarda de plus courir l'ulcere.
 Ils ont maugré l'envie et maugré le Destin,
Et l'infidele foy du vulgaire mutin,
A l'envi combatu la troupe sacrilege,
Et la religion ont remise en son siege.
 O Seigneur tout-puissant! pour loyer des bien-faits
Que ces Princes Lorrains au besoin nous ont faits;
Et si mes humbles vœux trouvent devant ta face
Quelque peu de credit; je te suppli' de grace,
Que ces deux Guisiens qui pour l'amour de toy
Ramassent les esclats de nostre antique foy,
Fleurissent à jamais en faveur vers le Prince,
Et que jamais le bec des peuples ne les pince.
 Donne que les enfans des enfans yssus d'eux (1)
Soient aussi bons chrestiens et aussi genereux,
Plus grands que nulle envie; et qu'en paix eternelle
Ils puissent habiter leur maison paternelle.
Ou si quelque desastre (2), ou le cruel malheur
Les menace tous deux, jaloux de leur valeur,
Tourne sur les mutins la menace et l'injure,
Ou sur l'ignare chef du vulgaire parjure,
Ny digne du soleil, ny digne de tirer
L'air qui nous fait la vie és poulmons respirer.

---

 1. Messeigneurs Charles de Lorraine Duc de Guise, le Prince de Joinville Duc de Chevreuse, le Cardinal et le Chevalier, d'une part; et Messeigneurs Henry de Lorraine Duc de Mayenne, et le Comte de Somerive.
 2. Le meurtre de Poltrot : ainsi les poëtes predisent.

DISCOURS (1)

A LOUYS DES MASURES,

Tournesien. (2)

Comme celuy qui voit du haut d'une fenestre
A l'entour de ses yeux une plaine champestre,
Differente de lieu, de forme et de façon ;
Icy une riviere, un rocher, un buisson

---

1. Dans l'édition de 1560, d'où nous la tirons, cette pièce est intitulée *Elegie*.
2. Il addresse et dedie ce Discours à Des Masures, de la ville de Tournay, qui fut en son temps bon poëte françois et latin. C'est luy qui tourna l'Eneide en vers, et qui fut autheur de l'Ode à Monsieur de Nevers François de Cleves :

> Ores qu'on voit de toutes parts
> Le sang humain, etc.

Il fut capitaine de chevaux, durant les guerres du Roy Henry II et de l'Empereur Charles le Quint, et fut en quelque peine, ce disoit-on, pour avoir intelligence avec l'ennemy, dont il se purgea. Comme les Muses d'alors cheminoient d'un bon air, elles avoient aussi des favoris de bonne origine, comme Ronsard, de la maison de la Trimouille et de Bouchage, Bellay de celle dont il portoit le nom, Baïf de celle de Laval et de Malicorne, et Sainct Gelais de celle de Lansac ; Belleau fut gouverneur de Monsieur d'Elbœuf, pere de celuy qui maintenant succede à la valeur de Monsieur de Mayenne, au Languedoc, en la premiere fleur de son aage ; Garnier fut Lieutenant general pour la justice au pays du Maine ; et Scevole de Saincte Marthe, qui vit encore, Thresorier general du Poictou. Tahureau, Des Autels, Butet, et plusieurs autres, furent tous Gentilshommes de bonne part ; aussi ne couroient-ils les rues pour une lippée comme une infinité d'aujourd'huy, qui font gloire de changer les façons de l'antiquité pour introduire leurs inventions niaises ; et si quelqu'un tient des qualitez de ceux du bon temps, ils le font anatheme.

Se presente à ses yeux; et là s'y represente
Un tertre, une prairie, un taillis, une sente,
Un verger, une vigne, un jardin bien dressé,
Une ronce, une espine, un chardon herissé ;
Et la part que son œil vagabond se transporte,
Il descouvre un païs de differente sorte,
De bon et de mauvais ; Des Masures, ainsi
Celuy qui lit les vers que j'ay pourtraits icy,
Regarde d'un trait d'œil mainte diverse chose,
Qui bonne qui mauvaise en mon papier enclose.
Dieu seul ne faut jamais, les hommes volontiers
Sont tousjours de nature imparfaits et fautiers.

 Mon livre est ressemblable à ces tables friandes
Qu'un Prince fait charger de diverses viandes ;
Le mets qui plaist à l'un à l'autre est desplaisant,
Ce qui est sucre à l'un est à l'autre cuisant ;
L'un aime le salé, l'autre aime la chair fade ;
L'un aime le routy, l'autre aime la salade ; (a)
L'un aime le vin fort, l'autre aime le vin doux,
Et jamais le banquet n'est agreable à tous.
Le Prince toutefois, qui librement festie,
Ne s'en offense point ; car la plus grand' partie
De ceux qui sont assis, au festin sont allez
De franche volonté sans y estre appelez.

 Ainsi ny par edict, ny par statut publique
Je ne contrains personne à mon vers poëtique ;
Le lise qui voudra, l'achette qui voudra ;
Celuy qui bien content de mon vers se tiendra,
Me fera grand plaisir; s'il advient au contraire,
Masures, c'est tout un, je ne sçaurois qu'y faire.

 Je m'estonne de ceux de la nouvelle foy,
Qui pour me haut-louer disent tousjours de moy :
« Si Ronsard ne cachoit son talent dedans terre,
Or' parlant de l'amour, or' parlant de la guerre,

 a. Var. :

L'un est Pythagoriste, et se paist de salade;

Et qu'il voulust du tout chanter de Jesus-Christ,
Il seroit tout parfait; car il a bon esprit;
Mais Satan l'a seduit, le pere des mensonges,
Qui ne luy fait chanter que fables et que songes. »(a)
    O pauvres abusez! que le nouveau sçavoir
D'un moyne defroqué a laissé decevoir!
Tenez-vous en vos peaux, et ne jugez personne;
Je suis ce que je suis, ma conscience est bonne,
Et Dieu à qui le cœur des hommes apparoist,
Sonde seul ma pensée, et seul il la cognoist.
    O bien-heureux Lorrains! que la secte Calvine,
Et l'erreur de la terre à la vostre voisine
Ne deprava jamais; d'où seroit animé
Un poussif Allemand, dans un poesle enfermé,
A bien interpreter les sainctes Escritures
Entre les gobelets, les vins et les injures?
Y croye qui voudra, amy, je te promets
Par ton bel Amphion de n'y croire jamais.
    L'autre jour en dormant (comme une vaine idole,
Qui deçà qui delà au gré du vent s'en-vole)
M'apparut du Bellay, non pas tel qu'il estoit
Quand son vers doucereux les Princes allaitoit,
Et qu'il faisoit courir la France aprés sa lyre,
Qui souspirant son nom le plaint et le desire;
Mais have et descharné, planté sur de grands os;
Ses costes, sa carcasse, et l'espine du dos
Estoient veufves de chair; et sa diserte bouche,
Où jadis se logeoit la mielliere mouche,
Les Graces et Pithon, fut sans langue et sans dents;
Et ses yeux, qui estoient si prompts et si ardants .
A voir danser le bal des neuf doctes pucelles,
Estoient sans blanc, sans noir, sans clairté, ny prunelles;
Et sa teste qui fut le Caballin coupeau,
Avoit le nez retrait sans cheveux et sans peau,

    a. Var. :

Qui pour la verité l'ensorcelle de songes.

Point de forme d'aureille, et la creuse ouverture
De son ventre n'estoit que vers et pourriture.
   Trois fois je le voulus comme en songe embrasser,
Et trois fois s'enfuyant ne se voulut laisser
Presser entre mes bras; et son ombre seulette
Volloit de place en place, ainsi qu'une alouette
Volle devant le chien, lequel la va suivant,
Et en pensant la prendre il ne prend que du vent.
A la fin en ouvrant sa bouche morne et palle,
Fit sortir une voix comme d'une cigalle,
Ou d'un petit grillon, ou d'un petit poulet,
Quand bien loin de sa mere il pepie seulet.
Et me disoit : « Ronsard, que sans tache d'envie
J'aimay quand je vivois comme ma propre vie,
Qui premier me poussas (¹) et me formas la vois
A celebrer l'honneur du langage François,
Et compagnon d'un art tu me monstras l'addresse
De me laver la bouche és ondes de Permesse;
Puis qu'il a pleu à Dieu me prendre devant toy, (²)
Entens ceste leçon et la retiens de moy.
 » Crains Dieu sur toute chose, et jour et nuit medite
En la loy que son fils nous a laissée escripte; (a)
Toute ton esperance et de corps et d'esprit
Soit fermement fichée au Sauveur Jesus-Christ.
Obeïs à ton Prince et au bras de justice,
Et fais à tes amis et plaisir et service;

   a. Var. :

Crains Dieu sur toute chose, et le fard d'Epicure
Ne te face jamais errer à l'avanture;

  1. En 1549.
  2. Qui fut le premier jour de l'an 1559 ou 60, d'une mort subite, à l'aage de 34 ans. Il avoit esté fort tard à composer, et s'estant mis au lict pour dormir il n'en réveilla plus.

Discours.

Contente-toy du tien (¹), et ne sois desireux
De biens ny de faveurs, et tu seras heureux.
Quant au monde où tu es, ce n'est qu'une chimere,
Qui te sert de marastre en lieu de douce mere;
Tout y va par fortune et par opinion,
Et rien n'y est durable en parfaicte union.
Dieu ne change jamais; l'homme n'est que fumée
Qu'un petit trait de feu tient un jour allumée.
  » Bien-heureux est celuy qui n'y vit longuement,
Et celuy qui sans nom vit si obscurement
Qu'à peine il est cogneu de ceux de son village.
Celuy, amy Ronsard, celuy est le plus sage.
  » Si aux esprits des morts tu veux adjouster foy,
Qui ne sont plus menteurs, Ronsard, retire-toy,
Vy seul en ta maison, et ja grison delaisse
A suivre plus la cour, ta Circe enchanteresse. [égaux,
  » Quant aux champs où je suis, nous sommes tous
Les manes des grands Rois et des hommes ruraux,
Des bouviers, des soldars, et des Princes d'Asie,
Errent également selon leur fantaisie,
Qui deçà qui delà, en plaisir s'esbattant,
Va de verger à autre à son gré voletant. (a)
Simples, gresles, legers, comme on voit les avettes
Voler parmy nos prez sur les jeunes fleurettes.

a. Var. :

Qui deçà qui delà, de verger en verger,
S'esbattent à plaisir sans soupçon ny danger.

1. Horace, Ode 16, liv. 2 :
    Vivitur parvo bene, cui paternum
    Splendet in mensa tenui salinum, etc.

Et les deux vers escrits sur une des montées du Palais de ceste ville, sous l'effigie d'Enguerrand de Marigny qui l'avoit fait bastir, alors qu'il eut passé (tout grand Comte qu'il estoit) par les mains de la justice avec ignominie :
    Chacun soit content de ses biens,
    Qui n'a suffisance n'a riens.

» Entre Homere et Virgile, ainsi qu'un demi-Dieu,
Environné d'esprits, j'ay ma place au milieu,
Et suis en la façon que m'a descrit Masures,
Aux champs Elysiens aymé des ames pures. (*a*)
Je voy les demi-Dieux et le bon Roy Henry, (1)
Qui se cachant sa playe erre seul et marry,
Dequoy la dure Parque a sans pitié ravie
Tout d'un coup son repos, sa jeunesse et sa vie.
» Et j'erre comme luy de tristesse blessé,
Que sans te dire adieu si tost je t'ay laissé,
Et sans prendre congé de toute nostre bande,
A qui leur du Bellay par toy se recommande. »
Ainsi dist ceste idole, et comme un pront esclair
S'enfuyant de mes yeux, se perdit dedans l'air.

REMONSTRANCE

AU PEUPLE DE FRANCE. (2)

> Je vous prie, freres, de prendre garde à ceux qui font dissensions et scandales contre la doctrine que vous avez apprinse, et vous retirez d'eux.
> S. Paul. Rom., 16.

O ciel! ô mer! ô terre! ô Dieu pere commun
Des Juifs, et des Chrestiens, des Turcs, et d'un
Qui nourris aussi bien par ta bonté publique [chacun;
Ceux du pole antartique et ceux du pole artique;

a. Var. :

Là suivant les forests et les belles verdures,

1. Henry II, tué par Montgommery.
2. Imprimé pour la première fois à Paris, chez G. Buon, 1564, in-4° de 16 feuillets.

Qui donnes et raison et vie et mouvement,
Sans respect de personne, à tous également ;
Et fais du ciel là haut sur les testes humaines
Tomber, comme il te plaist, et les biens et les peines !
  O Seigneur tout puissant, qui as tousjours esté
Vers toutes nations plein de toute bonté,
De quoy te sert là haut la foudre et le tonnerre
Si d'un esclat de feu tu n'en brusles la terre ?
Es-tu dedans un trosne assis sans faire rien ?
Il ne faut point douter que tu ne sçaches bien
Cela que contre toy brassent tes creatures,
Et toutesfois, Seigneur, tu le vois et l'endures !
  Ne vois-tu pas du ciel ces petits animaux,
Lesquels ne sont vestus que de petites peaux,
Ces petits animaux qu'on appelle les hommes,
Qu'ainsi que bulles d'eaux tu créves et consommes,
Que les doctes Romains et les doctes Gregeois
Nomment songe, fumée, et fueillage des bois,
Qui n'ont jamais icy là verité cognue
Que je ne sçay comment ou par songe ou par nue ?
Et toutesfois, Seigneur, ils font les empeschez,
Comme si tes secrets ne leur estoient cachez,
Braves entrepreneurs, et discoureurs des choses
Qui aux entendemens de tous hommes sont closes,
Qui par longue dispute et curieux propos
Ne te laissent jouir du bien de ton repos,
Qui de tes sacremens effacent la memoire,
Qui disputent en vain de cela qu'il faut croire,
Qui font trouver ton Fils imposteur et menteur ;
Ne les puniras-tu, souverain Createur ?
Tiendras-tu leur party ? veux-tu que l'on t'appelle
Le Seigneur des larrons, et le Dieu de querelle ?
Ta nature y repugne, aussi tu as le nom
De doux, de pacifiq, de clement et de bon,
Et ce monde accordant, ton ouvrage admirable,
Nous monstre que l'accord t'est tousjours agreable.
  Mais qui seroit le Turc, le Juif, le Sarrasin,
Qui voyant les erreurs du Chrestien son voisin,

Se voudroit baptizer, le voyant d'heure en heure
Changer d'opinion, qui jamais ne s'asseure?
Le cognoissant leger, mutin, seditieux,
Et trahir en un jour la foy de ses ayeux?
Volontaire, inconstant, qui au propos chancelle
Du premier qui luy chante une chanson nouvelle?
Le voyant Manichée, et tantost Arrien,
Tantost Calvinien, tantost Lutherien,
Suivre son propre advis, non celuy de l'Eglise?
Un vray jonc d'un estang, le jouet de la bise,
Ou quelque girouette inconstante, et suivant
Sur le haut d'une tour la volonté du vent?
Et qui seroit le Turc lequel auroit envie
De se faire Chrestien en voyant telle vie?

 Certes si je n'avois une certaine foy
Que Dieu par son esprit de grace a mise en moy,
Voyant la chrestienté n'estre plus que risée,
J'aurois honte d'avoir la teste baptisée.
Je me repentirois d'avoir esté Chrestien,
Et comme les premiers je deviendrois Payen.

 La nuict j'adorerois les rayons de la lune,
Au matin le soleil, la lumiere commune,
L'œil du monde; et si Dieu au chef porte des yeux,
Les rayons du soleil sont ses yeux radieux,
Qui donnent vie à tous, nous conservent et gardent,
Et les faits des humains en ce monde regardent.

 Je dy ce grand soleil, qui nous fait les saisons
Selon qu'il entre ou sort de ses douze maisons,
Qui remplit l'univers de ses vertus cognues,
Qui d'un trait de ses yeux nous dissipe les nues,
L'esprit, l'ame du monde, ardant et flamboyant,
En la course d'un jour tout le ciel tournoyant,
Plein d'immense grandeur, rond, vagabond, et ferme,
Lequel tient dessous luy tout le monde pour terme,
En repos, sans repos, oisif, et sans sejour,
Fils aisné de nature et le pere du jour.

 J'adorerois Cerés qui les bleds nous apporte,
Et Bacchus qui le cœur des hommes reconforte,

Neptune le sejour des vents et des vaisseaux,
Les Faunes et les Pans, et les Nymphes des eaux,
Et la terre hospital de toute creature,
Et ces Dieux que l'on feint ministres de Nature.
 Mais l'Evangile sainct du Sauveur Jesus-Christ
M'a fermement gravée une foy dans l'esprit,
Que je ne veux changer pour une autre nouvelle;
Et deussé-je endurer une mort tres-cruelle,
De tant de nouveautez je ne suis curieux.
Il me plaist d'imiter le train de mes ayeux!
Je croy qu'en paradis ils vivent à leur aise,
Encor qu'ils n'ay'nt suivi ny Calvin ny de Beze.
 Dieu n'est pas un menteur, abuseur ny trompeur,
De sa saincte promesse il ne faut avoir peur,
Ce n'est que verité, et sa vive parole
N'est pas comme la nostre incertaine et frivole.
 « L'homme qui croit en moy (dit-il) sera sauvé! »
Nous croyons tous en toy! nostre chef est lavé
En ton nom, ô Jesus, et dés nostre jeunesse
Par foy nous esperons en ta saincte promesse.
 Et toutefois, Seigneur, par un mauvais destin
Je ne sçay quel yvrongne, apostat Augustin,
[Un Picard usurier, un teneur de raquette,
Un mocqueur, un pipeur, un bon nieur de debte
Qui vend un benefice et à deux et à trois,
Un paillard, un causeur, un renyé François,]
Nous presche le contraire, et tellement il ose,
Qu'à toy la verité sa mensonge il oppose.
 Le soir que tu donnois à ta suite ton corps,
Personne d'un cousteau ne te pressoit alors
Pour te faire mentir et pour dire au contraire
De ce que tu avois deliberé de faire.
Tu as dit simplement d'un parler net et franc,
Prenant le pain et vin : « *C'est cy mon corps et sang,
Non signe de mon corps.* » Toutefois ces ministres,
Ces nouveaux defroquez, apostats et belistres,
Desmentent ton parler, disant que tu rêvois
Et que tu n'entendois cela que tu disois.

Ils nous veulent monstrer par raison naturelle
Que ton corps n'est jamais qu'à la dextre eternelle
De ton Pere là haut, et veulent t'attacher
Ainsi que Promethée au faiste d'un rocher.
 Ils nous veulent prouver par la philosophie
Qu'un corps n'est en deux lieux; aussi je ne leur nie,
Car tout corps n'a qu'un lieu; mais le tien, ô Seigneur!
Qui n'est que majesté, que puissance et qu'honneur,
Divin, glorifié, n'est pas comme les nostres.
 Celuy à porte close alla voir les Apostres,
Celuy sans rien casser sortit hors du tombeau,
Celuy sans pesanteur d'os, de chair ny de peau,
Monta dedans le ciel. Si ta vertu feconde
Sans matiere apprestée a basti tout ce monde,
Si tu es tout divin, tout sainct, tout glorieux,
Tu peux communiquer ton corps en divers lieux.
Tu serois impuissant si tu n'avois puissance
D'accomplir tout cela que ta majesté pense.
 Mais quel plaisir au ciel prens-tu d'ouïr çà bas
Dire que tu y es et que tu n'y es pas; (a)
D'ouïr ces predicans qui par nouveaux passages
En voulant te prouver, prouvent qu'ils ne sont sages,
Qui pippent le vulgaire et disputent de toy,
Et r'appellent tousjours en doute nostre foy?
 Il fait bon disputer des choses naturelles,
Des foudres et des vents, des neiges et des gresles,
Et non pas de la foy, dont il ne faut douter;
Il faut seulement croire et non en disputer.
 Tout homme qui voudra soigneusement s'enquerre
Dequoy Dieu fit le ciel, les ondes, et la terre,
Du serpent qui parla, de la pomme d'Adam,
D'une femme en du sel, de l'asne à Balaam,
Des miracles de Moyse, et de toutes les choses

a. Var. (1584):

Mais quel plaisir prens-tu, pour troubler ton repos,
D'ouïr l'humain caquet tenir tant de propos?

Qui sont dedans la Bible estrangement encloses,
Il y perdra l'esprit; car Dieu qui est caché,
Ne veut que son secret soit ainsi recherché.
   Bref, nous sommes mortels, et les choses divines
Ne se peuvent loger en nos foibles poitrines,
Et de sa prescience en vain nous devisons;
Car il n'est pas sujet à nos sottes raisons.
L'entendement humain, tant soit-il admirable,
Du moindre faict de Dieu, sans grace, n'est capable.
   Comment pourrions-nous bien avec nos petits yeux
Cognoistre clairement les mysteres des cieux,
Quand nous ne sçavons pas regir nos republiques,
Ny mesmes gouverner nos choses domestiques?
Quand nous ne cognoissons la moindre herbe des prez?
Quand nous ne voyons pas ce qui est à nos piez?
Toutefois les docteurs de ces sectes nouvelles,
Comme si l'Esprit Sainct avoit usé ses ailes
A s'appuyer sur eux, comme s'ils avoient eu
Du ciel dru et menu mille langues de feu,
Et comme s'ils avoient (ainsi que dit la fable
De Minos) banqueté des hauts Dieux à la table;
Sans que honte et vergongne en leur cœur trouve lieu,
Parlent profondement des mysteres de Dieu;
Ils sont ses conseillers, ils sont ses secretaires,
Ils sçavent ses advis, ils sçavent ses affaires,
Ils ont la clef du ciel et y entrent tous seuls,
Ou qui veut y entrer, il faut parler à eux.
Les autres ne sont rien sinon que grosses bestes,
Gros chapperons fourrez, grasses et lourdes testes.
Sainct Ambrois, sainct Hierosme, et les autres docteurs
N'estoient que des resveurs, des fols, et des menteurs.
Avec eux seulement le Sainct Esprit se treuve,
Et du sainct Evangile ils ont trouvé la febve. (1)
   O pauvres abusez! mille sont dans Paris,
Lesquels sont dés jeunesse aux estudes nourris,

---

1. Proverbe commun, tiré par allegorie de la febve du gasteau des Roys, où la royauté se donne par sort.

Qui de contre une natte estudians attachent
Melancholiquement la pituite qu'ils crachent,
Desquels vous apprendriez en diverses façons,
Encores dix bons ans mille et mille leçons.
 Il ne faut pas avoir beaucoup d'experience
Pour estre exactement docte en vostre science ;
Les barbiers, les maçons en un jour y sont clercs,
Tant vos mysteres saincts sont cachez et couvers.
 Il faut tant seulement avecques hardiesse
Detester le Papat, parler contre la messe,
Estre sobre en propos, barbe longue, et le front
De rides labouré, l'œil farouche et profond,
Les cheveux mal peignez, le sourcy qui s'avale,
Le maintien refrongné, le visage tout pasle,
Se monstrer rarement, composer maint escrit,
Parler de l'Eternel, du Seigneur et de Christ,
Avoir d'un grand manteau les espaules couvertes,
Bref, estre bon brigand et ne jurer que : Certes. (¹)
 Il faut pour rendre aussi les peuples estonnez,
Discourir de Jacob et des predestinez,
Avoir sainct Paul en bouche et le prendre à la lettre,
Aux femmes, aux enfans l'Evangile permettre,
Les œuvres mespriser, et haut-louer la foy.
Voilà tout le sçavoir de vostre belle loy.
 J'ay autrefois gousté, quand j'estois jeune d'age,
Du miel empoisonné de vostre doux breuvage ;
Mais quelque bon daimon m'ayant oüy crier,
Avant que l'avaller me l'osta du gosier. [naistre,
 Non, non, je ne veux point que ceux qui doivent

---

1. Juron des ministres predicans ; c'est à dire en hebrieu :
il est ainsi. Le mauvais Roy de Geth, qui se voulut mocquer
du bon Roy David, se nommoit Achis, de la signification
du mot ; et diriez qu'en disant certes, ils jurent par luy.
Telle est l'affirmation des Gascons ; toutesfois Alain Chartier,
historiographe et poëte du Roy Charles VII, et lequel estoit
Normand, use fort de ce mot acertes, qui veut dire
certes.

Pour un fol Huguenot (¹) me puissent recognoistre.
Je n'aime point ces noms qui sont finis en ots,
Gots, Cagots, Austrogots, Visgots et Huguenots;
Ils me sont odieux comme peste, et je pense
Qu'ils sont prodigieux au Roy et à la France.
  Vous ne pippez sinon le vulgaire innocent,
Grosse masse de plomb qui ne voit ny ne sent,
Ou le jeune marchant, le bragard gentil-homme,
L'escolier débauché, la simple femme, et somme
Ceux qui sçavent un peu, non les hommes qui sont
D'un jugement rassis, et d'un sçavoir profond.
[Amyot et Danés, lumieres de nostre age,
Aux lettres consummez, en donnent tesmoignage,
Qui sans avoir tiré vostre contagion
Sont demeurez entiers en leur religion.
Hommes dignes d'honneur, cheres testes et rares,
Les cieux de leur faveur ne vous soient point avares,
Vivez heureusement, et en toutes saisons
D'honneurs et de vertus soient pleines vos maisons!].
  Perisse mille fois ceste tourbe mutine
Qui folle court après la nouvelle doctrine,
Et par opinion se laisse sottement
Sous ombre de pieté gaigner l'entendement.
  O Seigneur, tu devois pour chose necessaire,
Mettre l'opinion aux talons, et la faire

---

1. Diverse est l'opinion de la derivaison. Les uns disent qu'il vient de Jean Hus, heretique bruslé vif au concile de Constance, environ 150 ans auparavant; les autres du Roy Hugon, dont l'esprit couroit de nuict à Tours, comme ils faisoient, s'assemblans de nuict, et que les mutins d'Amboise furent pris à Tours; les autres de *hens quenaux*, qui veut dire en suisse *gens mutins et seditieux*; les autres du commencement de la harangue de Beze au colloque de Poissy, trois fois interrompue, et commençant : *Huc nos venimus*; et les autres disent le semblable d'un jeune Gentilhomme Allemand, lequel estant pris à la faction d'Amboise, et conduit à Monseigneur le Cardinal de Lorraine, luy donna la mesme response, comme il l'interrogeoit.

Loin du chef demeurer, et non pas l'apposer
Si prés de la raison, à fin de l'abuser ?
Comme un meschant voisin, qui abuse à toute heure
Celuy qui par fortune auprés de luy demeure.
    Ce monstre, qui se coule en nos cerveaux, aprés
Va gaignant la raison laquelle habite auprés,
Et alors toute chose en l'homme est desbordée,
Quand par l'opinion la raison est guidée. (¹)
    La seule opinion fait les hommes armer,
Et frere contre frere au combat animer ;
Perd la religion, renverse les grand's villes,
Les couronnes des Rois, les polices civiles ;
Et aprés que le peuple est sous elle abatu,
Lors le vice et l'erreur surmontent la vertu.
    Or ceste Opinion, fille de Fantaisie,
Outre-vole l'Afrique, et l'Europe et l'Asie,
Sans jamais s'arrester ; car d'un vol nompareil
Elle attaint en un jour la course du soleil.
    Elle a les pieds de vent, et dessur les aisselles,
Comme un monstre emplumé, porte de grandes ailes ;
Elle a la bouche grande, et cent langues dedans ;
Sa poitrine est de plomb, ses yeux prompts et ardans ;
Tout son chef est de verre, et a pour compagnie
La jeunesse, l'erreur, l'orgueil et la manie.
De ses tetins ce monstre un Wiclef (²) alaita,
Et en despit du ciel un Jean Hus (³) enfanta,

---

1. V. pl. haut, p. 13, une description analogue de l'opinion.

2. Heretique Anglois, des premiers de ceux lesquels ont infecté l'Allemagne et la Boheme, devant Jean Hus et Hierosme de Prague, Bohemiens. Il avoit toutes les erreurs que depuis ont eu les autres et les nostres, qui devroient mourir de honte d'avoir abandonné la foy de Jesus-Christ et de leurs ayeuls, pour suivre les illusions de tels yvrongnes, brigands et meurtriers. L'Empereur Sigismond commanda (ce fut au Concile de Constance) que les os dudit Wicleff fussent deterrez et bruslez, si l'on pouvoit les cognoistre et discerner.

3. Heretique nay de bas et pauvre lieu d'un village de Boheme appellé Husz, dont il prit le nom qui veut dire

Puis elle se logea sur le haut de la porte
De Luther, son enfant, et dist en ceste sorte :
 « Mon fils, il ne faut plus que tu laisses rouiller
Ton esprit en paresse ; il te faut despouiller
Cet habit monstrueux ; il faut laisser ton cloistre.
Aux Princes et aux Rois je te feray cognoistre,
Et si feray ton nom fameux de tous costez,
Et rendray dessous toy les peuples surmontez.
Il faut oser beaucoup : la Fortune demande
Un magnanime cœur qui ose chose grande.
 » Ne vois-tu que le Pape est trop enflé de biens?
Comme il presse sous soy les Princes terriens?
Et comme son Eglise est toute depravée
D'ambition, de gloire, et d'erreur abreuvée?
Ne vois-tu ses supposts paresseux et poussifs,
Decoupez, parfumez, delicats, et lascifs,
Fauconniers, et veneurs, qui occupent et tiennent
Les biens qui justement aux pauvres appartiennent,
Sans prescher, sans prier, sans garder le troupeau,
Dont ils tirent la graisse, et deschirent la peau?
 » Dieu t'appelle à ce faict. Courage, je te prie !
Le monde ensorcelé de vaine pipperie
Ne pourra resister ; tout va de pis en pis,
Et tout est renversé des grands jusqu'aux petits.
 » La foy, la vérité de la terre est bannie,
Et regnent en leur lieu luxure et gloutonnie ;
L'exterieur domine en tout ce monde icy,
Et de l'interieur personne n'a soucy.
 » Pource je viens du ciel pour te le faire entendre :
Il te faut maintenant en main les armes prendre ;
Je fourniray de feu, de mesche et de fuzil ;
De mille inventions j'auray l'esprit fertil ;
Je marcheray devant, et d'un cry vraysemblable
J'assembleray pour toy le vulgaire muable ;

ouye, pource qu'il estoit jugé par les Bohemiens de grand
et vif esprit. Il dogmatisoit en l'an 1408 et fut bruslé tout
vif au Concile de Constance.

J'iray le cœur des Roys de ma flamme attizer;
Je feray leurs citez en deux parts diviser,
Et seray pour jamais ta fidelle compagne.
   » Tu feras grand plaisir aux Princes d'Allemagne,
Qui sont marris de voir (comme estans genereux)
Un Evesque Electeur qui domine sur eux;
S'ils veulent qu'en leur main l'election soit mise,
Il faut rompre premier les forces de l'Eglise;
Un moyen plus subtil ne se trouve sinon
Que de monter en chaire, et d'avancer ton nom,
Abominer le Pape, et par mille finesses
Crier contre l'Eglise, et oster ses richesses. » (a)
   Ainsi disoit ce monstre, et arrachant soudain
Un serpent de son dos, le jetta dans le sein
De Luther estonné; le serpent se desrobe,
Qui glissant lentement par les plis de sa robe
Entre sous la chemise, et coulant sans toucher
De ce moyne abusé ny la peau ny la chair,
Luy souffle vivement une ame serpentine,
Et son venin mortel luy crache en la poitrine,
L'enracinant au cœur; puis faisant un grand bruit
D'escailles et de dents, comme un songe s'enfuit.
   Au bruit de ce serpent que les monts redoublerent,
Le Danube et le Rhin en leur course tremblerent,
L'Allemagne en eut peur, et l'Espagne en fremit;
D'un bon somme depuis la France n'en dormit,
L'Itale s'estonna, et les bords d'Angleterre
Tressaillirent d'effroy comme au bruit d'un tonnerre.
   Lors Luther agité des fureurs du serpent,
Son venin et sa rage en Saxone respand,
Et si bien en preschant il supplie et commande,
Qu'à la fin il se voit docteur d'une grand' bande.
   Depuis les Allemans ne se virent en paix,
La mort, le sang, la guerre et les meurtres espais

a. Var. :

Crier contre l'Eglise, et descrier les messes. »

Ont assiegé leur terre, et cent sortes de vices
Ont c'en dessus-dessous renversé leurs polices.
　De là sont procedez les maux que nous avons,
De là vient le discord sous lequel nous vivons;
De là vient que le fils fait la guerre à son pere,
La femme à son mary, et le frere à son frere,
A l'oncle le nepveu; de là sont renversez
Les conciles sacrez des vieux siecles passez.
　De là toute heresie au monde prit naissance,
De là vient que l'Eglise a perdu sa puissance,
De là vient que les Rois ont le sceptre esbranlé,
De là vient que le foible est du fort violé;
De là sont procedez des géans qui eschellent
Le ciel, et au combat les Dieux mesmes appellent;
De là vient que le monde est plein d'iniquité,
Remply de desfiance et d'infidelité,
Ayant perdu sa reigle et sa forme ancienne.
　Si la Religion, et si la foy chrestienne
Apporte de tels fruits, j'aime mieux la quitter,
Et banny m'en-aller les Indes habiter,
Sous le pôle antarctique où les sauvages vivent,
Et la loy de nature heureusement ensuivent.
　Mais en bref, ô Seigneur tout puissant et tout fort,
Par ta saincte bonté tu rompras leur effort,
Tu perdras leur conseil, et leur force animée
Contre ta majesté envoyras en fumée.
Car tu n'es pas l'appuy ny l'amy des larrons;
C'est pourquoy. ton secours en bref nous esperons.
La victoire des camps ne depend de nos armes,
Du nombre des pietons, du nombre des gendarmes;
Elle gist en ta grace, et de là haut aux cieux
Tu fais ceux qu'il te plaist icy victorieux.　[grandes,
　Nous sçavons bien, Seigneur, que nos fautes sont
Dignes de chatiment; mais Seigneur, tu demandes
Pour satisfaction un courage contrit,
Un cœur humilié, un penitent esprit.
　Et pource, Seigneur Dieu, ne punis en ton ire
Ton peuple repentant qui lamente et souspire,

Qui te demande grace; et, par triste meschef,
Les fautes de ses Roys ne tourne sur son chef!

 Vous Princes, et vous Roys, la faute avez commise
Pour laquelle aujourd'huy souffre toute l'Eglise,
Bien que de vostre temps vous n'ayez pas cognu
Ny senty le malheur qui nous est advenu.

 Vostre facilité qui vendoit les offices,
Qui donnoit aux premiers les vaquans benefices,
Qui l'Eglise de Dieu d'ignorans farcissoit,
Qui de larrons privez les palais remplissoit,
Est cause de ce mal. Il ne faut qu'un jeune homme
Soit evesque ou abbé ou cardinal de Rome;
Il faut bien le choisir avant que luy donner
Une mitre, et pasteur des peuples l'ordonner.

 Il faut certainement qu'il ait le nom de prestre
(Prestre veut dire vieil); c'est afin qu'il puisse estre
De cent mille pechez en son office franc,
Que la jeunesse donne en la chaleur du sang.

 Si Platon prevoyoit par les molles musiques
Le futur changement des grandes republiques,
Et si par l'harmonie il jugeoit la cité;
Voyant en nostre Eglise une lasciveté,
On pouvoit bien juger qu'elle seroit destruite,
Puis que jeunes pilots luy servoient de conduite.

 Tout sceptre et tout empire et toutes regions
Fleurissent en grandeur par les religions;
Par elles ou en paix ou en guerre nous sommes;
Car c'est le vray ciment qui entretient les hommes.

 On ne doit en l'Eglise evesque recevoir
S'il n'est vieil, s'il ne presche, et s'il n'est de sçavoir;
Et ne faut eslever, par faveur ny richesse,
Aux offices publics l'inexperte jeunesse
D'un escolier qui vient de Tholose, devant
Que par longue prudence il devienne sçavant.

 Vous, Royne, en departant les dignitez plus hautes,
Des Roys vos devanciers ne faites pas les fautes,
Qui sans sçavoir les mœurs de celuy qui plus fort
Se hastoit de picquer, et d'apporter la mort,

Donnoient le benefice, et sans sçavoir les charges
Des biens de Jesus-Christ, en furent par trop larges;
Lesquels au temps passé ne furent ordonnez
Des premiers fondateurs pour estre ainsi donnez.
   Madame, faut chasser ces gourmandes Harpyes,
Je dy ces importuns, qui les griffes remplies
De cent mille morceaux, tendent tousjours la main,
Et tant plus ils sont saouls tant plus meurent de faim,
Esponges de la cour, qui succent et qui tirent :
Plus ils crevent de biens, et plus ils en desirent !
   O vous, doctes Prelats ([1]), poussez du Sainct Esprit,
Qui estes assemblez au nom de Jesus-Christ,
Et taschez sainctement par une voye utile
De conduire l'Eglise à l'accord d'un concile;
Vous-mesmes les premiers, Prelats, reformez-vous,
Et comme vrais pasteurs faites la guerre aux loups;
Ostez l'ambition, la richesse excessive;
Arrachez de vos cœurs la jeunesse lascive,
Soyez sobres de table, et sobres de propos;
De vos troupeaux commis cherchez-moy le repos,
Non le vostre, Prelats; car vostre vray office
Est de prescher sans cesse, et de chasser le vice.
   Vos grandeurs, vos honneurs, vos gloires despouillez;
Soyez-moy de vertus, non de soye habillez;
Ayez chaste le corps, simple la conscience;
Soit de nuit, soit de jour, apprenez la science;
Gardez entre le peuple une humble dignité,
Et joignez la douceur avec la gravité. ([2])

1. Les Prelats assemblez pour aller au Concile de Trente.
2. Chose necessaire aux grands Pasteurs de l'Eglise : la gravité pour monstrer la dignité de leur rang, la douceur pour attraire, et non desbaucher les inferieurs par une mine austere et rechignée. Parmy ceux de nostre aage, lesquels ont esté pleins de ces deux belles vertus, je nommeray feu M. de Laon, de l'illustre maison de Nangis, dont la memoire n'ira jamais soubs l'oubly; M. de Noyon de la maison d'Entragues; M. de Comminges, fils de Monsieur le Mares-

Ne vous entremeslez des affaires mondaines,
Fuyez la cour des Roys et leurs faveurs soudaines,
Qui perissent plustost qu'un brandon allumé
Qu'on voit tantost reluire, et tantost consumé.
  Allez faire la cour à vos pauvres oueilles,
Faictes que vostre voix entre par leurs aureilles,
Tenez-vous prés du parc, et ne laissez entrer
Les loups en vostre clos, faute de vous monstrer.
  Si de nous reformer vous avez quelque envie,
Reformez, les premiers, vos biens et vostre vie,
Et alors le troupeau qui dessous vous vivra,
Reformé comme vous de bon cœur vous suivra.
  Vous, juges des citez, qui d'une main égale
Devriez administrer la justice royale,
Cent et cent fois le jour mettez devant vos yeux
Que l'erreur qui pullule en nos seditieux
Est vostre seule faute; et sans vos entreprises
Que nos villes jamais n'eussent esté surprises.
  Si vous eussiez puny par le glaive trenchant
Le Huguenot mutin, l'heretique meschant,
Le peuple fust en paix; mais vostre connivence
A perdu la justice et l'empire de France.
  Il faut sans avoir peur des Princes ny des Rois,
Tenir droit la balance, et ne trahir les lois
De Dieu, qui sur le fait des justices prend garde,
Et assis aux sommets des citez vous regarde.
Il perce vos maisons de son œil tout-voyant,
Et grand juge, cognoist le juge forvoyant
Par present alleché, ou celuy qui par crainte
Corrompt la majesté de la justice saincte.
  Et vous, nobles, aussi mes propos entendez,
Qui faussement seduits vous estes desbandez
Du service de Dieu; vueillez vous recognoistre,
Servez vostre pays, et le Roy vostre maistre;

-chal de Souvray; feu M. de Cheverny, evesque de Chartres, et celuy qui maintenant luy succede, M. de Bourgueil, de l'ancienne maison d'Estampes.

Posez les armes bas! Esperez-vous honneur
D'avoir osté le sceptre au Roy vostre seigneur?
Et d'avoir desrobé par armes la province
D'un jeune Roy mineur, vostre naturel Prince?
   Vos peres ont receu, de nos Rois ses ayeux,
Les honneurs et les biens qui vous font glorieux;
Et d'eux avez receu en tiltre la noblesse,
Pour avoir dessous eux monstré vostre prouesse,
Soit chassant l'Espagnol, ou combattant l'Anglois,
A fin de maintenir le sceptre des François;
Vous-mesmes aujourd'huy le voulez-vous destruire,
Aprés que vostre sang en a fondé l'empire?
   Telle fureur n'est point aux tigres ny aux ours,
Qui s'entre-ayment l'un l'autre, et se donnent secours,
Et pour garder leur race en armes se remuent.
Les François seulement se pillent et se tuent,
Et la terre en leur sang baignent de tous costez,
A fin que d'autre main ils ne soient surmontez.
   La foy (ce dites-vous) nous fait prendre les armes!
Si la Religion est cause des allarmes,
Des meurtres et du sang que vous versez icy,
Hé! qui de telle foy voudroit avoir soucy,
Si par fer et par feu, par plomb, par poudre noire,
Les songes de Calvin nous voulez faire croire?
   Si vous eussiez esté simples comme devant,
Sans aller les faveurs des Princes poursuyvant;
Si vous n'eussiez parlé que d'amender l'Eglise,
Que d'oster les abus de l'avare prestrise,
Je vous eusse suivy, et n'eusse pas esté
Le moindre des suivans qui vous ont escouté.
   Mais voyant vos couteaux, vos soldars, vos gendarmes,
Voyant que vous plantez vostre foy par les armes,
Et que vous n'avez plus ceste simplicité
Que vous portiez au front en toute humilité,
J'ay pensé que Satan, qui les hommes attise
D'ambition, estoit chef de vostre entreprise.
   L'esperance de mieux, le desir de vous voir
En dignité plus haute et plus riche en pouvoir,

Vos haines, vos discords, vos querelles privées,
Sont cause que vos mains sont de sang abreuvées,
Non la Religion, qui sans plus ne vous sert
Que d'un masque emprunté qu'on void au descouvert.
   Et vous, nobles aussi, qui n'avez renoncée
La foy de pere en fils qui vous est annoncée,
Soustenez vostre Roy, mettez-luy derechef
Le sceptre dans la main, et la couronne au chef,
N'espargnez vostre sang, vos biens ny vostre vie :
Heureux celuy qui meurt pour garder sa patrie!
   Vous, peuple, qui du coutre et des bœufs accouplez
Fendez la terre grasse et y semez des blez ;
Vous, marchans, qui allez les uns sur la marine,
Les autres sur la terre, et de qui la poitrine
N'a humé de Luther la secte ny la foy,
Monstrez-vous à ce coup bons serviteurs du Roy!
   Et vous, sacré troupeau, sacrez mignons des Muses,
Qui avez au cerveau les sciences infuses,
Qui faites en papier luire vos noms icy
Comme un soleil d'esté de rayons esclarcy,
De nostre jeune Prince escrivez la querelle,
Et armez Apollon et les Muses pour elle.
[Toy, Paschal, qui as fait un œuvre si divin,
Ne le veux-tu pas mettre en evidence, afin
Que le peuple le voye et l'appreigne et le lise
A l'honneur de ton Prince et de toute l'Eglise?
Eh bien! tu me diras : « Aussi tost qu'ils verront
Nos escrits imprimés, soudain ils nous tueront;
Car ils ont de fureur l'âme plus animée
Que freslons en un chesne estouffez de fumée. »
Quant à mourir, Paschal, j'y suis tout resolu,
Et mourray par leurs mains, si le ciel l'a voulu.
Si ne veux-je pourtant me retenir d'escrire,
D'aymer la verité, la prescher et la dire.]
   Je sçay qu'ils sont cruels et tyrans inhumains.
Nagueres le bon Dieu me sauva de leurs mains,
Aprés m'avoir tiré cinq coups de harquebuse,
Encore il n'a voulu perdre ma pauvre muse;

DISCOURS. 71

Je vis encor, Paschal, et ce bien je reçoy
Par un miracle grand que Dieu fit dessur moy.
  Je meurs quand je les voy ainsi que harengeres
Jetter mille brocars de leurs langues legeres,
Et blasphemer l'honneur des seigneurs les plus hauts
D'un nom injurieux de Guysars et Papaux.
  Je meurs quand je les voy par troupes incognues
Marcher aux carrefours (¹), ou au milieu des rues,
Et dire que la France est en piteux estat,
Et que les Guysiens auront bien tost le mat.
  Je meurs quand je les voy enflez de vanteries,
Semans de toutes parts cent mille menteries,
Et desguiser le vray par telle authorité,
Que le faux controuvé semble estre verité ;
Puis resserrer l'espaule, et dire qu'ils depleurent
Le mal-heur de la guerre, et de ceux qui y meurent,
Asseurans pour la fin que le grand Dieu des cieux
Les fera, quoy qu'il tarde, icy victorieux.
  Je suis plein de despit, quand les femmes fragiles
Interpretent en vain le sens des evangiles,
Qui devroient mesnager et garder leur maison.
  Je meurs quand les enfans qui n'ont point de raison,
Vont disputant de Dieu qu'on ne sçauroit comprendre,
Tant s'en faut qu'un enfant ses secrets puisse entendre.
  J'ay l'esprit tout geiné de deuil et de tourment,
Voyant ce peuple icy des presches si gourmand,
Qui laisse son estau, son banc et sa charue,
Et comme furieux par les presches se rue
D'un courage si chaud qu'on ne l'en peut tirer,
Voire en mille morceaux le deust-on deschirer.
  Ulysse à la parfin chassa ses bandes sottes.
A grands coups de baston, de la douceur des lottes,

---

1. Ou carfour, *trivium*, τρίοδος, endroit où se rendent trois rues ; et m'imaginerois qu'il fut nommé carfour de l'ancien mot *carfeu*, venant du couvre-feu de sept heures du soir pour l'*Ave Maria*, que l'on sonnoit aux lieux publics. — Littré le dérive de *quadrifurcus*.

Qui oublioient leur terre, et au bord estranger
Vouloient vivre et mourir pour les lottes manger.
Mais ny glaive, ny mort ne retient ceste bande,
Tant elle est du sermon des ministres friande;
Bref, elle veut mourir, aprés avoir gousté
D'une si dommageable et folle nouveauté.
    J'ay pitié quand je voy quelque homme de boutique,
Quelque pauvre artizan devenir heretique;
Mais je suis plein d'ennuy et de deuil quand je voy
Un homme bien gaillard abandonner sa foy,
Quand un gentil esprit pippé huguenotise, (1)
Et quand jusqu'à la mort ce venin le maistrise.
    Voyant ceste escriture ils diront en courroux :
« Et quoy? ce gentil sot escrit doncq' contre nous?
Il flatte les seigneurs, il fait d'un diable un ange.
Avant qu'il soit long temps on luy rendra son change,
Comme à Villegaignon (2) qui ne s'est bien trouvé
D'avoir ce grand Calvin au combat esprouvé. »
    Quant à moy je suis prest, et ne perdray courage,
Ferme comme un rocher, le rempart d'un rivage,
Qui se moque des vents, et plus est agité
Plus repousse les flots, et jamais n'est donté. (a)
    Au moins concedez-nous vos privileges mesmes,
Puis que vous deschirez les dignitez suprémes

    a. Var. :

Qui se moque des vents, et plus le flot sallé
Sape et mine son pied, et moins est esbranlé.

    1. Verbe du nom Huguenot, comme (sans comparaison) pindarise, ronsardise.
    2. Docte personnage, alors qu'il fut en prise contre ce bon apostre de la nouvelle creance; mais tousjours l'Huguenot, à l'ouïr parler, est le maistre et le vainqueur en dispute, comme en nos jours le Plessis-Mornay dans Fontainebleau, devant le Roy Henry le Grand, en la conference avec le Cardinal du Perron.

Des Papes, des Prelats, par mots injurieux ;
Ne soyez, je vous pri', dessur nous envieux,
Grondans comme mastins, si nos plumes s'aguisent
Contre vos predicans qui le peuple seduisent !
A la fin vous verrez, aprés avoir osté
Le chaud mal qui vous tient, que je dy verité.
 Vous, Prince genereux, race du sang de France, (¹)
Dont le tige royal de ce Roy print naissance
Qui pour la foy chrestienne outre la mer passa,
Et sa gloire fameuse aux Barbares laissa ; (²)
Si vous n'aviez les yeux aggravez d'un dur somme,
Vous cognoistriez bien tost que la fraude d'un homme
Banni de son païs (³) l'esprit vous a pippé,
Et des liens d'erreur par tout enveloppé.
 Il vous enfle le cœur d'une vaine esperance ;
De gagner nostre empire il vous donne asseurance ;
Il vous promet le monde ; et vous, Prince tres-bon,
Nay du sang invaincu des seigneurs de Bourbon,
L'oreille vous tendez à ces promesses vaines,
Qui se boufent de vent comme des balles pleines ;
Mais si d'un coup de pied quelqu'un les va crevant,
L'enfleure fait un bruit, et n'en sort que du vent.
 Puis vous qui ne sçaviez (certes dire je l'ose)
Combien le commander est une douce chose,
Vous voyant obéy de vingt mille soldars,
Voyant floter pour vous aux champs mille estendars,
Voyant tant de seigneurs qui vous font tant d'hommages,
Voyant de tous costez bourgs, citez et villages,
Obéir à vos loix et vous nommer vainqueur,
Cela, Prince tres-bon, vous fait grossir le cœur.
 Ce pendant ils vous font un Roy de tragedie,
Exerçant dessous vous leur malice hardie,
Et se couvrant de vous, Seigneur, et de vos bras,

---

1. Louys de Bourbon Prince de Condé, chef du party.
2. De saint Louys, tige des Bourbons.
3. Calvin, banni de la ville de Noyon, pour le crime (ce dit-on) qui regnoit jadis en la terre de Loth.

Ils font cent mille maux que vous ne sçavez pas;
Et ce qui plus me deult, c'est qu'encores ils disent
Que les anges de Dieu partout les favorisent.
 De tel arbre tel fruit : ils sont larrons, brigans,
Inventeurs et menteurs, vanteurs et arrogans,
Superbes, soupçonneux; au reste je ne nie
Qu'on ne puisse trouver en leur tourbe infinie
Quelque homme juste et droit, qui garde bien sa foy.
Telle bonté ne vient pour croire en telle loy,
Ains pour estre bien nay; car s'il fust d'avanture
Un Turc, il garderoit ceste bonne nature.
Je cognois un seigneur, las! qui les va suivant [1]
(Duquel jusqu'à la mort je demourray servant),
Je sçay que le soleil ne void çà bas personne
Qui ait le cœur si bon, la nature si bonne,
Plus amy de vertu, et tel je l'ay trouvé,
L'ayant en mon besoin mille fois esprouvé;
En larmes et souspirs, Seigneur Dieu, je te prie
De conserver son bien, son honneur et sa vie!
 Rien ne me fasche tant que ce peuple batu;
Car bien qu'il soit tousjours par armes combatu,
Froissé, cassé, rompu, il caquette et groumelle,
Et tousjours va semant quelque fausse nouvelle :
Tantost il a le cœur superbe et glorieux,
Et dit qu'un escadron des archanges des cieux
Viendra pour son secours; tantost la Germanie
Arme pour sa defense une grand' compagnie,
Et tantost les Anglois le viennent secourir,
Et ne void cependant comme on le fait mourir,
Tué de tous costez ; telle fiévre maline
Ne se pourroit guarir par nulle medecine.
 Il veut tantost la paix, tantost ne la veut pas,
Il songe, il fantastique, il n'a point de compas,
Tantost enflé de cœur, tantost bas de courage,
Et sans prevoir le sien predit nostre dommage.
 Au reste, de parole il est fier et hautain,

---

1. Odet de Coligny, Cardinal de Chastillon.

Il a la bouche chaude, et bien froide la main,
Il presume de soy ; mais sa folle pensée
Comme par un destin est tousjours renversée.
Que diroit-on de Dieu, si luy benin et doux
Suivoit vostre party et combattoit pour vous ?
Voulez-vous qu'il soit Dieu des meurtriers de ses Papes,
De ces briseurs d'autels, de ces larrons de chapes,
Des volleurs de calice ? Hà ! Prince, je sçay bien
Que la plus grande part des prestres ne vaut rien ;
Mais l'Eglise de Dieu est saincte et veritable,
Ses mysteres sacrez, et sa voix perdurable.
 Prince, si vous n'aviez vostre rang oublié,
Et si vostre œil estoit tant soit peu deslié,
Vous cognoistriez bien tost que les ministres vostres
Sont, certes je le sçay, plus meschans que les nostres.
Ils sont simples d'habits, d'honneur ambitieux ;
Ils sont doux au parler, le cœur est glorieux ;
Leur front est vergongneux, leurs ames eshontées ;
Les uns sont apostats, les autres sont athées,
Les autres par sur tous veulent le premier lieu ;
Les autres sont jaloux du paradis de Dieu,
Le promettant à ceux qui leurs songes ensuivent ;
Les autres sont menteurs, sophistes qui escrivent
Sur la parole saincte, et en mille façons
Tourmentent l'Evangile, et en font des chansons.
 Dessillez-vous les yeux, Prince tres-magnanime,
Et lors de tels galans vous ferez peu d'estime.
Recherchez leur jeunesse, et comme ils ont vescu,
Et vous ne serez plus de tels hommes vaincu.
 Prince tres-magnanime et courtois de nature,
Ne soyez offensé lisant ceste escriture ;
Je vous honore et prise, et estes le seigneur
Auquel j'ay desiré plus de biens et d'honneur,
Comme vostre sujet, ayant pris ma naissance
Où le Roy vostre frere avoit toute puissance.
Mais l'amour du pays, et de ses loix aussi,
Et de la verité me fait parler ainsi.
 Je veux encor parler à celuy qui exerce

Dessous vostre grandeur la justice perverse.
Quelle loy te commande, ô barbare insensé,
De punir l'innocent qui n'a point offensé?
Quel tygre, quel lyon ne trembleroit de crainte
De condamner à mort une innocence sainte?
 Qu'avoit commis Sapin, conseiller d'equité,
Dont l'honneur, la vertu, les mœurs, l'integrité,
Fleurissoient au Palais comme parmy le voile
De la nuict tenebreuse une flambante estoile?
 Tu diras pour réponse : « On pend nos compagnons;
De rendre la pareille icy nous enseignons,
Et peu nous soucions de tort ny de droiture,
Pourveu que nous puissions revenger nostre injure. »
 Hà! response d'un Scythe, et non pas d'un chrestien,
Lequel doit pour le mal tousjours rendre le bien!
Par mines seulement chrestien tu te descœuvres,
Je dy chrestien de bouche, et Scythe par les œuvres.
 O bien-heureux Sapin (1), vray martyr de la foy!
Tel est au rang des Sainctes qui n'est plus sainct que toy!
Les œillets et les lis, comme pour couverture,
Puissent tousjours fleurir dessus ta sepulture!
 Prince, souvenez-vous que vos freres sont morts
Outre le naturel (2), par violents efforts,
Et que vostre maison maintefois a sentie
La grande main de Dieu sus elle appesantie,
Et pource accordez-vous avecques vostre aisné

---

1. En octobre 1562, le Prince de Condé luy fit couper la teste, et à J. de Troyes, abbé de Gastines, lesquels avoient esté pris dans le Vendomois, comme ils alloient en Espagne de la part du Roy. (Édit. de 1567, à la Bibl. de l'Arsenal.)

2. François de Bourbon Comte d'Anguien, qui deffit jeune d'ans le vieil Marquis Del Guast, lieutenant de l'Empereur Charles V, à Serisoles (1544), et qui mourut d'une cheute de bahu jetté par une fenestre à la Roche-Guyon, en un combat de plaisir, au mois de febvrier 1545; et Jean de Bourbon Duc d'Anguien, tué le 10e jour d'aoust 1557, à la journée de Sainct Laurens, prés la ville de Sainct Quentin en Picardie, assiegée par Philippes II, Roy d'Espagne.

DISCOURS.

Charles, à qui le ciel (a) largement a donné
La vertu de remettre en faveur vostre race,
Et luy faire tenir son vray rang et sa place.
  Si vous estiez icy deux mois auprés du Roy,
Vous reprendriez soudain vostre premiere loy,
Et auriez en horreur ceste tourbe mutine,
Qui vous tient apasté de sa folle doctrine.
  Hà, Prince, c'est assez, c'est assez guerroyé.
Vostre frere avant l'âge au sepulchre envoyé, (²)
Les playes dont la France est sous vous affligée,
Et les mains des larrons dont elle est saccagée,
Les loix et le païs si riche et si puissant,
Depuis douze cens ans aux armes fleurissant,
L'extreme cruauté des meurtres et des flammes,
La mort des jouvenceaux, la complainte des femmes,
Et le cry des vieillards qui tiennent embrassez
En leurs tremblantes mains leurs enfans trespassez,
Et du peuple mangé les souspirs et les larmes
Vous devroient esmouvoir à mettre bas les armes ;
Ou bien s'il ne vous plaist, selon droit et raison,
Desarmer vostre force, oyez mon oraison.
  Vous, Princes conducteurs de nostre saincte armée,(³)
Royal sang de Bourbon, de qui la renommée
Se loge dans le ciel ; vous freres grands et forts, (⁴)

---

a. Var. (1578) :

Antoine (¹), à qui le ciel. . . . .

  1. Duc de Vendosme, et Roy de Navarre à cause de Jeanne d'Albret sa femme.
  2. C'est Monsieur d'Anguien dont nous venons de parler, de qui l'autheur regrette la mort.
  3. L'autheur s'addresse au Duc de Vendosme, Roy de Navarre, lieutenant general pour le Roy, au Duc de Montpensier Louys, et au Prince de la Roche-sur-Yon, tous de la maison de Bourbon.
  4. Messieurs de Guise et d'Aumale.

Sacré sang Guysian (¹), nos rampars et nos forts, (²)
Sang qui fatalement en la Gaule te monstres
Pour donter les mutins, comme Hercule les monstres.
 Et vous, Montmorency, sage Nestor François, (³)
Fidele serviteur de quatre ou de cinq Rois,
Qui meritez d'avoir en memoire eternelle
Ainsi que du Guesclin (⁴) une ardente chandelle;
Vous, d'Anville, son fils (⁵), sage, vaillant et preux,
Vous, seigneurs qui portez un cœur chevaleureux,
Que chacun à la mort fortement s'abandonne,
Et de ce jeune Roy redressez la couronne!
Redonnez-luy le sceptre, et d'un bras indonté
Combatez pour la France et pour sa liberté,
Et ce pendant qu'aurez le sang et l'ame vive,
Ne souffrez qu'elle tombe en misere captive.
 Souvenez-vous, seigneurs, que vous estes enfans
De ces peres jadis aux guerres triomphans,

  1. Pour raison de ce grand Charles Cardinal de Lorraine.
  2. Pour avoir gardé Mets et Paris.
  3. Anne de Montmorency, connestable de France et favorit du Roy François Iᵉʳ, qui veid et servit Louys XII, François Iᵉʳ, Henry II, François II et Charles IX, sous lequel il finit ses jours glorieusement, au retour de la bataille de Sainct Denys, aprés avoir en plusieurs autres batailles fait preuve de sa valeur et de son courage, et de l'ancienneté du nom qu'il portoit. Il estoit aagé de prés de quatre vingts ans, quand il fut blessé à mort.
  4. Bertrand du Guesclin, gentil-homme Breton, Comte de Longueville, un des braves chevaliers de la cour de Charles V, Roy de France, et par merite honoré de la charge de Connestable. Il mourut sous Charles V, et long-temps de là Charles VI son fils, bien que fort jeune, pour retribuer les services qu'il avoit rendus à la couronne par sa generosité, luy fit dresser des funerailles comme on feroit dresser pour un Roy mesme, et le fit ensepulturer en la mesme chappelle dudit Charles V, à Saint Denys, le mausolée de nos Rois.
  5. Un des fils puisnez du Connestable de Montmorency, depuis aussi Connestable sous le Roy Henry-le-Grand.

Qui pour garder la foy de la terre Françoise
Perdirent l'Albigeoise (¹) et la secte Vaudoise. (²)
    Contemplez-moy vos mains, vos muscles et vos bras :
Pareilles mains avoient vos peres aux combas ;
Imitez vos ayeux, à fin que la noblesse
Vous anime le cœur de pareille prouesse.
    Vous, guerriers asseurez, vous, pietons, vous, soldars,
De Bellonne conceus, jeune race de Mars,
Dont les fresches vertus par la Gaule fleurissent,
N'ayez peur que les bois leurs fueilles convertissent
En Huguenots armez, ou comme les Titans
Ils naissent de la terre en armes combatans.
    Ne craignez point aussi les troupes d'Allemagne,
Ny ces reistres mutins qu'un François accompagne ;
Ils ne sont point conceus d'un fer ny d'un rocher :
Leur cœur se peut navrer, penetrable est leur chair ;
Ils n'ont non plus que vous ny de mains ny de jambes,
Leurs glaives ne sont point acerez dans les flambes
Des eaux de Phlegethon ; ils sont subjets aux coups,
De femmes engendrez, et mortels comme nous.
    Ne craignez point aussi, vous, bandes martialles,
Les corps effeminez des ministres si palles,

---

    1. La secte Albigeoise tenoit de l'Arrienne et de la Manicheenne ; les Calvinistes et Lutheriens en ont fait une rhapsodie et meslange, pour donner fonds à leur vaine religion.
    2. Secte ditte les Pauvres de Lyon, d'un nommé Valdo, homme pieux, lequel donna tout ce qu'il avoit aux pauvres. Ceux qui l'imiterent furent nommez les Pauvres de Lyon ; mais parmy cecy faisant mille deshonnestetés, allant de lieux en lieux pesle-mesle hommes et femmes, couchans ensemble pour voir s'ils resisteroient à l'eguillon de la chair et garderoient la chasteté, ils furent condamnez vivement du Saint Pere, l'an 1226. A l'occasion du despit qu'en eurent ces fols, ils jetterent la semence de toutes les erreurs d'alors, et renouvellerent celles des Gots lors qu'ils alloient commandant aū Languedoc. Ce furent les Albigeois et les Vaudois qui firent ce beau jeu, que le Roy Philippe Auguste Dieudonné rompit.

Qui font si triste mine, et qui tournent aux cieux,
En faisant leurs sermons, la prunelle des yeux.
 Mais ayez forte pique et bien tranchante espée,
Bon cœur et bonne main, bonne armure trempée,
La bonne targue au bras, aux corps bons corselets,
Bonne poudre, bon plomb, bon feu, bons pistolets,
Bon morion en teste, et surtout une face
Qui du premier regard vostre ennemy desface.
 Vous ne combattez pas, soldars, comme autresfois
Pour borner plus avant l'empire de vos Rois;
C'est pour l'honneur de Dieu et sa querelle saincte
Qu'aujourd'huy vous portez l'espée au costé ceinte.
 Je dy pour ce grand Dieu qui bastit tout de rien,
Qui jadis affligea le peuple Egyptien,
Et nourrit d'Israël la troupe merveilleuse
Quarante ans aux deserts de manne savoureuse;
Qui d'un rocher sans eaux les eaux fit ondoyer,
Fit de nuict la colonne ardante flamboyer
Pour guider ses enfans par monts et par valées;
Qui noya Pharaon sous les ondes salées,
Et fit passer son peuple ainsi que par bateaux
Sans danger, à pied sec, par le profond des eaux.
 Pour ce grand Dieu, soldars, les armes avez prises,
Qui favorisera vous et vos entreprises,
Comme il fit Josué par le peuple estranger;
Car Dieu ne laisse point ses amis au danger.
 Dieu tout grand et tout bon, qui habites les nues,
Et qui cognois l'autheur des guerres advenues,
Dieu, qui regardes tout, qui vois tout et entens,
Donne, je te suppli', que l'herbe du printemps
Si tost parmy les champs nouvelle ne fleurisse,
Que l'autheur de ces maux (¹) au combat ne perisse,

---

1. L'Admiral de Coligny, brave homme de guerre, quant au reste, grand capitaine et Gentil-homme des plus hardis, comme nostre autheur a bien voulu tesmoigner par de ses meilleurs escrits; mais trop bouillant à former le party qui brouille encores aujourd'huy la France. O meschante erreur,

Ayant le corselet d'outre en outre enfoncé
D'une pique ou d'un plomb fatalement poussé.
 Donne que de son sang il enyvre la terre,
Et que ses compagnons au milieu de la guerre
Renversez à ses pieds, haletans et ardens,
Mordent dessur le champ la poudre entre leurs dens,
Estendus l'un sur l'autre; et que la multitude
Qui s'asseure en ton nom, franche de servitude,
De fleurs bien couronnée, à haute voix, Seigneur,
Tout à l'entour des morts celebre ton honneur,
Et d'un cantique sainct chante de race en race
Aux peuples à venir tes vertus et ta grace.

que ne fais-tu point dans les cœurs et dans les esprits, quand tu les viens ensorceler, et mesme dans les plus enclins aux choses de la pieté! Je dis cecy pour une remarque faite par moy dans l'eglise de Saincte Syre en Champagne, à cinq lieues de Troyes, où se voyent des guerisons merveilleuses de la pierre et du calcul; c'est dans un petit bois de tableau dont l'imprimé bien lisible est tel :

Gaspard de Coligny (*), *Seigneur et Baron de Bouan et de Beaufort, escuier tranchant de Messeigneurs le Dauphin et Duc d'Orleans, natif de la Franche Comté de Bourgogne, a esté aujourd'huy 14 du mois d'apvril 1539, delivré de sept pierres, lesquelles il a fait par la bouche ; et estant en peril de mort, soy vouant à Madame saincte Syre, fut delivré des dittes pierres, et est en bonne sancté : dont ledit Seigneur veut et entend estre pensionnaire à jamais de l'eglise de Madame saincte Syre.*

Nous voyons encore maintenant (et sans flatter) quel est son fils Monsieur d'Andelot, et de quel zele il est enflamé pour la religion catholique apostolique et romaine, et de quel amour il est embrasé pour la devotion. Lesquels effects si l'on ne remarque en Monsieur de Chastillon son nepveu, pour le moins a-t-il fidellement servy le Roy, ne contribuant en ces dernieres guerres à la rebellion mal-heureuse et fatale des autres, vrays hydres, qui ne sont plus tost deffaits qu'ils ne veulent desesperément renouveller.

* Ce Coligny ne me paraît pas être l'Amiral, mais quelque autre d'une branche collatérale.   P. B.

PROGNOSTIQUES

SUR LES MISERES DE NOSTRE TEMPS.

    Long temps devant que les guerres civilles
Brouillassent France, on veid parmy nos villes
Errer soudain des hommes incognus,
Barbus, crineux, crasseux et demy-nus,
Qui, transportez de noire frenaisie,
A tous venans contoient leur fantaisie
En plein marché, ou dans un carrefour,
Dès le matin jusqu'au coucher du jour,
Hurlans, crians, tirans de place en place
A leurs talons enfans et populace. (1)
    Non seulement le peuple sans raison
Pour les ouyr sortoit de sa maison;
Mais les plus grands et les plus sages furent
Ceux qui par crainte à table les receurent,
Devotieux (croyans en verité
Que par leur voix parloit la Deité),
Fust Huguenot, fust neutre, ou fust Papiste.
L'un se disoit sainct Jean l'Evangeliste,
Qui se vantoit (fantastique d'esprit)
D'avoir dormi au sein de Jesus-Christ!
Bien que son art fust de fondre le cuivre,
Vray alchymiste, et qu'il apprinst à vivre
Aux idiots; luy-mesme ne sceut pas
Vivre pour luy, ny prévoir son trespas,
Soit qu'il mourust par vice ou par simplesse.
    Un qui crioit, enflé de hardiesse,

---

1. Il parle de certains fols courans les rues devant les guerres civiles, qui pouvoient estre au regne de Henry II, tels que nous avons eu de nostre temps le Prince Mandon, le Comte de Permission, Maistre Pierre du For l'Evesque.

La Monarchie, et Cesar se vantoit,
Vint aprés luy. Il disoit qu'il estoit
Ce grand Cesar qui au fil de l'espée
Par sang civil baigna Rome et Pompée.
Ce fol estoit de nation Romain,
Qui soustenoit une boule en sa main,
Et sur le chef un fourré diadéme.
Lors je disois tout pensif en moy-mesme :
« Assez et trop nostre France a de fous,
Sans que le Tybre en respande sur nous,
Sans nous donner un Cesar qui l'empire
Fist trebucher, et qui nous vient predire
Un changement ou d'estat ou de lois. »
    Aprés luy vint le bon Roy des Gaulois,
Jadis pedant, qui avoit la pensée
Et la raison à demy renversée,
Et qui tirant tout Paris aprés soy,
Des vieux Gaulois se vantoit d'estre Roy.
    Or quand on void que tout soudain un homme
Réve, radotte, et pensif se consomme,
D'yeux saffranez, de sourcils renfrongnez,
D'ongles crasseux, de cheveux mal-peignez,
Pasle, bouffi, d'espouvanteuse œillade,
On dit qu'il est, ou qu'il sera malade,
Pour ce qu'on void les signes par dehors
Nous tesmoigner les passions du corps.
    Ainsi voyant tant de sectes nouvelles,
Et tant de fols, tant de creuses cervelles,
Tant d'almanachs qui d'un langage obscur
Comme démons annoncent le futur ;
Et quand on void tant de monstres difformes,
Qui en naissant prennent diverses formes,
Les pieds en-haut, la teste contre-bas,
Enfans morts-nez, chiens, veaux, aigneaux et chats
A double corps, trois yeux et cinq oreilles ;
Bref, quand on void tant d'estranges merveilles
Qui tout d'un coup paroissent en maints lieux,
Monstres non veus de nos premiers ayeux,

C'est signe seur qu'incontinent la terre
Doit soustenir la famine et la guerre,
Les fleaux de Dieu qui marchent les premiers,
Du changement certains avant-courriers.
    Ou soit que Dieu, comme en lettres de chiffre,
Douteusement son vouloir nous dechiffre
D'un charactere obscur et mal-aisé,
Soit qu'un démon de soy-mesme avisé,
Qui vit long temps, et a veu mainte chose,
Voyant le ciel qui les astres dispose
A bien ou mal, comme il veut les virer,
Se mesle en l'homme, et luy vient inspirer,
En le troublant, une parole obscure ;
Soit que cela se face d'avanture,
Je n'en sçay rien. L'homme, qui est humain,
Ne tient de Dieu le secret en la main.
Mais je sçay bien que Dieu, qui tout ordonne,
Par signes tels tesmoignage nous donne
De son courroux, et qu'il est irrité
Contre le Prince, ou contre la cité
Où le peché se mocque de la peine.
D'exemples tels la Bible est toute pleine.

(1584.)

EPISTRE. (1)

Cinq sepmaines aprés la mort de feu Monseigneur le Duc de Guyse (2), me furent envoyez de la part d'un mien amy trois petits livres, lesquels avoient esté secrettement composez deux ou trois mois auparavant [le

---

1. Ce morceau sert de préface à la *Response de P. de Ronsard aux injures de je ne sçay quels Predicantereaux*, etc., qui suit, page 95.
2. François de Lorraine.

deceds dudit Seigneur], par quelque Ministreau de
Genéve, ou sectaire de semblable humeur, et depuis
descouverts, publiez, et imprimez à Orleans contre
moy, ausquels comme par contrainte j'ay respondu en ce
present livre; attestant Dieu et les hommes, que jamais
je n'eu desir ny volonté d'offenser personne, de quelque
qualité qu'elle soit; si de fortune il ne m'est advenu
d'escrire choses, lesquelles n'estoient incogneues seulement aux petits enfans, tant s'en faut qu'elles le fussent
des historiographes de nostre temps, qui sans passion
ont deliberé rendre de poinct en poinct fidele tesmoignage de nos guerres civiles à la posterité. Bien est
vray que mon principal but et vraye intention a tousjours esté de taxer et blasmer ceux qui, sous ombre
de l'Evangile (comme les hommes non passionnez
pourront facilement cognoistre par mes œuvres), ont
commis des actes tels que les Scythes n'oseroient, ny
ne voudroient seulement avoir pensé. Donc, quiconque
sois, Predicant, ou autre, qui m'as voulu mal-heureu-
sement calomnier, je te supplie de prendre en gré
ceste response, t'asseurant que si j'avois meilleure
cognoissance de toy, que tu n'en serois quitte à si bon
marché, et au lieu de quinze ou seize cens vers que je
t'envoye pour reschaufer ta colere, je ferois de ta vie
une Iliade entiere. Car je me trompe, ou ton froc jetté
aux orties, ou quelque memorable imposture, ou autre
chose de pareille farine, me fourniroient argumens
assez suffisans pour t'imprimer sur le front une marque
qu'aisément tu ne pourrois effacer. Je ne fais point de
doute que ta malice ne se soit maintesfois efforcée de
vouloir, sous couleur de belles paroles, irriter les Princes
et Seigneurs contre moy, interpretant faussement mes
escrits, voire jusques à faire courir un bruit par ceste
ville, que leur grandeur me brassoit je ne sçay quoy
de mauvaise digestion. Quant à moy, je les estime
Princes et Seigneurs si magnanimes et genereux, que
je n'en croy rien, m'asseurant qu'ils ne voudroient
estre ministres de la meschante volonté d'un si petit

galand que toy. Aussi auroient-ils bien peu de louange
d'offenser un Gentil-homme de bonne race et de bonne
part, comme je suis, cogneu et tenu pour homme de
bien (si ce n'est de toy, ou de tes semblables) par
toute la France, sans premierement sçavoir de sa
propre bouche ses raisons, et la verité. Et pour ce,
Predicant mon amy, je te conseille de laisser desormais en repos tels Seigneurs, dont les grandeurs,
intentions et entreprises ne dependent de la querelle
de mes escrits ny des tiens, sans provoquer davantage
leur courroux contre moy, qui leur suis, plus que tu
n'es, tres-humble et tres-obeissant serviteur. Or comme
je ne suis pas si mal accompagné de jugement et de
raison que je m'estime de leur qualibre; aussi faut-il
que tu penses, Predicant, que je ne suis rien moins
que toy, quel que tu sois. Le camp est ouvert, les
lices sont dressées, les armes d'encre et de papier sont
faciles à trouver; tu n'auras point faute de passe-temps.
Mais à la verité, je voudrois que pour esprouver mes
forces, tu m'eusses presenté un plus rude champion.
Car j'ay le courage tel, que j'ayme presque mieux
quitter les armes, que combattre contre un moindre,
dont la victoire ne me sçauroit apporter ny plaisir ny
honneur. Suppliant derechef celuy qui se sentira si
gaillard que d'entrer en la barriere contre moy, ne
vouloir trouver estrange, si tout ainsi qu'en pleine
liberté il tonne des mots injurieux contre le Pape, les
Prelats, et toute l'ancienne constitution de l'Eglise, je
puisse aussi de mon costé parler librement contre sa
doctrine, cenes, presches, mariages, predestinations
fantastiques, et songes monstrueux de Calvin, qu'un
tas de Predicantereaux (ou sollicitez par leurs femmes,
ou espoinçonnez de faim, ou curieux de remuer mesnage)
ont recueilly à Genéve pour venir aprés ensorceler la
jeunesse de France, et (ce qui est encores plus dommageable) une bonne partie de nos hommes, qui
faisoient monstre sur tous les autres d'avoir le cerveau
mieux fait, plus rusez aux affaires, et moins studieux

de toute pernicieuse nouveauté. Or pour abreger, Predicant, un Turc, un Arabe me permettroit facilement ceste licence, et me donneroit avec toute modestie congé de luy respondre. Toy donques, qui te vantes estre chrestien reformé, à meilleure raison accorderas ma requeste, à fin que ta cause et la mienne soit cogneue de tous, et que l'honneur soit rendu à celuy de nous deux qui l'aura mieux merité. Adieu, Predicant mon amy.

DES DIVERS EFFECTS

DE QUATRE HUMEURS QUI SONT EN FRERE ZAMARIEL,
Predicant et Ministre de Genéve.

Ton erreur, ta fureur, ton orgueil et ton fard,
  Qui t'esgare, et t'insense, et t'enfle, et te desguise,
(Dévoyé, fol, superbe, et feint contre l'Eglise)
Te rend confus, felon, arrogant, et cafard.

NOTE.

Pour bien comprendre la défense, il faut pouvoir se faire une idée de l'attaque. Nous avons choisi, parmi les pièces dirigées contre Ronsard, la plus virulente et celle qui dut lui être le plus sensible. Elle émanait, à ce que nous croyons, d'un transfuge, de Jacques Grévin, qui, après avoir été le plus cher disciple du maître, était devenu son plus implacable ennemi.

Nous avons réimprimé *le Temple de Ronsard* d'après une plaquette intitulée : *Seconde Response de F. de la Baronnie à Messire Pierre de Ronsard, Prestre-Gentilhomme Vandomois, Evesque futur, plus le Temple,* etc. (1563, sans lieu, in-4° de 36 feuillets). Il avait paru antérieurement à Genève, en une brochure petit in-8° de 7 feuillets (s. l., 1563).

P. B.

LE TEMPLE DE RONSARD,

OU LA LEGENDE DE SA VIE EST BRIEFVEMENT DESCRITE.

Ronsard, je suis marry, pour l'honneur que je doy
A la Religion, aux Muses et au Roy,
Que tu n'as discouru en plus grand' reverence
De Dieu et de la foy, et de nostre esperance;
Que tu n'as employé la majesté des vers
Pour parler autrement des mysteres couverts;
Que tu n'as eu esgard que le sang de nos Princes
Est descendu des Roys, seigneurs de nos provinces.
  J'en suis marry, Ronsard, et bien que dans mon cœur
Je celasse longtemps ceste forte douleur,
Si est-ce que tousjours je sentois en moy-mesme
Les douloureux effects d'une douleur extresme,
Qui de souspirs cuisans sans cesse entresuivis
Monstrent asseurément mes sens estre ravis.
Je suis marry aussi que tout seul à la France
Tu t'es vanté d'avoir des Muses cognoissance,
Et que tous ceux qui ont mis la main aux escrits
Ont l'art de poësie en tes livres appris.
  Tu devois, ce me semble, avant que de l'escrire,
Attendre honnestement qu'un autre le vinst dire;
Car louange, dit-on, se change en deshonneur
Quand le propre gosier s'en est fait le sonneur.
J'ay bien eu quelquefois la mesme fantaisie
Que tout seul tu estois bon maistre en poësie;
Mais lors que j'eus cogneu que les poetes Gregeois
Et Latins se laissoient fueilleter sous les doigts
De ceux qui sont nourris en la langue françoise,
Je pensay seulement que la Muse gregeoise
T'avoit enflé le cœur, et que ce gentil art
N'avoit esté forgé seulement pour Ronsard.

Bellay m'en est tesmoing, Tagaut me sert de preuve,
Et possible en mes vers l'asseurance s'en treuve.
 Mais tu as ressemblé au goujat effronté
Qui se vante d'avoir bravement surmonté
L'ennemy deconfit, bien qu'il ait pris la fuitte
Et veu tant seulement la premiere poursuitte.
 Je ne suis point celuy qui veuille m'eslever
Et sur toy par despit mes forces esprouver;
Car je sçay (Dieu mercy!) qu'une telle victoire
Ne pourroit pas beaucoup adjouster à ma gloire,
Si non que Dieu voulust que ton leger esprit
Fust aussi vivement touché par cet escrit,
Que jadis fut celuy du philosophe athée,
Dont l'erreur par raisons ne peut estre dontée,
Quand oyant le vieillard discourir de la foy
Au concile il receut nostre chrestienne loy.
 Mais avant que d'entrer, je veux bien que tu sache
Qu'une secte mauvaise en mon cœur ne se cache,
Et que je ne suis point enyvré de l'escrit
De quelque Anabaptiste, ou quelque autre Antechrist,
Que jusques à ce point la raison ne m'eschappe
D'avoir juré de suivre ou Calvin ou le Pape.
Je ne suis appelé pour monstrer ne prescher,
Ou pour quelque abbaye en la fin arracher.
 D'aucun troupeau sur moy la charge n'est commise;
Je suis tant seulement le moindre de l'Eglise
Et membre toutesfois, ce qui n'est pas de toy;
Car je sçay que tu vis sans raison et sans loy.
 Je t'ay veu discourant tout ainsi qu'Epicure,
Qui attachoit au ciel un Dieu qui n'a la cure
De ce qu'on fait en bas; et en parlant ainsy
Tu monstrois que de Luy tu n'avois grand soucy.
 Tu nous monstrois au doigt en un rond, ce me semble,
Comme un grand escadron de fourmis tous ensemble,
A qui de toutes parts nous voyons arriver
Le grain pour les nourrir tout au long de l'hiver.
 Chascun d'eux travailloit, comme, dans la muraille,
Chascun des citoyens en sa maison travaille.

L'un d'eux portoit un grain plus gros que tout son corps,
Et l'autre, qui n'avoit les membres assez forts,
Le tiroit après soy reculant en arrière;
L'autre sortoit leger du fond de sa tasniere,
Et, rencontrant ainsy ce pauvret empesché,
Luy desroboit des mains tout ce grain arraché.
 « Quel mal (ce disois-tu) nous a fait ceste beste
D'avoir fait dessus l'autre une injuste conqueste?
Nul mal; mais bien plus tost nous y prenons plaisir
Qu'elle a sceu ce gros grain si dextrement choisir.
 » Ainsy est-ce de Dieu, envers qui tous les hommes
Ne sont que des fourmis, et, d'autant que nous sommes
Meschants et desbauchez, d'autant moins est-il Dieu,
Si telles gayetez le meuvent en son lieu. »
 Tu parlois en ces mots de l'eternelle essence
De qui journellement nous prenons accroissance,
Sans penser que de nous le fourmy ne la prend
Et que ton foible esprit un tel bien ne comprend.
Et puis tu t'entremets de vaillamment defendre
Une religion que tu ne veux entendre.
 Tu fais comme un joueur à qui, sur l'eschaffaut,
Le polmon plein de vent et le cœur ne defaut,
Pour se monstrer hardy jouant son personnage;
Bien qu'au fait et au prendre il perdist le courage.
Cependant en tes vers, comme un brave escrimeur
Qui, defendant un prix, se monstre de grand cœur,
Tu prends tant seulement l'espée rabattue,
Afin de ne tuer et que l'on ne te tue;
Tu prends les gants aux mains; puis estendant les bras,
Tu mesures ton homme; et, avançant le pas,
Tu luy tires, d'estoc ou d'une haute taille,
Des coups mal asseurez d'un glaive qui ne taille.
 Je n'ay pas toutesfois en ces vers entrepris
D'escrimer contre toy pour emporter le prix.
Je veux tant seulement (puisque tu as envie
D'estre cogneu de tous) discourir de ta vie;
Afin qu'après ta mort on presche ton renom
Au jour que l'on fera feste de ton saint nom.

Car tu merites bien que le Pape te donne
Place au calendrier, et que pour toy l'on sonne
Le plus haut carillon, t'estant mis en pourpoint
Pour defendre le Pape en qui tu ne crois point.
　　Ceux-là qui à ce jour feront pelerinage
En ton temple sacré, verront un grand image
Au plus haut de l'autel, et, au dessous à part,
Escrit en lettres d'or : Monseigneur Saint Ronsard.
　　L'image qui de toy portera la semblance
Aura dessus le chef la mitre d'inconstance ;
Sous elle apparoistra un grand front eshonté,
Un nez un peu tortu et un peu rabotté,
Une bouche retorse, une levre flestrie,
Une dent toute noire et à demy pourrie.
　　Ta barbe sera claire, en memoire qu'un jour
Le vent te la souffla quand tu faisois l'amour ;
Dont tu auras pouvoir de guerir le malade
Qui te demandera secours pour la pellade.
　　La chappe, qui sera esparse sur ton dos,
Sera bordée autour de verres et de pots,
Et de flacons aussi ; le tout en souvenance
Que vivant tu auras fait un Dieu de ta panse,
Et pour nous advertir qu'il faut que ton tombeau
Soit orné quelque jour, pour urne, d'un tonneau.
　　Par dessous on verra la blancheur allechante
De ton beau surpelis en façon ondoyante,
Où en beaux poincts luisans sera cousu le nom
De ton laquais mignard ou de ton Corydon.
L'on pourra voir encor' ta chausse decouppée,
Et passer à costé le bout de ton espée.
Bref il sera tout tel que tu auras esté
En ce monde, vivant en ton impièté.
　　Tout à l'entour du temple, en la tapisserie,
L'on verra amplement le discours de ta vie.
La premiere monstra comment chez les putains,
Ronsard estant levé, alloit lever les mains ;
Pour prier Cupidon que, dessus sa chair molle,
On ne peust voir ce jour les boutons de ver....

*En l'autre piece aussi, apparoistra comment
Le livre qu'il avoit escrit folastrement, (¹)
Apprenant, comme il dit, la vertu dans l'estude,
Receut du parlement une sentence rude
Comme estant avorté, et, pour n'estre point veu,
Fust condamné dés lors d'estre mis dans le feu;
Dont, depuis ce temps-là, sa vertu desolée
N'apparust dans Paris où elle fust bruslée.
Pourtant demeura-t-il en sa premiere foy,
Et, ne se souvenant d'une si juste loy,
Il poursuivit depuis sa follastre entreprise;
Car l'estude luy a ceste vertu apprise.*

 *Dedans la troisiesme, on verra par escrit
Comme Ronsard fut mis estendu dans un lict,
Là où il fut frotté de diverse peinture
Et couvert par dessus de double couverture.
Là tu seras tantost d'un oignement couvert,
Qui te rendra le corps et gris, et rouge, et vert;
Gris comme un cordelier, et puis rouge ainsi comme
L'on voit rougir l'habit d'un cardinal de Rome;
Vert comme un papegay, dont je suis asseuré
Qu'en mesme jour ainsy tu fus transfiguré.
Les pauvres verolez te viendront faire offrande,
A celle fin d'avoir response à leur demande.
Ainsi après disner Saint Ronsard s'esbattoit;
Ainsi pour le plaisir Saint Ronsard devisoit.*

 *Là, rendant à Bacchus le deu de ton office,
D'un gros bouc tout barbu tu feras sacrifice,
Où tu appelleras avec tes alliez
Tous tes beaux Dieux bouquins et tes Dieux chevre-pieds.* (²)
*Tu seras couronné d'un tortis de lierre,
Et en perdant le vent, par deux fois, dans ton verre,*

---

1. *Le Livret de Folastries* (Paris, veufve M. de Laporte, 1553, in-8°) paraît en effet avoir été brûlé par arrêt du Parlement, car il est d'une excessive rareté.

2. Allusion à la pompe du bouc de Jodelle. V. tome VI, page 377.

Les larmes te cherront par les yeux enfoncez,
En signe qu'auras beu pour tous les trespassez.
   En quelque coing à part de ceste belle piece,
Tu feras aux demons une saincte promesse.
Dedans le pré aux Clercs (desirant trois clochers,
Qui autour Sainct Germain se voyent attachez
Comme trois fourcherons au trident de Neptune),
Que si tu peux avoir tant de bien de Fortune
Qu'un jour tu sois prieur, ou evesque, ou abbé,
Et que tu puisses voir en tes coffres tombé
L'opulent revenu d'une telle abbaye,
Que tu seras à eux le reste de ta vie,
Et que doresnavant, en tous tes beaux sermons,
On n'ora que prescher la gloire des demons.
   L'on pourra veoir encor, dans la quatriesme piece,
Comme aujourd'huy tu fais l'amour à ton hostesse,
Et comme en son giron doucement tu te pais;
Pendant que son mary, escrivant au palais,
Tire un diable à la queue, ou qu'il est à l'eglise,
Pour plaisir avec elle une heure tu devise.
   En la cinquiesme piece, ainsi qu'un Jupiter,
On te verra subit contre elle despiter,
Contre elle qui, encor qu'elle n'est ton espouse,
Ainsy qu'une Junon devient de toy jalouse,
Non point pour avoir pris la forme d'un taureau,
D'un belier, ou d'un cygne, ou du metal plus beau;
Et, estant desguisé en ces formes nouvelles,
Avoir comme un ribaut abusé des plus belles;
Mais pour t'estre joué (ainsi comme elle dit)
Avecques ton laquais dessus le bord d'un lict.
Jupiter quelquefois usa de ce remede
A l'heure qu'il en fit autant de Ganymede.
   L'autre piece suivra là, où, pour te vanger,
Fasché, tu la viendras d'adultere charger;
Tu mettras en avant l'asseuré tesmoignage
Du laquais ton mignon et d'Amadis ton page,
Qui tous deux l'ont trouvée au plus haut du grenier
Traittant humainement ton valet cuisinier.

Là tu demanderas ton espée bastarde,
Mais tu prendras en main une grand' hallebarde
Dont il fust transpercé; tu te feras tenir;
Tu feras du mauvais; tant qu'on voye venir,
A l'effroy d'un tel bruit, toute la centinelle
Pour appaiser le cours de ta folle cervelle.
Le capitaine aura la main sur ton collet;
Les soldats diligens conduiront ce valet
Jusque chez le barbier, d'où fermé dans la biere,
Il sortira devant une sepmaine entiere.
Ce sont tours que tu fais, voltigeant et sautant;
Ainsi tu prens plaisir escrimant et luttant.

En la septiesme piece, on verra ton caresme,
Farcy de bons chappons aussi bien que de cresme;
Car ainsy tu le passe', et à la verité
Tu ne loges chez toy trop de severité.

Ainsy pourra-t-on voir, tout autour de ton Temple,
De la vie d'un prestre un modele tres-ample,
Sans les actes qu'encor cy-aprés tu feras
Avant que de mourir, et lesquels tu auras
Dedans une autre piece, où je feray deduire
Le beau couronnement de ton dernier martyre.

Sus donc, peuple confit en messes et pardons,
Allez tous en ce temple offrir vos riches dons;
Adressez là vos vœux; faites dire une messe,
Au nom de Saint Ronsard et de sa sainte hostesse!

RESPONSE

DE PIERRE DE RONSARD

AUX INJURES ET CALOMNIES DE JE NE SÇAY QUELS PREDI-
CANTEREAUX ET MINISTREAUX DE GENÉVE, SUR SON
DISCOURS ET CONTINUATION DES MISERES DE CE TEMPS. (¹)

Miserable mocqueur qui n'avois point de voix,
Muet comme un poisson il n'y a pas deux mois, (a)
Et maintenant enflé par la mort d'un seul homme,

a. Var. (1567) :

Miserable mocqueur que la crainte suivoit,
Hostesse de ton cœur, quand ce grand Duc (²) *vivoit,* (b)

b. Var. (1578) :

Quoy? tu jappes, mastin, à fin de m'effroyer,
Qui n'osois ny gronder, ny mordre, n'abboyer,
Sans parole, sans voix, sans poumons, sans haleine,
Quand ce grand Duc vivoit, ce laurier de Lorraine,
Qu'en violant le droict et divin et humain,
Tu as assassiné d'une traistreuse main;

1. A Paris, chez G. Buon, 1564, in-4° de 26 feuillets. — Il existe une édition de 1563, Lyon, pet. in-4° de 27 feuillets. L'autheur respond à certaines gens qui avoient semé contre luy divers poëmes et discours, et mesme de ceux qu'il avoit honorez franchement de son amitié pour la gentillesse de leur esprit, et pour l'intelligence qu'ils avoient des bonnes lettres. J'en tairay le nom, pour ce que l'un d'eux est bien mort en la foy de la vraye Eglise, et que les enfans de l'un et de l'autre vivent. Dans le tome du Recueil de Poësie de l'autheur, quelque piece leur touche et leur appartient. (Garnier.) — Ces deux auteurs sont Florent Chrestien et Jacques Grevin.

2. François de Lorraine, Duc de Guise, tué par Poltrot.

Tu mesdis de mon nom que la France renomme,
Abboyant ma vertu ; et faisant du bragard,
Pour te mettre en honneur tu te prens à Ronsard.
    Ainsi trop follement la puissance liquide
De ce fleuve escorné combattit contre Alcide. (¹)
    Ton cœur, bien qu'arrogant, de peur devoit faillir
Au bruit de mon renom (²), me venant assaillir,
Laborieux athlete et poudreux d'exercice,
Qui ne tremble jamais pour un petit novice.
Tes escrits sont tesmoins que tu m'as desrobé :
Du fardeau du larcin ton dos est tout courbé ;
Tu en rougis de honte, et en ta conscience
Pere tu me cognois d'une telle science.
Si quelque bonté loge encores en ton cœur,
Tu sens d'une furie une lente rigueur,
Un vengeur aiguillon qui de toy ne s'absente,
D'avoir osé blasmer la personne innocente ;
Sçachant bien que tu ments et que je ne suis point
Des vices entaché dont ta rage me poingt.
    Or je te laisse en paix ; car je ne veux descendre
En propos contre toy, ny moins les armes prendre.

1. Ici ont été ajoutés, dans l'édition de 1578, les quatre vers suivants :

> Ainsi contre les rocs les fleuves inconstans,
> Ainsi contre le ciel se prindrent les Titans,
> Ainsi le chesne sec se prend contre la scie,
> Ainsi à mon bon sens se happe ta folie.

L'édition de 1584 les remplace par ceux-ci :

> Ainsi contre luy-mesme Antée osa luitter,
> Ainsi contre Apollon Marsye osa fluter,
> Qui pour punition de se prendre à son maistre,
> De son dos escorché fit un grand fleuve naistre.

2. Le renom de l'autheur fut tel (et mesme comme j'ay entendu par la bouche du grand Scevole de Saincte-Marthe, qui lors de sa premiere jeunesse estudioit à Paris, où les Muses tenoient le haut du pavé), que les passants le monstroient au doigt par la rue avec admiration.

Tu es foible pour moy si je veux escrimer
Du baston qui me fait par l'Europe estimer.
Mais si ce grand guerrier èt grand soldat de Beze
Se presente au combat, mon cœur sautera d'aize.
D'un si fort ennemy je seray glorieux,
Et Dieu sçait qui des deux sera victorieux.
Hardi je planteray mes pas dessur l'arene,
Je roidiray les bras soufflant à grosse halene,
Et happant, et serrant, suant et haletant,
Du matin jusqu'au soir je l'iray combatant,
Sans deslier des mains ny cestes ny courayes,
Que tous deux ne soyons enyvrez de nos playes.
[J'ay de quoy me defendre et de quoy l'irriter
Au combat, si sa plume il veut exerciter;
Je sçay que peut la langue et latine et gregeoise;
Je suis maistre joueur de la Muse françoise.
Vienne quand il voudra, il me verra sans peur,
Dur comme un fer tranchant qui s'affine au labeur,
Vif, ardant et gaillard, sans trembler sous l'audace
D'un vanteur qui par autre au combat me menace.]
  C'est luy seul que je veux aux champs escarmoucher;
Je luy seray le tan qui le fera moucher,
Furieux, insensé, comme en une prairie
On void un grand taureau forcené de furie,
Qui court et par rochers, par bois et par estangs,
Quand le tan importun luy tourmente les flancs.
  [Qui a point veu trembler, és vieilles tragedies,
Un Oreste estonné de l'horreur des Furies,
Qui du meurtre commis ja desja se repent,
Qui devant meint flambeau, meint fouet et meint serpent,
Et meint crin couleuvreux, s'enfuit parmy la scene,
Portant dessus le front le remord de sa peine?
Tel je te le rendray, par mes vers, furieux,
Et luy seray tousjours un fantosme à ses yeux.]
  Mais certes contre toy j'ay perdu le courage,
Qui as rapetassé de mes vers ton ouvrage;
Je m'assaudrois moy-mesme, et ton larcin a fait
Que je suis demeuré contant et satisfait.

Toutefois brefvement il me plaist de respondre
A quelqu'un de tes points faciles à confondre;
Et si tu as souci d'oüir la verité,
Je jure du grand Dieu l'immense deité,
Que je diray le vray sans fard ny sans injure,
Car d'estre injurieux ce n'est pas ma nature;
Je te laisse ce droit duquel tu as vescu,
Et veux quant à ce point de toy estre vaincu.
 Or sus, mon frere en Christ, tu dis que je suis prestre?
J'atteste l'Eternel que je le voudrois estre,
Et avoir tout le chef et le dos empesché
Dessous la pesanteur d'une bonne evesché.
Lors j'auroys la couronne à bon droict sur la teste
Qu'un rasoir poliroit le jour d'une grand' feste,
Ouverte, grande, blanche et large jusqu'au front,
En forme d'un croissant qui tout se courbe en rond.
 Jadis ce grand Eumolpe, et ce grand Prince Orphée,
Qui avoient d'Apollon l'ame toute eschaufée,
Qui l'antique magie apporterent aux Grecs,
Qui des flambeaux du ciel cogneurent les secrets,
Qui lisoient dans le cœur des bestes les presages,
Qui des oiseaux devins pratiquoient les langages,
Qui faisoient aprés eux sous l'accord de leur vois
Bondir comme chevreaux les rochers et les bois,
Qui du vouloir de Dieu estoient les interpretes,
Furent prestres sacrez, pontifes et prophetes.
 Les Roys de ce païs que le desbord du Nil
D'un limon fructueux rend pregnant et fertil,
Estoient prestres mitrez, et ceux qui l'Assyrie
Tenoient obéissante à leur grand' seigneurie;
Je voudrois l'estre ainsi, j'aurois le pas posé,
Les doigts escarbouclez, le menton bien rasé,
La chape à haut collet, et vray messire Pierre
J'irois signant le ciel, les ondes et la terre.
 Je n'irois pas chanter sur la tombe des morts,
Prenant comme tu dis un aspergés retors
De sauge ou de cyprés; ce seroient mes vicaires;
Je ferois tous les jours les sermons ordinaires,

Je dirois la grand' messe, et le temple voûté
Retentiroit dessous mon chant regringoté.
 Je serois reveré, je tiendrois bonne table,
Non vivant comme toy, ministre miserable,
Pauvre sot predicant, à qui l'ambition
Dresse au cœur une roue et te fait Ixion,
Te fait dedans les eaux un alteré Tantale,
Te fait souffrir la peine à ce voleur égale,
Qui remonte et repousse aux enfers un rocher
Dont tu as pris ton nom (¹); car qui voudroit chercher
Dedans ton estomac, qui d'un rocher approche,
En lieu d'un cœur humain, on verroit une roche;
Tu es bien malheureux d'injurier celuy
Qui ne te fit jamais outrage ny ennuy.
 Mais à fin qu'on cognoisse au vray qu'en tes escoles
Il n'y a que brocards, qu'injures et paroles,
Que nulle charité ta doctrine ne sent,
Disciple de Satan tu blasmes l'innocent.
 Laisse respondre ceux que je touche en mon livre,
Ils ont l'esprit gaillard, ils me sçauront poursuivre
De couplet à couplet; tu leur fais des-honneur
D'estre dessur leur gloire ainsi entrepreneur.
 Tu fais du bon valet, ou l'esprit fantastique
De mes démons poursuit ton cerveau lunatique,
Qui te rend lou-garou (²) (car à ce que je voy

---

1. Pource que le nom du ministre avec lequel l'autheur agit, commençoit par le nom de Roche; et bien que je ne m'en donne guere de peine, je le tairay neantmoins, pour ne donner scandale aux enfans qui viennent de luy. (G.)
C'était La Roche-Chandieu. (P. B.)
2. Les uns tiennent qu'ils sont esprits allants de nuict par les carrefours et les rues, faisants sonner des chaisnes de fer, et jettants des hurlemens effroyables, revestus des corps morts enterrez par les cimetieres. Les autres disent qu'ils sont hommes troublez de jugement, qui sortent la nuict hors du lict, et vont tracasser, hurler et frapper rudement aux portes closes, s'estimants estre changez en loups, dont ils sont nommez pour ceste cause lycanthropes. D'au-

Tu as veu les rabas (¹) encores mieux que moy),
Ou bien en releschant ma brusque poësie,
La panique fureur ta cervelle a saisie.
 Si tu veux confesser que lou-garou tu sois,
Hoste melancholiq' des tombeaux et des croix,
Pour te donner plaisir vray'ment je te confesse
Que je suis prestre-raz, que j'ay dit la grand' messe ;
Mais devant que parler il faut exorciser
Ton démon qui te fait mes démons mespriser :
 « Fuyez, peuples, fuyez, que personne n'approche !
Sauvez-vous en l'eglise, allez sonner la cloche
A son dru et menu ; faites flamber du feu,
Faites un cerne en rond, murmurez peu à peu
Quelque saincte oraison, et mettez en la bouche
Sept ou neuf grains de sel, de peur qu'il ne vous touche.
 » Voy-le-cy ! je le voy escumant et bavant.
Il se roule en arriere, il se roule en avant,
Affreux, hideux, bourbeux ; une espesse fumée
Ondoye de sa gorge en flames allumée ;
Il a le diable au corps ; ses yeux cavez dedans,
Sans prunelle et sans blanc, reluisent comme ardans,
Qui par les nuicts d'hyver à flames vagabondes
En errant font noyer les passans dans les ondes ;
Il a le museau tors et le dos herissé,

cuns les tiennent pour gens excommuniez par l'Eglise, à qui le diable affuble toutes les nuicts, à certaines heures prescrites, la hure et les chaisnes ; et (je l'ay plusieurs fois ouy de ceux qui disoient en avoir entendu, comme veu) ils aiment fort à tronçonner et mascher de l'argent quand ils sont en leur garouage, et qu'ils en peuvent rencontrer, ou saisir aux femmes ayants demi-ceints. D'autres les croyent des sorciers déguisez en loups, qui mangent les hommes et les enfans, et d'autres les estiment de vrays loups. Je penserois que la diction de *lou-garou* viendroit des garots qu'il traine, ou du mot garre, ou de garouage ; s'elle vient d'ailleurs, je n'y contredis pas.

1. Rabat est un mot de Touraine qui veut dire un esprit qui raude et va de nuict.

Ainsi qu'un gros mastin des dogues pelissé.
» Fuyez, peuples, fuyez! non, attendez la beste.
Apportez ceste estolle, il faut prendre sa teste,
Et luy serrer le col; il faut semer espais
Sur luy de l'eau beniste avec un aspergés,
Il faut faire des croix en long sur son eschine.
» Je tiens le monstre pris; voyez comme il chemine
Sur les pieds de derriere (¹), et comme il ne veut pas,
Rebellant à l'estolle, accompagner mes pas!
Sus! sus! prestres, frappez dessur la beste prise!
Que par force on le traine aux degrez de l'eglise! »
Ainsi le gros mastin des enfers fut trainé,
Quand il sentit son col par Alcide enchainé;
Mais si tost que du jour apperceut la lumiere,
Beant il s'accula dedans une poussiere,
Et là veautrant son corps par l'espais des sablons,
Tantost alloit avant, tantost à reculons;
Puis poussif se faisant trainer à toute force,
Avoit en mille nœuds toute la chaine entorce,
Tirant le col arriere. Hercule qui se mit
En courroux, estrangla le mastin, qui vomit
Du gosier suffoqué une bave escumeuse,
Dont nasquit l'aconit, herbe tres-venimeuse.
Ainsi ce lou-garou son venin vomira,
Quand de son estomach le diable s'enfuira.
Hà Dieu, qu'il est vilain! il rend déja sa gorge
Large comme un soufflet, le poumon d'une forge, *(a)*
Qu'un boiteux mareschal évente quand il faut
Frapper à tour de bras sur l'enclume un fer chaut.
Voyez combien d'humeurs differentes luy sortent,

a. Var. (1584):

Aussi large qu'on voit les soufflets d'une forge,

1. Les demoniaques lors de leur possession vont de mesme, et s'eslevent quelquefois de terre (ce que j'ay veu) tirant à soy quantité d'hommes, et principalement quand on leve et monstre le corps de Jesus-Christ en la saincte hostie.

Qui de son naturel les qualitez rapportent?
La rouge que voilà le fit presomptueux,
Ceste verte le fit mutin tumultueux,
Et ceste humeur noirastre et triste de nature
Est celle qui pippoit les hommes d'imposture;
La rousse que voilà le faisoit impudent,
Boufon, injurieux, brocardeur et mordant;
Et l'autre que voicy, visqueuse, espaisse et noire,
Le rendoit par sus tous superbe au consistoire.
Je me fasche de voir ce meschant animal
Vomir tant de venins, tout le cœur m'en fait mal.
   Faites venir quelque homme expert en medecine,
Pour l'abreuver du just d'une forte racine.
Si son mal doit guarir, l'hellebore sans plus
Guarira son cerveau lunatique et perclus.
   Je pense, à voir son front, qu'il n'a point de cervelle;
Je m'en-vais luy sonder le nez d'une esprouvelle.
Certes il n'en a point, le fer est bien avant,
Et en lieu de cerveau son chef est plein de vent.
Helas! j'en ay pitié; si faut-il qu'on le traitte.
Il faut que chez Thony (¹) il face une diette,
Ou bien que le Greffier (²), comme un Astolphe, en bref
Luy souffle d'un cornet le sens dedans le chef.
   S'il veut que la santé pour jamais luy revienne,
Il faut que par neuf jours seulement il s'abstienne
(Non pas de manger chair, ne de boire du vin),
Mais de lire et de croire aux œuvres de Calvin,
Abjurer son erreur fausse et pernicieuse,
Ne trainer plus au corps une ame injurieuse,
Ne tourmenter plus Dieu d'opinions, et lors
Sa premiere santé luy r'entrera au corps.
   Or sus, changeons propos, et parlons d'autre chose :
Tu dis qu'une sourdesse a mon aureille close?
Tu te moques de moy et me viens blasonner
Pour un pauvre accident que Dieu me veut donner.

---

1. Fol d'alors.
2. Quelque autre de pareille farine, de ce temps-là.

Nouvel evangeliste, insensé, plein d'outrage,
Vray enfant de Satan, dy-moy en quel passage
Tu trouves qu'un chrestien (s'il n'est bien enragé)
Se doive comme toy moquer d'un affligé?
Ta langue monstre bien aux brocards qu'elle rue,
Que tu portes au corps une ame bien tortue.
Quoy? est-ce le profit et le fruit que tu fais,
En preschant l'Evangile où tu ne creuz jamais?
Que tu te moques bien de l'Escriture sainte,
Ayant le cœur meschant et la parole feinte!
Quoy? moquer l'affligé sans t'avoir irrité,
Est-ce pas estre athée et plein d'impieté?
Les lyons Africains, les tygres d'Hyrcanie
Ne couvent dans le cœur si grande felonnie.
Appren icy de moy que Dieu te punira,
Et comme tu te ris, de toy il se rira.   [hommes,
Tu peux bien, en preschant, tromper nous pauvres
Qui grossiers de nature et imbecilles sommes;
Mais non pas l'Eternel, qui voit d'un œil profond
Ton cœur et tes pensers, et sçait bien quels ils sont.
  On dit qu'au ciel là haut, au devant de la porte,
Il y a deux tonneaux de differente sorte :
L'un est plein de tous biens, l'autre est plein de tous
Que Dieu respand çà bas sur tous les animaux. [maux,
Il nous donne le mal avecques la main dextre,
Et le bien chichement avecques la senestre.
Si faut-il prendre à gré ce qui vient de sa part;
Car sans nostre congé ses dons il nout depart.
  Des poëtes premiers, dont la gloire cognue
A desfié les ans, avaient mauvaise veue,
Thamyre, Tiresie, Homere, et cestuy-là
Qui au prix de ses yeux contre Helene parla;
Et ceux de nostre temps à qui la Muse insigne
Aspire, vont portant la sourdesse pour signe :
Tesmoin est du Bellay comme moy demy-sourd,
Dont l'honneur merité par tout le monde court.
  Vrayment quand tu estois à Paris l'autre année,
Descharné, deshalé, la couleur bazanée,

Et palle tout ainsi qu'un croissant enchanté,
J'euz pitié de te voir en ce poinct tourmenté,
Et sans injurier la misere commune,
J'avois compassion de ta pauvre fortune.
    Or à ce qu'on disoit, ce mal tu avois pris
Travaillant au mestier de la belle Cypris ;
Toutefois contemplant ta taille longue et droite,
Ta main blanche et polie, et ta personne adroite,
Te cognoissant gaillard, honneste, gracieux,
Et faire sagement l'amour en divers lieux,
(Tu sçais si je dy vray) je fis à Dieu priere
De te faire jouir de ta santé premiere ;
En te voyant ainsi, j'avois pitié de toy,
Tant s'en faut que l'envie entrast jamais chez moy.
    Tu m'accuses, cafard, d'avoir eu la ver....! (¹)

1. Pour sçavoir l'origine de ce mal, car il faut sçavoir tout, le bien pour le rechercher, et le mal pour l'eviter ; il a pris son origine aux Indes, et n'a pris chemin vers la France qu'au regne de Charles VIII, fils du Roy Louys XI. C'est vers les Indiens une legere gratelle, qu'ils font aisément dissiper cueillant et mangeant d'une racine appellée gayac. Les Espagnols ayant conquis ceste region, gaignerent bien tost ceste maladie par la hantise des femmes, dont ils avoient plus de mal à recevoir guarison, comme estans nayz d'un pays moins chaud ; à leur retour ils en firent present aux Italiens qu'ils visiterent, lesquels estans encores participans de moins de chaleur, furent contraints d'en rechercher guarison par les moyens de l'estuve ; et depuis nos François allans à la conqueste de Naples, firent leur debvoir assez bien de la gaigner et de la conduire honorablement en ces quartiers, et de là par tout, mais avec plus d'inconvenient, à raison des climats plus froids ; et s'est donné tel empire que d'une pauvre et mal en conche, elle est aujourd'huy, comme on voit, une grande et triomphante Royne. C'estoit neantmoins un divin effect, pour servir de retenue aux desbordements de ceux qui preferoient la crainte au mal ; aujourd'huy le frein s'est rompu, la bride est laschée, tellement qu'elle est moins apprehendée icy que chez les Indiens ; et qui pis est, les marys la donnent souvent à leurs femmes, lesquelles n'en peuvent mais.

DISCOURS.

Un chaste predicant de fait et de parolle
Ne devroit jamais dire un propos si vilain;
Mais que sort-il du sac? cela dont il est plein.
Au moins fais-moy citer pour ouyr mes deffences :
Peut-estre je diray des mots que tu ne penses;
Je t'apprendray comment tu te pourras guarir
Du mauvais reliquat lequel te fait mourir,
Et, courtois envers toy, je te resoudray toute
L'humeur qui entretient tes nodus et ta goutte.
Voy-tu ma charité qui te vient à propos?
Vrayment tu me fais tort! sans tes meschans propos,
Je m'allois marier; mais ores nulle femme
Ne me veut espouser, ains partout me diffame. (*a*)
   Tu dis que je suis vieil? Encore n'ay-je atteint
Trente et sept ans passez, et mon corps ne se plaint
D'ans ny de maladie, et en toutes les sortes
Mes nerfs sont bien tendus, et mes veines bien fortes;
Et si j'ay le teint palle et le cheveu grison,(¹)
Mes membres toutefois ne sont hors de saison.

a. Var. (1578) :

Tousjours le volleur pense à la despouille prise,
Et tousjours le paillard parle de paillardise.
Tay-toy, de l'Evangile impudent avorton,
J'entens encor assez pour ouïr ton dicton,
Quand dedans un tombreau tout emplastré d'ordure,
Nostre place Maubert sera ta sepulture.

1. Pour les cheveux, il les avoit gris à trente ans, comme luy-mesme dit en l'ode qui commence ainsi :

   Pour avoir trop aimé vostre bande inegale,
   Muses qui defitez (ce dittes-vous) le temps,
   J'ay les yeux tous battus, la face toute pasle,
   Le chef grison et chauve, et si n'ay que trente ans. (G.)

Ce qu'il y a de curieux, c'est que l'ode citée par Garnier dans la note ci-dessus ne se trouve pas dans l'édition de 1623. Nous l'avons recueillie dans l'édition de 1567 et donnée t. II, p. 483. (P. B.)

Or cela n'est que jeu dont je ne fay que rire,
Et voudrois que ce fust le plus de ton mesdire.
 Pourquoy fais-tu courir si faussement de moy
Que je suis un athée infidele et sans loy?
Si tu es si ardent et si bruslé d'envie
D'informer de mes mœurs, de mon faict, de ma vie,
Je ne suis incognu; tu pourras aisément
Sçavoir quel j'ay vescu dés le commencement. [Princes,(²)
 J'ay suivi les grands Roys (¹), j'ay suivi les grands
J'ay practiqué les mœurs des estranges provinces,
J'ay long temps escolier à Paris habité. (³)
Là tu pourras sçavoir de moy la verité;
Lors tu pourras juger sans plus me faire injure,
Par la seule raison, non par la conjecture.
 Ne conclus plus ainsi : « Ronsard est bien appris,
Il a veu l'Evangile, il a veu nos escris,
Et n'est pas Huguenot, il est doncques athée! »
Telle conclusion est faussement jettée;
Car tous les bons esprits n'ensuivent point tes pas,
Et toutefois sans Dieu vivans ils ne sont pas.
Telle injure redonde aux plus grands de l'Europe,
Dont à peine de mille un s'enroule en ta trope.
 Lequel est plus athée ou de moy ou de toy?
De moy qui ay vescu tousjours tranquille et coy
En la loy du pays, en l'humble obéissance
Des Roys, des magistrats qui ont sur nous puissance,
Et sans m'ensorceler d'une nouvelle erreur
N'ay mis par mes sermons les peuples en fureur;
 Ou toy qui en ouvrant le grand cheval de Troye,
As mis tout ce royaume aux estrangers en proye?

---

 1. Ayant esté page des trois enfans du Roy François Iᵉʳ.
 2. Il entend des royaumes estrangers, par le commandement des Roys.
 3. Quand aprés la mort de son pere Louys de Ronsard, il changea la Court à la maison du sçavant Dorat, precepteur de Jean Antoine de Baïf, où sa demeure fut de sept ans, à fin de vaquer à la poësie.

As faict que le voisin a tué son voisin,
Le pere son enfant, le cousin son cousin?
  Qui rends Dieu partial selon ta fantaisie,
Qui es melancholique et plein de frenaisie,
Qui fais de l'habile homme, et qui aux innocens
Interpretes, malin, l'Evangile à ton sens?
Qui as comme un brigand la justice oppressée,
Et c'en-dessus-dessous la France renversée?
  Ainsi qu'on voit la mer, quand l'autan d'un costé
Luitte contre aquilon au gosier indonté,
Tous deux à contre-fil horriblant leur halene
Du fond jusques au haut bouleversent l'arene;
Toute la mer se trouble, et s'eslevant aux cieux,
Des matelots desrobe et l'espoir et les yeux.
  Ainsi la France, helas ! de tout malheur comblée
Par tes opinions erroit toute troublée,
Ja preste à s'abysmer ; et sans l'astre jumeau
De la Royne et du Prince, elle fust au tombeau.
  Mais la paix que la Royne heureusement a faicte,
L'a remise en vigueur et sa force a refaite,
Comme une douce pluye en sa vertu remet
La fleur espanouie à qui ja le sommet
Pendoit flestry du chaud, quand l'herbe fanissante
Sent du soleil d'esté la chaleur plus puissante. (*a*)
  Je ne suis ny rocher, ny tigre, ny serpent;
Mon regard contre-bas brutalement ne pend;
J'ay le chef eslevé pour voir et pour cognoistre
De ce grand univers le Seigneur et le maistre.
Car en voyant du ciel l'ordre qui point ne faut,
J'ay le cœur asseuré qu'un moteur est là-haut,
Qui tout sage et tout bon gouverne cet empire,
Comme un pilote en mer gouverne son navire ;
Et que ce grand palais si largement voûté,
De son divin ouvrier ensuit la volonté.

a. Var. (1584) :

Pendoit flestry du chaud, quand le soleil ameine
Les fièvres et la soif à nostre race humaine.

Or ce Dieu tout-puissant, plein d'eternelle essence,
Tout remply de vertu, de bonté, de puissance,
D'immense majesté, qui voit tout, qui sçait tout,
Sans nul commencement, sans milieu ne sans bout,
Dont la divinité tres-royale et supresme
N'a besoin d'autre bien sinon de son bien mesme,
Se commençant par elle et finissant en soy;
Bref, ce Prince eternel, ce Seigneur et ce Roy,
Qui des peuples le pere et le pasteur se nomme,
Ayant compassion des miseres de l'homme,
Et desirant qu'il fust du peché triomphant,
En ce monde envoya son cher unique enfant,
Eternel comme luy et de la mesme essence,
Ayant du pere sien la gloire et la puissance.
  Or ce fils bien-aimé qu'on nomme Jesus-Christ,
(Au ventre virginal conceu du Sainct Esprit)
Vestit sa déité d'une nature humaine,
Et sans peché porta de nos pechez la peine;
Publiquement au peuple en ce monde prescha;
De son pere l'honneur, non le sien, il chercha,
Et sans conduire aux champs ny soldats, ny armées,
Fit germer l'Evangile és terres Idumées.
Il fut accompagné de douze seulement,
Mal-logé, mal-vestu, vivant tres-pauvrement
(Bien que tout fust à luy de l'un à l'autre pole);
Il fut tres-admirable en œuvre et en parole,
Aux morts il fit revoir la clarté de nos cieux,
Rendit l'oreille aux sourds, aux aveugles les yeux;
Il saoula de cinq pains les troupes vagabondes,
Il arresta les vents, il marcha sur les ondes,
Et de son corps divin mortellement vestu
Les miracles sortoient, tesmoins de sa vertu.
  Le peuple qui avoit la cervelle endurcie,
Le fit mourir en croix suivant la prophetie;
Il fut mis au tombeau, puis il ressuscita,
Puis porté dans le ciel à la dextre monta
De son pere là-haut, et n'en doit point descendre
Visible, que ce monde il ne consomme en cendre.

Quand vainqueur de la mort dans le ciel il passa,
Pour gouverner les siens une Eglise laissa,
A qui donna pouvoir de lier et dissoudre,
D'accuser, de juger, de damner et d'absoudre,
Promettant que tousjours avec elle seroit,
Et, comme son espoux, ne la delaisseroit.
　Ceste Eglise premiere en Jesus-Christ fondée,
Pleine d'un Sainct-Esprit, s'apparut en Judée;
Puis sainct Paul, le vaisseau de grace et de sçavoir,
La fit ardantement en Grece recevoir;
Puis elle vint à Rome, et de là fut portée
Bien loin aux quatre parts de la terre habitée.
　Ceste Eglise nous est, par la tradition,
De pere en fils laissée en toute nation
Pour bonne et legitime, et venant des Apostres
Seule la confessons sans en recevoir d'autres.
　Elle, pleine de grace et de l'esprit de Dieu,
Choisit quatre tesmoins, sainct Marc et sainct Matthieu,
Et sainct Jean et sainct Luc, et pour les faire croire
Aux peuples baptisez, approuva leur histoire.
　Si tost qu'elle eut rangé les villes et les Rois,
Pour maintenir le peuple elle ordonna des lois;
Et à fin de coller les provinces unies
Comme un cyment bien fort, fit des ceremonies,
Sans lesquelles long temps en toute region
Ne se pourroit garder nulle religion.
　Certes il faut penser que ceux du premier age,
Plus que ceux d'aujourd'huy avoient le cerveau sage,
Et que par ignorance ils n'ont jamais failly;
Car leur siecle n'estoit d'ignorance assailly.
　Or ceste Eglise fut dés long temps figurée
Par l'arche qui flottoit dessur l'onde azurée,
Quand Dieu ne pardonnoit qu'aux hommes qui estoient
Entrez au fond d'icelle, et dans elle habitoient.
Le reste fut la proye et le jouet de l'onde,
Que le ciel desborda pour se venger du monde.
Aussi l'homme ne peut en terre estre sauvé,
S'il n'est dedans le sein de l'Eglise trouvé,

Si comme un citoyen n'habite dedans elle,
Ou s'il cherche autre part autre maison nouvelle.

Il est vray que le temps qui tout change et destruit,
A mille et mille abus en l'Eglise introduit,
Enfantez d'ignorance et couvez sous la targe
Des prelats ocieux qui en avoient la charge.

Je sçay que nos pasteurs ont souhaité la peau
Plus qu'ils n'ont la santé de leur pauvre troupeau ;
Je sçay que des abbez la cuisine trop riche
A laissé du Seigneur tomber la vigne en friche ;
Je voy bien que l'yvraye estouffe le bon blé,
Et si n'ay pas l'esprit si gros ne si troublé,
Que je ne sente bien que l'Eglise premiere
Par le temps a perdu beaucoup de sa lumiere.

Tant s'en faut que je vueille aux abus demeurer,
Que je me veux du tout des abus separer,
Des abus que je hay, que j'abhorre et mesprise.
Je ne me veux pourtant separer de l'Eglise,
Ny ne feray jamais ! Plustost par mille efforts
Je voudrois endurer l'horreur de mille morts !

Comme un bon laboureur, qui par sa diligence
Separe les chardons de la bonne semence,
Il faut comme en un van de l'Eglise trier
Les abus, les jetter, et non la decrier,
Et non s'en separer, mais fermement la suivre,
Et dedans son giron tousjours mourir et vivre.

Donc si je suis athée en suivant ceste loy,
La faute est à mon pere, et le blasme est à moy.

Tu dis, en vomissant dessur moy ta malice,
Que j'ay fait d'un grand bouc à Bacchus sacrifice ? (¹)

---

1. Assez ont ouy parler du voyage d'Hercueil, et comme une infinité de jeunesse (addonnée à faire la cour aux Muses) se mit en desbauche honneste. Ils firent là banquet par ordre, où l'eslite des beaux esprits d'alors estoit ; et à fin de contribuer à l'esjouissance qu'ils avoient de ce qu'Estienne Jodelle, natif de Paris, avoit gaigné l'honneur et le prix de la tragedie, (car c'estoit paravant que Garnier

Tu mens impudemment : cinquante gens de bien
Qui estoient au banquet diront qu'il n'en est rien.
　Muses qui habitez de Parnasse la crope,
Filles de Jupiter qui allez neuf en trope,
Venez et repoussez par vos belles chansons
L'injure faite à vous et à vos nourrissons.
　Jodelle ayant gaigné par une voix hardie
L'honneur que l'homme grec donne à la tragedie,
Pour avoir en haussant le bas stile françois,
Contenté doctement les oreilles des Rois ;
La Brigade qui lors au ciel levoit la teste
(Quand le temps permettoit une licence honneste)
Honorant son esprit gaillard et bien appris,
Luy fit present d'un bouc, des tragiques le prix.
　Ja la nappe estoit mise et la table garnie
Se bordoit d'une saincte et docte compagnie,
Quand deux ou trois ensemble en riant ont poussé
Le pere du troupeau à long poil herissé.
Il venoit à grands pas, ayant la barbe peinte ;
D'un chapelet de fleurs la teste il avoit ceinte,
Le bouquet sur l'oreille, et bien fier se sentoit
Dequoy telle jeunesse ainsy le presentoit ;
Puis il fut rejetté pour chose mesprisée,
Aprés qu'il eut servy d'une longue risée.
　[De Beze qui reluit entre vous tous ainsi
Qu'un Orion armé par le ciel obscurci,
Que Dieu, ce dites-vous, en tous lieux accompaigne,
A bien fait sacrifice aux Muses d'une taigne. (¹)

eust escrit) et merité de leur main le bouc d'argent, ils firent mille gentillesses, maints beaux vers, tels que la piece intitulée aux œuvres de l'autheur *le Voyage d'Hercueil*, les *Dithyrambes* du mesme, où pour mieux follastrer ils enjoliverent de barbeaux, de coquelicos, de coquelourdes, un bouc rencontré dans le village par hazard, lequel les uns, au desceu des autres, menerent de force par la corne, et le presenterent dans la salle, riant à gorge ouverte, puis on le chassa. (V. tome VI, pages 358 et 377.)
　1. Lisez les Epigrammes latins de Beze aux Muses.

S'il a fait telle erreur, luy qui n'a rien d'humain,
Permettez que j'en fasse une autre de ma main :
Sus! bouffons et plaisans que la lune gouverne,
Allez chercher un asne aux montaignes d'Auvergne,
D'oreilles bien garny, et en mille façons
Couronnez-luy le front de foin et de chardons ;
Troussez-vous jusqu'au coude, escorchez-moy la beste,
Et de ce predicant attachez à la teste
Les oreilles ainsy que les avoit Midas,
Ce lourdaud Phrygien, qui grossier ne sceut pas
Estimer de Phœbus les chansons et la lyre,
Quand il blasma le bon et honora le pire.
Mais non! laissez-le là, je suis content assez
De cognoistre ses vers des miens repetassez.] (¹)
    Tu te plains d'autre part que ma vie est lascive,
En delices, en jeux, en vices excessive ?
Tu mens meschantement; si tu m'avois suivy
Deux mois, tu sçaurois bien en quel estat je vy.
Or je veux que ma vie en escrit apparoisse,
Afin que pour menteur un chacun te cognoisse.
    M'eveillant au matin, devant que faire rien,
J'invoque l'Eternel, le pere de tout bien,
Le priant humblement de me donner sa grace,
Et que le jour naissant sans l'offenser se passe ;
Qu'il chasse toute secte et toute erreur de moy,
Qu'il me vueille garder en ma premiere foy,
Sans entreprendre rien qui blesse ma province,
Tres-humble observateur des loix et de mon Prince.
    Aprés je sors du lict, et quand je suis vestu
Je me range à l'estude et apprens la vertu,
Composant et lisant, suivant ma destinée,
Qui s'est dés mon enfance aux Muses enclinée.
Quatre ou cinq heures seul je m'arreste enfermé ;

---

1. Ces dix-huit vers sont remplacés par les deux suivants dans l'édition de 1584 :

>Et non sacrifié comme tu dis, menteur,
>De telle fausse bourde impudent inventeur.

Puis sentant mon esprit de trop lire assommé,
J'abandonne le livre et m'en vais à l'eglise.
Au retour pour plaisir une heure je devise ;
De là je viens disner, faisant sobre repas,
Je rends graces à Dieu ; au reste je m'esbas.
 Car si l'apres-disnée est plaisante et sereine,
Je m'en-vais pourmener, tantost parmy la plaine,
Tantost en un village, et tantost en un bois,
Et tantost par les lieux solitaires et cois.
J'aime fort les jardins qui sentent le sauvage ;
J'aime le flot de l'eau qui gazouille au rivage.
 Là, devisant sur l'herbe avec un mien amy,
Je me suis par les fleurs bien souvent endormy
A l'ombrage d'un saule ; ou, lisant dans un livre,
J'ay cherché le moyen de me faire revivre ;
Tout pur d'ambition et des soucis cuisans,
Miserables bourreaux d'un tas de mesdisans,
Qui font (comme ravis) les prophetes en France,
Pippans les grands seigneurs d'une belle apparence.
 Mais quand le ciel est triste et tout noir d'espesseur,
Et qu'il ne fait aux champs ny plaisant ny bien seur,
Je cherche compagnie, ou je joue à la prime, (¹)
Je voltige, ou je saute, ou je lutte, ou j'escrime,
Je dy le mot pour rire, et à la verité
Je ne loge chez moy trop de severité.
J'ayme à faire l'amour, j'ayme à parler aux femmes,
A mettre par escrit mes amoureuses flammes ;
J'ayme le bal, la danse et les masques aussi,
La musique et le luth, ennemis du soucy.] (²)
 Puis quand la nuict brunette a rangé les estoilles,
Encourtinant le ciel et la terre de voiles,
Sans soucy je me couche ; et là, levant les yeux
Et la bouche et le cœur vers la voûte des cieux,

---

 1. Jeu de cartes où l'on oste les huicts, les neufs et les dix, où les testes valent moins, et le sept plus ; le flus est de quatre semblables, et prime de quatre differentes ; et permis est de faire vade, tant que l'on aye ce que l'on desire.
 2. Ces vers sont supprimés dans l'édition de 1578.

Je fais mon oraison, priant la bonté haute
De vouloir pardonner doucement à ma faute.
Au reste je ne suis ny mutin ny meschant,
Qui fay croire ma loy par le glaive trenchant.
Voilà comme je vy; si ta vie est meilleure,
Je n'en suis envieux, et soit à la bonne heure.
   Mais quand je suis aux lieux où il faut faire voir
D'un cœur devotieux l'office et le devoir, (¹)
Lors je suis de l'Eglise une colonne ferme.
D'un surpelis ondé les espaules je m'arme,
D'une haumusse le bras, d'une chappe le dos,
Et non comme tu dis faite de croix et d'os :
C'est pour un capelan; la mienne est honorée
De grandes boucles d'or et de frange dorée,
Et sans toy, sacrilege, encore je l'aurois
Couverte de presens qui viennent des Indois;
Mais ta main de harpie et tes griffes trop haves
Nous gardent bien d'avoir les espaules si braves.
   [Par le trou de la chappe apparoist eslevé
Mon col brave et gaillard, comme le chef lavé
D'un limaçon d'avril, qui traine en meinte sorte
Par un trac limoneux le beau palais qu'il porte,
Et dessur l'herbe tendre errant de çà de là,
Dresse parmy les fleurs les deux cornes qu'il a;
Un guerrier de jardins qui se paist de rosée,
Dont sa ronde maison est partout arrosée.
Ainsi paroist mon chef et me sens bienheureux
De faire cet estat si saint et genereux.] (²)
   Je ne perds un moment des prieres divines;
Dès la poincte du jour je m'en vais à matines;
J'ay mon breviere au poing, je chante quelquesfois,
Mais c'est bien rarement, car j'ay mauvaise vois.

   1. Il est à presumer icy que l'autheur allant au declinant de jeunesse, et quittant l'espée, s'estoit voulu ranger à la profession de l'Eglise, et qu'il estoit archidiacre du Mans.
   2. En 1584 ces dix vers sont remplacés par les deux suivants :
     Riblant comme larrons, des bons Saints immortels
     Chasses et corporaux, calices et autels.

Le devoir du service en rien je n'abandonne,
Je suis à prime, à sexte, et à tierce, et à nonne ;
J'oy dire la grand' messe, et avecques l'encent
(Qui par l'eglise espars comme parfum se sent)
J'honore mon Prelat des autres l'outrepasse,
Qui a pris d'Agenor son surnom et sa race. (¹)
Aprés le tour finy, je viens pour me r'assoir.
Bref, depuis le matin jusqu'au retour du soir,
Nous chantons au Seigneur louanges et cantiques,
Et prions Dieu pour vous qui estes heretiques.
   Si tous les predicans eussent vescu ainsi,
Le peuple ne fust pas (comme il est) en souci,
Les villes de leurs biens ne seroient despouillées,
Les chasteaux renversez, les eglises pillées ;
Le laboureur sans crainte eust labouré ses champs,
Les marchez desertez seroient pleins de marchans,
Et comme un beau soleil, par toute la contrée
De France, reluiroit le vieil siecle d'Astrée.
   Les reistres en laissant le rivage du Rhin,
Comme freslons armez, n'eussent beu nostre vin.
Je me plains de bien peu ; ils n'eussent brigandée
La Gaule qui s'estoit en deux parts desbandée,
Et n'eussent fait rouler avec tant de charrois,
Dessous un Roy mineur, le thresor des François ;
Ny les blonds nourrissons de la froide Angleterre
N'eussent passé la mer, achetant nostre terre. (²)
   Or c'est là, predicant, l'evangile et le fruict
Que ta nouvelle secte en la France a produict,
Rompant toute amitié, et desnouant la corde
Qui fortement serroit les peuples en concorde.

1. L'Evesque du Mans Cardinal de Rembouillet, de la maison d'Angenes, qui se rapporte au nom d'Agenor, prince du temps de la guerre Troyenne.

2. Pour ce que des grands leur promettoient, à fin d'avoir leur secours, de les remettre dans les provinces que jadis ils avoient souverainement tenues dans la France, avant que Jeanne la Pucelle eut rabatu leurs clouds et fait pancher leur queue.

Tu dis qu'on trouve assez à deviser de moy?
Touche là, predicant! aussi fait-on de toy;
Mais tel devis ne peut ny profiter ny nuire :
Le soleil pour cela ne laisse pas de luire
Sur ta teste et la mienne, et comme auparavant
Nous regardons le ciel et respirons le vent.
Nous ne sommes meschans pour autant que les hommes
Partiaux comme toy, disent que nous le sommes;
Mais bien nous sommes tels, quand le remors caché
Dedans nostre estomac juge nostre peché;
Et pource du commun la vaine mesdisance
Ne nous peut offenser, c'est nostre conscience.
   Ainsi le Juif accuse un Turc Mahumetain,
Et le Turc le Chrestien; mais Dieu, juge certain,
Cognoist les cœurs de tous. Comment un calviniste
Pourroit-il bien juger des actes d'un papiste,
Quand ils sont ennemis? Frere, pour abbreger,
Le juge partial ne sçauroit bien juger.
   Tu m'estimes meschant, et meschant je t'estime;
Je retourne sur toy le mesme faict du crime;
Tu penses que c'est moy, je pense que c'est toy;
Et qui fait ce discord? nostre diverse foy.
Tu penses dire vray, je pense aussi le dire;
Et lequel est trompé? Certes tu as le pire;
Car tu crois seulement en ton opinion,
Moy en la catholique et publique union.
   Hà! qui voudroit de prés informer de ta vie,
On verroit que l'honneur, l'ambition, l'envie,
L'orgueil, la cruauté se paissent de ton cœur
Et boivent de ton sang, comme l'aigle vainqueur,
Dont l'immortelle faim, par nulle chair dontée,
Se paist incessamment du cœur de Promethée. (*a*)

a. Var. (1587) :

L'orgueil, la cruauté, se logent à l'entour
De ton cœur ulceré; tu sembles ce vautour
De qui jamais la faim du gosier n'est ostée,
Devorast-il cent fois cent cœurs à Promethée.

Hà! tu n'as, pour changer d'habits et de sermons,
Changé de sang, de cœur, de foye et de poumons;
Et tu monstres assez par ton orde escriture,
Que pour changer de loy, n'as changé de nature,
Ny ne feras jamais, bien que d'un habit saint
Tu caches ta pensée et ton courage feint.
Ainsi le vieil renard tousjours renard demeure,
Bien qu'il change de poil, de place et de demeure.
   Tu dis que je m'engraisse à l'ombre d'un clocher?
Predicant mon amy, je n'ay rien que la chair,
J'ay le front renfrongné, et ma peau maltraittée
Retire à la couleur d'une ame acherontée;
Si bien que si j'avois ces habits grands et lons,
Ces reistres importuns (a) qui tombent aux talons,
Et qu'on me vist au soir si pasle de visage,
On diroit que je suis ministre de village;
Pourveu que je portasse une toque à rebras, (¹)
Et dessous, un bonnet quelquefois de taftas,
Quelquefois de velours, pour un signal sinistre
Que d'un bon surveillant on m'auroit fait ministre.
   Tu dis que j'ay du bien? c'est doncques en l'esprit,
Ou comme le pescheur qui songe en Theocrit;
Ou par opinion riche tu me veux faire;
Mais ceux à qui je doy sçavent bien le contraire.
Voudrois-tu point user vers moy de charité?
Non je ne suis point tant contre toy despité,
Que je ne prenne bien de l'argent de ton presche,
Pour descharger ton sac si la somme t'empesche.
   Tu dis que j'ay gagé ma Muse pour flatter?
Nul prince ny seigneur ne se sçauroit vanter
(Dont je suis bien marry) de m'avoir donné gage.
Je sers à qui je veux, j'ay libre le courage.

a. Var. :

Ces manteaux allongez.....

1. Bonnet dit à la coquarde, rond et plat et rebrassé.

Le Roy, son frere et mere, et les Princes ont bien
Pouvoir de commander à mon luth Cynthien.
Des autres je ne suis ny valet ny esclave,
Et s'ils sont grands seigneurs, j'ay l'esprit haut et brave.
 Tu dis que j'ay vescu maintenant escolier, ([1])
Maintenant courtisan ([2]), et maintenant guerrier, ([3])
Et que plusieurs mestiers ont esbatu ma vie?
Tu dis vray, predicant; mais je n'euz oncq' envie
De me faire ministre, ou comme toy, cafard,
Vendre au peuple ignorant mes songes et mon fard.
J'aimerois mieux ramer sur les ondes salées,
Ou avoir du labeur les deux mains empoulées,
Ainsi qu'un vigneron par les champs incogneu,
Qu'estre d'un gentil-homme un pippeur devenu.
 Tu dis que des Prelats la troupe docte et saincte
Au colloque à Poissy ([4]) trembla toute de crainte,
Voyant les predicans contre elle s'assembler?
Je la vy disputer, et ne la vy trembler,
Ferme comme un rocher qui jamais pour orage
Soit de gresle ou de vent ne bouge du rivage,
Asseuré de son poids; ainsi sans s'esbranler
Je vy constantement ceste troupe parler.
 Respondez, predicans si enflez d'esperance,
Eussiez-vous de Genéve osé venir en France
Sans avoir sauf-conduit escrit à vostre gré?
Vous doncques aviez peur, non ce troupeau sacré.
 Tu dis que j'ay blasmé ceste teste Calvine?
Je ne la blasme pas, je blasme sa doctrine;

---

 1. Estudiant chez Jean Dorat, aprés avoir abandonné la cour.
 2. Estant page du Roy.
 3. En son voyage des guerres de Piemont.
 4. L'autheur parle icy du colloque fait l'an 1561, le 24 d'aoust, en la grande salle du refectoire à Poissy, devant le Roy Charles IX, lors en bas aage, entre les Cardinaux et Prelats catholiques et les Ministres du Calvinisme, où Theodore de Beze presidoit.

Quant à moy je le pense un trompeur, un menteur;
Tu le penses un ange, un apostre, un docteur,
L'appellant la lumiere et l'honneur des fidelles.
Si tu l'estimes tant, porte-luy des chandelles,
Il n'aura rien de moy. Par toute nation
On cognoist son orgueil et son ambition.
 Tu dis que pour jaser et gosser à mon aize,
Et non pour m'amender, j'allois ouïr de Beze?
 Un jour estant pensif, me voulant défascher,
Passant par Saint Marceau (1), je l'allay voir prescher;
Et là me servit bien la sourdesse benigne,
Car rien en mon cerveau n'entra de sa doctrine.
Je m'en retournay franc comme j'estois venu,
Et ne vy seulement que son grand front chenu,
Et sa barbe fourchue, et ses mains renversées,
Qui promettoient le ciel aux troupes amassées.
Il donnoit paradis au peuple d'alentour,
Et si pensoit que Dieu luy en deust de retour.
 Je m'eschappay du presche, ainsi que du naufrage
S'eschappe le marchand qui du bord du rivage
Regarde seurement la tempeste et les vents,
Et les grands flots bossus escumans et mouvans;
Non pas qu'il soit joyeux de voir la vague perse
Porter ses compagnons noyez à la renverse,
Ou de voir le butin, ou les fresles morceaux
Du bateau tournoyer sur l'eschine des eaux;
Mais dedans son courage une joye il sent naistre,
Voyant du bord prochain le danger sans y estre.
 Tu dis qu'il me sied mal parler de la vertu?
Meschant pharisien, pourquoy me blasmes-tu,
M'estimant ou fumée ou poussiere menue,
Que le vent rase-terre emporte dans la nue?
Ou ces bullettes d'eau que le pasteur, enflant
Sa bouche rondement, pour plaisir va soufflant?

---

1. Faux-bourg de Paris en l'Université, dans lequel, au gré de la misere du temps, Beze preschoit en la maison des Quatre-Evangelistes, prés Sainct Medard.

Ou le jonc d'un estang qui peu ferme se ploye,
Et serviteur du vent de tous costez ondoye?]
　　N'enfle plus ton courage, apprens à l'abaisser;
Donte-moy ce gros cœur lequel te fait hausser
Le front escervelé si superbe et si rogue,
Comme si tu estois des vertus pedagogue.
Predicant mon amy, Dieu n'a pas destourné
Ses yeux si loin de nous qu'il ne nous ait donné
Quelque peu de raison. Si toute l'ambrosie,
Tout le nectar du ciel t'abreuve et rassasie;
Encore le bon Dieu, qui nous daigne escouter,
Nous donne quelquefois du pain bis à gouter.
　　Si ta nouvelle secte en paradis t'emporte,
Pour le moins nostre vieille en pourra voir la porte;
Et nous pauvres bannis, par la bonté de Dieu,
Encore au fond d'un coin trouverons quelque lieu;
Car c'est bien la raison que la premiere place
Soit aux Calviniens, comme aux enfans de grace.
　　Tu sçais lequel des deux sortit justifié
Du temple où ce vanteur s'estoit glorifié,
Et où le publicain vers la bonté divine
Se confessoit pecheur et battoit sa poitrine.
Ce superbe braveur au sourcil élevé,
Qui mesprisoit chacun, s'en alla reprouvé
De Dieu, qui hait une ame ambitieuse et fiere,
Et de l'humble pecheur accorda la priere.
　　Devant que le festu de mes yeux arracher,
Des tiens premierement arrache le rocher;
Et devant que blasmer, regarde si ton ame
Et si ta conscience est point digne de blame.
　　A toy seul n'appartient de parler proprement
Comme il faut converser au monde sainctement;
C'est un don general qu'à chacun le ciel offre,
Et seulement Calvin ne l'a pas en son coffre.
　　La vertu ne se peut à Genéve enfermer:
Elle a le dos ailé, elle passe la mer,
Elle s'en-vole au ciel, elle marche sur terre
Viste comme un esclair, messager du tonnerre,

Ou comme un tourbillon, qui soudain s'eslevant
Erre de fleuve en fleuve et annonce le vent.
Ainsi de peuple en peuple elle court par le monde,
De ce grand univers hostesse vagabonde.
 Tantost elle se loge où le peuple bruslé
Ne void loin de son chef le soleil reculé,
Dessous le pied duquel craque la chaude arene,
Où Phebus se veid pris des beaux yeux de Cyrene ;
Tantost elle s'en-vole où les champs tapissez
De neige ont les cheveux de glaçons herissez,
Non gueres loin de l'antre en horreur effroyable,
Que le froid Aquilon a choisi pour estable.
 Tantost elle va voir le peuple du matin,
Qui a le col orné de l'Indique butin,
Et qui sent le premier desboucler la barriere
Aux chevaux du soleil qui vont prendre carriere.
 Tantost elle chemine au peuple d'Occident,
Où le soleil recreu, haletant et pendant,
Lasche dessur l'oreille à ses chevaux les brides,
Et son char baille en garde aux cinquante Phorcydes.
 Bref les peuples du monde ont un don general
De sçavoir discerner le bien d'avec le mal,
De parler sagement des choses politiques,
De sçavoir gouverner des grandes republiques,
D'embrasser la vertu, d'aimer la verité ;
Et non seulement toy, qui plein de vanité,
Comme un mignon de Dieu, veux les hommes attraire
Sous ombre des vertus, et tu fais le contraire.
 Tu dis que si nos Rois revenoient du tombeau,
Ils se diroient heureux de voir le grand flambeau
De ta secte allumé par la France oppressée,
Et d'y voir de Calvin l'evangile annoncée.
 Hà terre, creve-toy ! qui maintenant jouys
De nos Rois, et nous rends cet onziesme Louys,
Tel qu'il estoit, alors qu'au bout de sa barrette
Portoit dedans un plomb nostre Dame pourtraitte.
 Creve-toy, rends ce Prince ! hà ! qu'il seroit marry
De voir si laschement l'eglise de Clery,

Sa devote maison, destruitte et saccagée,
Ayant souffert l'horreur d'une main enragée,
Sans lampes, sans autels, comme un lieu desolé,
Desert, inhabité, que la foudre a brulé;
Ou comme on void au camp sur le bord des frontieres
Une grange, où logeoient les enseignes guerrieres,
Sans clef, sans gond, sans porte, et sans faiste couvert,
Les pignons embrasez et tout le mur ouvert,
Et la place où Cerés gardoit sa gerbe en presse,
Estre pleine de fient et de littiere espesse!
 Hà! qu'il seroit marry, d'entendre que ses os,
Arrachez du tombeau, nostre commun repos,
Eussent veu derechef par tes mains la lumiere,
Abandonnez au vent ainsi qu'une poussiere!
Il se feroit amy du duc de Charolois,
Et pour vanger ses os, vestiroit le harnois
Contre toy, brise-tombe; et sa puissance armée,
De France chasseroit ta peste envenimée!
 Si qu'en lieu qu'on te void de pompe environné
Marcher bragardement, agrafé, boutonné
De l'argent d'une chasse, ou de l'or d'un calice,
Tu fuirois vagabond le sainct œil de justice;
Bien que cent fois le jour ta coulpe et tes remords
Te servent de bourreaux et te donnent cent morts. (a)
 Tu te mocques, aussy, dequoy ma poësie
Ne suit l'art miserable, ains va par fantaisie,
Et de quoy ma fureur sans ordre se suivant
Esparpille ses vers comme fueilles au vent;
[Ou comme au mois d'esté, quand l'aire bien feconde
Sent battre de Cerés la chevelure blonde,
Et le vanneur my-nud, ayant beaucoup secoux
Le blé, de-çà de-là, de sur les deux genoux,
Le tourne et le revire, et d'une plume espaisse

---

a. Var. :

Bien que pour ton bourreau, ta coulpe et ton remord
Accusent ta malice et te jugent à mort.

Separe les bourriers du sein de la Déesse ;
Puis du dos et des bras efforcés par ahan
Fait sauter le froment bien haut de sur le van.
Lors les bourriers volans, comme poudre menue,
Sans ordre çà et là se perdent en la nue,
Et font sur le vanneur meint tour et meint retour ;
L'aire est blanche de poudre et les granges d'autour.]
Voilà comme tu dis, que ma Muse sans bride
S'esgare respandue où la fureur la guide.
 Si tu avois les yeux aussi prompts et ouverts
A desrober mon art, qu'à desrober mes vers,
Tu dirois que ma Muse est pleine d'artifice,
Et ma brusque vertu ne te seroit un vice.
 En l'art de poësie, un art il ne faut pas
Tel qu'ont les predicans, qui suivent pas à pas
Leur sermon sceu par cœur, ou tel qu'il faut en prose,
Où tousjours l'orateur suit le fil d'une chose.
 Les poëtes gaillars ont artifice à part ;
Ils ont un art caché, qui ne semble pas art
Aux versificateurs, d'autant qu'il se promeine
D'une libre contrainte où la Muse le meine.
 As-tu point veu voler en la prime saison
L'avette qui de fleurs enrichit sa maison ?
Tantost le beau Narcisse, et tantost elle embrasse
Le vermeil Hyacinthe, et sans suivre une trasse
Erre de pré en pré, de jardin en jardin,
Portant un doux fardeau de melisse ou de thin.
 Ainsi le bon esprit que la Muse espoinçonne,
Porté de la fureur, sur Parnasse moissonne
Les fleurs de toutes parts, errant de tous costez.
En ce poinct par les champs de Rome estoient portez
Le damoiseau Tibulle, et celuy qui fit dire
Les chansons des Gregeois à sa Romaine lyre.
Tels ne furent jamais les versificateurs,
Des Muses avortons, ny tous ces imposteurs,
Dont l'ardente fureur d'Apollon n'a saisie
L'ame d'une gentille et docte frenaisie.
Tel bien ne se promet aux hommes vicieux,

Mais aux hommes bien-nez qui sont aimez des cieux.
 Escoute, predicant tout enflé d'arrogance,
Faut-il que ta malice attire en consequence
Les vers que brusquement un poëte a chanté?
Ou tu es enragé, ou tu es enchanté
De te prendre à ma quinte, et ton esprit s'oublie
De penser arracher un sens d'une folie.
 Je suis fol, predicant, quand j'ay la plume en main;
Mais quand je n'escri plus j'ay le cerveau bien sain.
 Au retour du Printemps les Muses ne sont sages;
Furieux est celuy qui se prend à leurs rages,
Qui fait de l'habile homme, et sans penser à luy
Se monstre ingenieux aux ouvrages d'autruy.
Certes non plus qu'à moy ta teste n'est pas saine,
Et pource, predicant, faisons une neufvaine.
Où? à Sainct Mathurin (1); car à nous voir tous deux,
Nos cerveaux éventez sont bien avertineux. (a)
 Tu sembles aux enfans qui contemplent és nues
Des villes, des geans, des chimeres cornues,
Et ont de tel object le cerveau si esmeu,
Qu'ils pensent estre vray le masque qu'ils ont veu;
Ainsi tu penses vrais les vers dont je me joue,
Qui te font enrager, et je les en advoue.
 Ny tes vers ny les miens oracles ne sont pas,
Je prens tant seulement les Muses pour esbas;
En riant je compose, en riant je veux lire,
Et voila tout le fruict que je reçoy d'escrire.
Ceux qui font autrement ils ne sçavent choisir
Les vers qui ne sont nez sinon pour le plaisir;

 a. Var. (1584) :

Nos cerveaux éventez sont bien matelineux. (2)

1. A Sainct Mathurin de l'Archant, où l'on meine les fous emmenotez et liez, pour y faire leurs neuf jours; il n'est pas beaucoup loin de Fontainebleau.
2. Ce mot peut venir de Mathurin corruptivement; ainsi les gens du bas vulgaire disent Catheline pour Catherine.

Et pour ce les grands Rois joignent à la musique
(Non au conseil privé) le bel art poëtique.
  Tu dis qu'auparavant j'estois fort renommé,
Et qu'ores je ne suis de personne estimé.
Penses-tu que ta secte embrasse tout le monde?
Penses-tu que le ciel, l'air, et la terre et l'onde
Se faschent contre moy pour te voir en courrous?
Tu te trompes beaucoup : Dieu est pere de tous !
Je n'ay que trop d'honneur ; certes je voudrois estre
Sans bruit et sans renom, comme un pasteur champestre,
Ou comme un laboureur qui de bœufs accouplez
Repoitrit ses guerets pour y semer les blez.
Celuy n'est pas heureux qu'on monstre par la rue,
Que le peuple cognoist, que le peuple salue ;
Mais heureux est celuy que la gloire n'époint,
Qui ne cognoist personne, et qu'on ne cognoist point.
  A toy des predicans je quitte les fumées,
Les faveurs qui seront dans un an consumées ;
Car mon esprit se trompe, ou la mere des mois
N'aura point r'allumé ses cornes par neuf fois,
Qu'errans et vagabons, sans credit, sans puissance,
Je les verray fuitifs et bannis hors de France,
Huez, sifflez, vannez, et, comme vieux renards,
De citez en citez chassez de toutes parts.
  Cependant vous, Seigneurs, qui leur donnez entrée
En vos maisons, trompez de leur bouche sucrée,
N'ayez l'esprit credule à leur simple parler :
Ils voudront à la fin vos plaisirs controler.
Gardez-bien vos enfans, vos bourses et vos femmes,
J'ay veu de tels gallans sortir de grands diffames ;
Car pour avoir le corps d'un grand reistre empestré,
Ils n'ont la main liée et n'ont le cœur chastré. (a)
  Tu dis que je mourrois accablé de grand' peine
Si je voyois tomber nostre Eglise romaine?

  a. Var. (1584) :

L'aiguillon de leur chair pour cela n'est chastré.

J'en serois bien marry ; mais quand il adviendroit,
Le magnanime cœur pourtant ne me faudroit.
J'ay quelque peu de bien qu'en la teste je porte,
Qui ne craint ny le vent ny la tempeste forte :
Il nage avecque moy ; et peut-estre le tien
Au rivage estranger ne te serviroit rien,
Où les gentils cerveaux n'ont besoin de ton presche.
 Non, non, mon revenu de partir ne m'empesche :
Il n'est pas opulent, ny gras, ny excessif ;
Mon or n'est monnoyé, ny fondu, ny massif.
Je vy en vray poëte, et la faveur royale
Ne se monstra jamais envers moy liberale ;
Et si ay merité de ma patrie autant
Que toy, faux imposteur, qui te bragardes tant.
 Tu pippes les Seigneurs d'une vaine apparence,
Tu presches seulement pour engraisser ta panse,
Tu jappes en mastin contre les dignitez
Des Papes, des prelats, et des authoritez ;
Tu renverses nos loix, et tout enflé de songes
En lieu des verités tu plantes tes mensonges,
Tes monstres contrefaits, qu'aboyant tu defens,
Tes larves qui font peur seulement aux enfans.
 Tu as selon ton sens l'Evangile traictée,
Tu fais ton Eternel un muable Protée,
Le tournant, le changeant, sans ordre, sans arrest,
Selon ta passion, et selon qu'il te plaist ;
Tu as un beau parler tout fardé de cautelle,
Tu veux ton Jesus-Christ tenir en curatelle ;
Tu sçais de l'Evangile avoir pleines les mains,
Tu sçais bien enjoller quelques pauvres nonnains, [1]
Tu sçais bien desfroquer la simplesse d'un moine, [2]

 1. Qui furent par les Huguenots tirées de leur monastere avec cajolement, pour estre leurs femmes ou leurs garces ; choses tolerables pour eux, si beaucoup n'eussent esté violemment forcées.
 2. Dont ils en abusoient quantité, leur presentant des nonnains, et les allechant ainsi cauteleusement par les attraits de la chair.

Et convertir au tien de Dieu le patrimoine;
Tu as en paradis le tiers et les deux pars,
Tu en es fils aisné, nous en sommes bastars.
    Tu as pour renforcer l'erreur de ta folie,
A ton Genéve appris quelque vieille homelie
De Calvin, que par cœur tu nous presches ici;
Tu as en l'estomac un lexicon farci
De mots injurieux qui donnent à cognoistre
Que, meschant escolier, tu as eu meschant maistre.
    Où moy tout eslongné d'imposture et d'abus,
Amoureux des presens qui viennent de Phebus,
Tout seul me suis perdu par les rives humides
Et par les bois toufus aprés les Pierides,
Les Muses, mon souci, qui m'ont tant honoré
Que de m'avoir le front de myrte decoré;
Car pour ton aboyer je ne perds la couronne
De laurier, dont Phebus tout le chef m'environne;
Elle ombrage mon front, signal victorieux
Qu'Apollon a donté par moy ses envieux.
    Aussi tost que la Muse eut enflé mon courage,
M'agitant brusquement d'une gentille rage,
Je senti dans mon cœur un sang plus genereux,
Plus chaud et plus gaillard, qui me fit amoureux.
A vingt ans je choisis une belle maistresse,
Et voulant par escrit tesmoigner ma détresse,
Je vy que des François le langage trop bas
A terre se trainoit sans ordre ny compas :
Adonques pour hausser ma langue maternelle,
Indonté du labeur, je travaillay pour elle,
Je fis des mots nouveaux, je r'appelay les vieux,
Si bien que son renom je poussay jusqu'aux cieux.
Je fis d'autre façon que n'avoient les antiques,
Vocables composez, et phrases poëtiques,
Et mis la poësie en tel ordre, qu'aprés
Le François fut égal aux Romains et aux Grecs.
    Ha! que je me repens de l'avoir apportée
Des rives d'Ausonie et du rivage Actée!
Filles de Jupiter, je vous requiers pardon!

Helas, je ne pensois que vostre gentil don
Se deust faire l'appast de la bouche heretique,
Pour servir de chansons aux valets de boutique.
Apporté seulement en France je l'avois
Pour donner passe-temps aux Princes et aux Rois.

  Tu ne le peux nier; car de ma plenitude
Vous estes tous remplis, je suis seul vostre estude;
Vous estes tous issus de ma Muse et de moy;
Vous estes mes sujects, je suis seul vostre roy;
Vous estes mes ruisseaux, je suis vostre fonteine,
Et plus vous m'espuisez, plus ma fertile veine,
Repoussant le sablon, jette une source d'eaux,
D'un surgeon eternel, pour vous autres ruisseaux.

  C'est pourquoy sur le front la couronne je porte,
Qui ne craint de l'hyver la saison tant soit morte,
Et pource toute ronde elle entourne mon front;
Car rien n'est excellent au monde s'il n'est rond.

  Le grand ciel est tout rond, la mer est toute ronde,
Et la terre en rondeur se couronne de l'onde,
D'une couronne d'or le soleil est orné,
La lune a tout le front de rayons couronné;
Les Roys sont couronnez; heureuse est la personne
Qui porte sur le front une riche couronne!

  O le grand ornement des Papes et des Rois,
Des Ducs, des Empereurs! couronne, je voudrois
Que le Roy couronné eust sur ma teste mise
La mitre d'un prelat, couronne de l'Eglise!
Lors nous serions contens; toy, de me voir tondu;
Moy, de jouyr du bien où je n'ay pretendu.

  Aprés, comme un flatteur, tu dis que par la plume,
Du Prince de Condé la colere j'allume,
Et veux qu'un tel Seigneur s'aigrisse contre moy,
Le faisant, ou tyran, ou tigre comme toy.

  J'atteste l'Eternel qui tout void et regarde
(Et si je suis menteur je luy suppli' qu'il darde
Sa foudre sur mon chef), si jamais je pensé
De rendre par mes vers un tel Prince offensé;
A qui je suis tenu de rendre obéissance,

A qui j'ay dedié ma plume et ma puissance,
Qui m'ayme et me cognoist, et qui a maintesfois
Estimé mes chansons devant les yeux des Rois ;
Qui est doux et benin, nay de bonne nature,
Qui a l'esprit gaillard, l'ame gentille et pure,
Qui cognoistra bien tost, tant il est Prince bon,
Les maux que ton orgueil a commis sous son nom.
  Or quand Paris avoit sa muraille assiegée, (¹)
Et que la guerre estoit en ses faux-bourgs logée,
Et que les morions et les glaives trenchans
Reluisoient en la ville et reluisoient aux champs,
Voyant le laboureur tout pensif et tout morne,
L'un trainer en pleurant sa vache par la corne,
L'autre porter au col ses enfants et son lit,
Je m'enfermay trois jours renfrongné de despit,
Et prenant le papier et l'encre de colere,
De ce temps mal-heureux j'escrivis la misere,
Blasmant les predicans lesquels avoient presché
Que par le fer mutin le peuple fust tranché ;
Blasmant les assassins, les voleurs, et l'outrage
Des hommes reformez, cruels en brigandage,
Sans souffrir toutesfois ma plume s'attacher
Aux seigneurs dont le nom m'est venerable et cher.
  Je ne veux point respondre à ta theologie,
Laquelle est toute rance, et puante et moisie,
Toute rapetassée, et faite de l'erreur
Des premiers seducteurs insensez de fureur.
Comme un pauvre vieillard qui par la ville passe
Appuyé d'un baston, dans une poche amasse
Des vieux haillons qu'il trouve en cent mille morceaux,
L'un dessus un fumier, l'autre prés des ruisseaux,
L'autre prés d'un esgout, et l'autre dans un antre
Où le peuple artisan va descharger son ventre ;
Aprés, en choisissant tous ces morceaux espars,
D'un fil gros les ravaude, et coust de toutes pars,

---

1. Lors que Monsieur de Guise, François de Lorraine, y travailloit genereusement pour la defense.

Puis en fait une robbe, et pour neuve la porte ;
Ta secte, predicant, est de semblable sorte.
　Or bref, il me suffit de t'avoir irrité.
Comme un bon laboureur qui sur la fin d'esté,
Quand desja la vendange à verdeler commence,
De peur que l'escadron des freslons ne l'offence,
De tous costez espie un chesne my-mangé
Où le camp resonnant des freslons est logé ;
Puis en prenant de nuict un gros fagot de paille,
D'un feu noir et fumeux leur donne la bataille.
La flame et la fumée entrant par les naseaux
De ces soldars ailez, irritent leurs cerveaux,
Qui fremissent ainsi que trompettes de guerre,
Et de colere en vain espoinçonnent la terre.
　Mais toy (comme tu dis) qui as passé tes ans
Contre les coups d'estoc des hommes mesdisans,
Qui as un estomac que personne n'enfonce,
Tu pourras bien souffrir ceste douce responce ;
Car ton cœur est plus dur qu'un corselet ferré
Qui garde l'estomac du soldat assuré. (a)
A-tant je me tairay ; mais devant je proteste
Que si horriblement ton erreur je deteste,
Que mille et mille morts j'ayme mieux recevoir
Que laisser ma raison de ton fard decevoir.
　Au reste j'ay releu ta vilaine escriture
Qui sent son charlatan facond à dire injure,
Ou quelque harangere assise à Petit-Pont,
Qui d'injures assaut, et d'injures respond.
Hà que tu monstres bien que tu as le courage
Aussi sale et vilain qu'est vilain ton langage.
　Toutesfois glorieux je me veux estimer
Dequoy par tes brocars tu m'as voulu blasmer,
Comme seul n'endurant ta mesdisance amere.

a. Var. (1584) :

Car ton corps demy-dieu, contre tous les brocars
Des mesdisans, est seur comme entre deux rempars.

Ceste Royne qui vit de nostre Prince mere, (¹)
A souffert plus que moy, quand, aux premiers estas,
Jaloux de sa grandeur, tu ne la voulois pas.
   Ce Roy des Navarrois (²) a senty l'amertume
De ta langue, qui fait de mesdire coustume,
Quand l'ayant par despit de paradis banny,
Or' l'appelois Caillette (³), or' l'appellois Thony! (⁴)
Quoy? ne faisois-tu pas à mode d'estrivieres (⁵)
Pour ce Roy l'autre année au presche tes prieres?
Tantost ne priant pas, tantost priant pour luy,
Selon qu'il t'apportoit ou profit ou ennuy?
   Mesmes j'entens desja que ta malice pince
De brocars espineux ce magnanime Prince,
Ce seigneur de Condé, et le blasmes dequoy
Il ne se monstre tigre à ceux de nostre loy.
Je suis doncques heureux de souffrir tels outrages,
Ayant pour compagnons de si grands personnages.

   1. Catherine de Medicis, Royne mere du Roy Charles IX.
   2. Anthoine de Bourbon, Duc de Vendosme, pere du Roy Henry le Grand, et mary de Jeanne, Royne de Navarre.
   3. Badin, niaiz : ainsi les femmes du vulgaire de Paris injurient ceux qu'elles noisent. Cela peut venir de lasche et mol, comme sont les caillettes du mouton.
   4. Fol d'alors, comme nous avons dit en son lieu. Voyla comme l'Huguenot se rit et se gabbe des Princes et des Rois ; mais ils vont bien plus avant quand il s'agist de la vie, dont ils font eux-mesmes gloire et trophée. C'est en l'Invective deuxiesme de B. de Mont-Dieu contre l'autheur, parlant de François de Lorraine, Duc de Guise, assassiné, une des testes du Triumvirat (comme ils disoient), et les deux autres Anhe de Montmorancy, connestable, et Sainct André, mareschal de France :

> Mais le Triumvirat (ce conjuré triangle,
> Dont nous avons osté tout fraischement un angle,
> Rendant ceste figure imparfaicte à jamais),
> Ce grand monstre à trois chefs, etc.

   5. Ou estriers que l'on allonge et resserre quand on veut, pour l'aisance du chevalier.

Or tu as beau gronder, pour r'assaillir mon fort,
Te gourmer et t'enfler comme autresfois au bort
La grenouille s'enfla contre le bœuf, de sorte
Que pour trop se bouffer sur l'heure creva morte;
Tu as beau repliquer pour respondre à mes vers,
Je deviendray muet; car ce n'est moy qui sers
De bateleur au peuple, et de farce au vulgaire :
Si tu en veux servir, tu le pourras bien faire.
Ce pendant je pri'ray l'eternelle bonté
Te vouloir redonner ton sens et ta santé. (¹)
    Mais avant que finir, enten, race future,
Et comme un testament garde ceste escriture.
Ou soit que les destins à nostre mal constans,
Soit que l'ire de Dieu face regner longtemps
Ceste secte aprés moy, race, je te supplie,
Ne t'insense jamais aprés telle folie;
En relisant ces vers, je te pri' de penser
Qu'en Saxe je l'ay veue en mes jours commencer, (²)
Non comme Christ la sienne, ains par fraude et puis-
Dessous un apostat (³) elle prit sa naissance; [sance.
Le feu, le fer, le meurtre, en sont le fondement.
Dieu veuille que la fin en arrive autrement,
Et que le grand flambeau de la guerre allumée,
Comme un tison de feu, se consomme en fumée.

    1. Le ministre relevoit de la grosse maladie.
    2. Sous Luther, né du pays de Saxe; il mit au jour ses erreurs l'an 1517, et l'autheur nasquit en 1524.
    3. Le mesme Luther, moyne renié.

AUX BONS
ET
FIDELES MEDECINS PREDICANS,
SUR LA PRISE
DES TROIS PILLULES QU'ILS M'ONT ENVOYÉES. (¹)

Mes bons et fideles medecins predicans, tout ainsy que de gayeté de cœur et sans froncer le sourcy j'ay gobbé et avalé les trois pillules que de vostre grace m'avez ordonnées; lesquelles toutesfois n'ont faict en mon cerveau l'entiere operation que desiriez, comme vous pourrez cognoistre par l'humeur opiniastre qui me reste encore en la teste; je vous prie que sans desdaigner le gobelet vous preniez aussy joyeusement ceste medecine que je vous envoye, suppliant le Seigneur qu'elle vous puisse guarir plus perfettement que la mienne ne m'a faict, et afin que ne soyez en doubte de la composition, j'ay voulu vous donner le double du *Recipe*, afin de le garder au crochet d'un apothicaire pour ne faillir, à toutes les nouvelles lunes, vous en faire une bonne et forte purgation, et surtout (parce que le medecin me l'a dit de bouche seulement) n'oubliez aprés la prinse de vous faire ouvrir la veine moyenne senestre et aprés ventoser et scarifier deux ou trois fois la nuque du col, pour attirer et evaporer l'humeur noir et melancholique, lequel sans relasche vous tourmente et gaste le cerveau.

RECIPE.

Recipe radicum polypodii quercini, capparis, tamaricis, lapathii ana unciam semis, fumiterræ, buglossi, borraginis, chamæpitheos, chamædrios, scolopendrii, epithimi,

---

1. Cette facétie ne se trouve que dans l'édition originale de la *Response*, en 1563.

ana manipulum semis, foliorum senne mundatorum drachmas tres: fiat decoctio pro dosi in colatura. Dissolve catholici unciam unam, confectionis hamech dragmas tres, syrupi de fumoterræ dragmas sex; fiat potio, detur tempore prædicto. Quod si hoc remedium non satis purgaret humorem melancolicum, augeatur vis ejus addito elleboro et lapide cyaneo præparatis ut decet.

IN P. RONSARDUM
RANÆ LEMANICOLÆ COAXATIO.

Dum bibis Aonios latices in vertice Pindi,
 Ronsarde, undenas dum quatis arte fides;
Vindocini ruris, gravibus, tua personat agros
 Musa modis, Phœbus quos velit esse suos.
Ast ubi cura fuit præpingui abdomine ventrem,
 Setigeræ latum reddere more suis.
Illorum explesti numerum qui funera curant,
 Qui referunt fucos, sunt operumque rudes.
Exin missæ agitas numeros; at tempore ab illo
 Non tua Musa canit, sed tua Missa canit.

P. RONSARDI RESPONSUM.

Non mea Musa canit, canit hæc oracula vatis
 Patmicolæ ranis Musa Lemanicolis.
Obscœnas fore tres fœdo cum corpore ranas,
 Immundos potius Dæmonas aut totidem.
Semper in ore sui qui stantes pseudoprophetæ
 Inque Deum, inque pios verba profana crepent.
Vera fides vati, tu rana es de tribus una,
 Altera Calvinus, tertia Beza tuus.

Beza ferens veteris Theodori nomen, eandem
  Deque Deo mentem, quam Theodorus, habens.
Talibus ô ranis raucissima de tribus illa,
  Quæ me, qua superos, garrulitate petis.
Aonios non tu latices in vertice Pindi,
  Sed bibis impuros, stagna sabauda, lacus.
Nec cum pura nitet, sed cum nive turbida mixta,
  Et glacie fusa montibus unda fluit
Inde gelata viam vocis, tumefactaque fauces
  Digna coaxasti carmina vate suo.
In quibus, ut decuit gibboso gutture monstrum,
  Non nisi ranalis vox strepit ulla tibi,
Nam quod Musa virum doctorum voce vocatur
  Id nunc missa tibi vox inamœna sonat.
Non nisi rana queat sacra sic corrumpere verba :
  Sibila rana fera est, sibila verba crepas.
I nunc, et patriis interstrepe viva lacunis,
  Inque pios homines quidlibet, inque Deum.
Mortua dum, pacem ne turbes rana piorum
  Nigra, lacu Stigio, vel Phlegethonte nates.
Donec in ardenti, causam raucedinis, unda
  Executias frigus, quo tua Musa riget.

IN LAUDEM RONSARDI. (1)

Illisos fluctus rupes ut vasta refundit,
  Et varias circum latrantes dissipat undas
Mole sua; sic tu tacita gravitate minutos
Frangere debueras istos, Ronsarde, poetas
Nominis obscuri, audaces discrimine nullo,
Qui tecum certasse putant præclarius, omnes
Quam vicisse pares, sed postquam non ita visum,
Utque parens puero interdum doctusque magister

1. Ces vers sont de Daurat.

Respondent blande illudentes vana loquenti,
Sic tu etiam insano vis respondere poetæ;
Quamvis ille tua dignum nil proferat ira.
Cygne ululam nec dedignaris candide nigram.
Eia age! sed catulo adlatranti seu fremit ingens
Ore leo, exertum subito nec conjicit unguem,
Sic tu etiam miserum sermone illude minaci
Tantum, terrifica vibres nec fulmina lingua.
Sat Ronsarde tibi, sat sit memorasse superbi
Æolidæ pœnas qui non imitabile fulmen,
Elide dum simulat demens, est turbine præceps
Immani tristes Erebi detrusus ad umbras.
Sic tibi tam charum caput hoc quicunque lacesset,
Phœbe, perire sinas, lauri nec sacra corona
Illius indoctam frontem, si forte revincit,
Ingratum servet, nescit qui parcere lauro.

EPISTRE AU LECTEUR,

PAR LAQUELLE SUCCINCTEMENT L'AUTHEUR RESPOND A SES CALOMNIATEURS. (¹)

Je m'asseure, Lecteur, que tu trouveras estrange, qu'aprés avoir generalement discouru des miseres de ce temps, et respondu à ceux qui faussement m'avoient voulu calomnier, je change si soudain de façon d'escrire, faisant imprimer en ce livre autres nouvelles compositions toutes differentes de stile et d'argument de celles que durant les troubles j'avois mises en lumiere; lesquelles estant comme par contrainte un peu mordantes me sembloient du tout forcées, et faites contre la modestie

---

1. Cette épître sert de préface à un volume intitulé : *Les trois livres du Recueil des nouvelles Poésies de P. de Ronsard, G. V.*, lesquelles n'ont encores esté par cy devant imprimées. Paris, Buon, 1564, in-4°.

de mon naturel ; si falloit-il respondre aux injures de
ces nouveaux rimasseurs, afin de leur monstrer que je
n'ay point les mains si engourdies, ny le jugement si
rouillé, que quand il me plaira d'escrire, je ne leur
monstre facilement qu'ils ne sont que jeunes apprentifs.
Ils diront que je suis un magnifique vanteur, et
m'accompareront tant qu'ils voudront à ce glorieux
[escrimeur] *Amycus;* si est-ce toutefois que ma van-
terie est veritable, et ne rougiray point de honte de
le confesser ainsi. Doncques, Lecteur, si tu t'esmer-
veilles d'une si soudaine mutation d'escriture, tu dois
sçavoir qu'aprés que j'ay acheté ma plume, mon encre
et mon papier, que par droit ils sont miens, et que je
puis faire honnestement tout ce que je veux de ce qui
est mien. Et comme je ne suis contre-rolleur des
melancholies, des songes ny des fantaisies de mes
calomniateurs, ils ne devroient non plus l'estre des
miennes, qui entierement ne me donne peine de ce
qu'ils disent, de ce qu'ils font, ny de ce qu'ils escrivent.
Car comme je ne lis jamais leurs œuvres, aussi je ne
m'enquiers point s'ils lisent les miennes, ny moins de
leur vie ny de leurs actions. Quand j'ay voulu escrire
de Dieu, encore que langue d'homme ne soit suffisante
ny capable de parler de sa Majesté, je l'ay fait toutefois le mieux qu'il m'a esté possible, sans me vanter de
le cognoistre si parfaitement qu'un tas de jeunes theologiens qui se disent ses mignons, qui ont peut-estre
moindre cognoissance de sa grandeur incomprehensible
que moy, pauvre infirme et humilié, qui me confesse
indigne de la recherche de ses secrets, et du tout
vaincu de la puissance de sa Deïté, obeïssant à l'Eglise
catholique, sans estre si ambitieux rechercheur de ces
nouveautez, qui n'apportent nulle seureté de conscience,
comme rappellans tousjours en doute les principaux
poincts de nostre religion, lesquels il faut croire fermement, et non curieusement en disputer. Quand j'ay
voulu parler des choses plus humaines et plus basses,
de l'amour, de la victoire des Rois, des honneurs des

Princes, de la vertu de nos seigneurs, je me persuade aisément que je m'en suis acquité de telle sorte qu'ils frapperont la table plus de cent fois, et se gratteront autant la teste, avant que pouvoir imiter la moindre gentillesse de mes vers. Or si tu veux sçavoir pourquoy j'ay traitté maintenant un argument, et maintenant un autre, tu n'auras autre response de moy, sinon qu'il me plaisoit le faire ainsi, d'autant qu'il m'est permis d'employer mon papier comme un potier fait son argille, non selon leur fantaisie, mais bien selon ma volonté. Peu de personnes ont commandement sur moy ; je fais volontiers quelque chose pour les Princes et grands Seigneurs, pourveu qu'en leur faisant humble service je ne force mon naturel, et que je les cognoisse gaillards et bien naiz, faisant reluire sur leur front je ne sçay quelle attrayante et non vulgaire vertu ; car si tu pensois que je fusse un ambitieux courtisan, ou à gage de quelque seigneur, tu me ferois grand tort, et t'abuserois beaucoup. Je dy cecy pour ce que ces nouveaux rimasseurs m'appellent tantost evesque futur, tantost abbé ; mais telles dignitez ne sont de grand revenu [venant de leur main], pour n'estre fondées qu'en un papier encore bien mal rimé. Il est vray qu'autrefois je me suis fasché, voyant que la faveur ne respondoit à mes labeurs (comme tu pourras lire en la complainte que j'ay n'aguéres escrite à la Royne) et pour cela j'ay laissé Francus et les Troyens agitez des tempestes de la mer, attendant une meilleure occasion de faire leurs navires pour les conduire à nostre bord tant desiré. Car ce n'est moy qui se veux distiller le cerveau à la poursuite d'un si grand œuvre sans me voir autrement favorisé. S'ils le peuvent et veulent faire, je n'en suis envieux. Cependant je passeray la fortune telle qu'il plaira à Dieu m'envoyer. Car tu peux bien t'asseurer n'avoir jamais veu homme si content ny si resolu que moy, soit que mon naturel me rende tel, ou soit que mon mestier le vueille ainsi, ne me donnant fascherie en l'esprit. Voire quand la terre se mesleroit dedans

la mer, et la mer dedans le feu, je suis resolu de
mespriser toutes fortunes, et de porter avec patience
les volontez de Dieu, soit la paix, soit la guerre, soit
la mort, soit la vie, soit querelles generales ou particulieres. Tels accidens ne m'esbranleront jamais d'icelle
asseurée resolution, qui est par la grace de Dieu imprimée de long temps en mon esprit, tellement que
j'ay pris pour devise ces deux vers que dit Horace de
l'homme constant et resolu :

> *Si fractus illabatur orbis*
> *Impavidum ferient ruinæ.*

S'ils prennent plaisir à lire mes escris, j'en suis tres-
joyeux ; si au contraire ils s'en faschent, je les conseille de ne les acheter pas, ou si d'avanture ils les
ont achetez, les faire servir, avec un desdain, au plus
vil office dont ils se pourront adviser ; car pour
approuver mes œuvres, ou pour les calomnier, je ne
m'en trouve moins gaillard ny dispos. Et pour leur
louange, ou pour leur mesdire, rien ne me vient en
ma boëtte quand j'ay besoin d'acheter ce qui est
necessaire pour m'entretenir. Ils ont bien ouy parler
des deux boëttes de Simonide, et pour ce je ne leur
en feray plus long discours ; seulement je me donneray
bien garde de forcer ma complexion pour leur plaisir.
La poësie est pleine de toute honneste liberté, et s'il
faut dire vray, un folastre mestier, duquel on ne peut
retirer beaucoup d'avancement, ny de profit. Si tu
veux sçavoir pourquoy j'y travaille si allegrement ?
Pour ce qu'un tel passe-temps m'est agreable ; et si
mon esprit en escrivant ne se contentoit [et donnoit
plaisir], je ne ferois jamais un vers, comme ne voulant
faire profession d'un mestier qui me viendroit à desplaisir. Ils en diront et penseront ce qu'il leur plaira ;
je t'asseure, Lecteur, que je dy verité. Je ne fais point
de doute que je n'aye mis un bon nombre de ces
poëtastres, rimasseurs, et versificateurs en cervelles,
lesquels se sentent offensez, dequoy je les ay appellez

apprentifs et disciples de mon escole (car c'est la seule et principalle cause de l'envie qu'ils ont conceue contre moy) les faisant devenir furieux aprés ma vive et belle renommée, comme ces chiens qui aboyent la lune, et ne sçavent pourquoy, sinon pour ce qu'elle leur semble trop belle et luysante, et que sa clarté sereine leur desplaist et leur offense le cerveau melancholique et catharreux. Mais les pauvres insensez se trompent beaucoup, s'ils pensent que leurs libelles, muettes injures, et livres sans nom, offensent la tranquillité de mon esprit; car tant s'en faut que j'en sois fasché, ou aucunement desplaisant, que je ne veux laisser à la posterité plus grand tesmoignage de ma vertu que les injures edentées, que ces poëtastres vomissent contre moy. Et pour une mesdisance je leur conseille d'en dire deux, trois, quatre, cinq, six, dix, vingt, trente, cent, mille, et autant qu'il en pourroit en tous les caques des harangeres de Petit-Pont. J'estime leurs injures à grand honneur quand je pense qu'ils se sont attaquez aux Princes et aux Rois aussi bien qu'à moy. Je ne suis seulement fasché que d'une chose, c'est que leurs livres m'ont fait devenir superbe et glorieux; car me voyant assailly de tant d'ennemis, j'ay pensé incontinent que j'estois quelque habile homme, et que telles envies ne procedoient que de ma vertu. Vous donc quiconque soyez qui avez fait un temple contre moy, un enfer, un discours de ma vie, une seconde response, une apologie, un traitté de ma noblesse, un prelude, une faulse palinodie en mon nom, une autre tierce response, un commentaire sur ma response, mille odes, mille sonnets, et mille autres fatras qui avortent en naissant; je vous conseille si vous n'en estes saouls, d'en escrire davantage, pour estre le plus grand honneur que je sçaurois recevoir, [et pour dire verité, colonnes de mon immortalité.] Je sçay bien que quelques uns affectionnez à leur religion, desquels vous n'estes (car vos escrits, vos vies, et vos mœurs vous manifestent vrays Athées) diront que c'est bien fait

DISCOURS. 141

de parler contre Ronsard, et le peindre de toutes couleurs, à fin que le peuple l'aye en mauvaise reputation, et ne face desormais estime de ses escrits.

Je ne trouve point estrange que telles personnes qui parlent selon leur conscience, et qui pensent veritablement que telle chose serve à leur cause, comme gens tres-affectionnez, composent contre moy, ou facent composer; mais je suis esmerveillé dequoy vous qui n'avez ny foy ny loy, et qui n'estes nullement poussez du zele de religion, escrivez des choses qui ne vous apportent ny honneur ny reputation; car pour toutes vos medisances, je ne seray moins estimé des catholiques, que je suis, ny de ceux de vostre religion, de laquelle vous ne faites une seule profession. Aussi ay-je dés long-temps descouvert vostre malice; c'est que ne croyant rien, vous faites comme le chameleon, changeant de couleurs en toutes terres où vous allez, suivant maintenant ce party, et maintenant celuy-là, selon que vous l'estimez favorisé, durable, avantageux, et le plus profitable pour vous; telles gens se devroient fuir comme peste, n'ayant autre Dieu que le gain et le profit. Je pense cognoistre quelqu'un de ces gallands, lequel deux ou trois jours devant qu'il barbouillast le papier contre moy, disoit par derision mille vilenies de Calvin et de sa doctrine en laquelle il avoit esté nourri trois ou quatre ans à Lozanne et à Geneve. Il composa cet esté dernier à Paris des sonnets contre de Beze, que maintenant il [fait semblant] d'honorer comme un Dieu, lesquels il me monstra, et dont j'ay l'original escrit de sa main. Je ne dy pas cecy pour flatter Calvin ou Beze, car c'est le moindre de mes soucis. Toutesfois pour monstrer que je ne suis menteur ny calomniateur, j'ay bien voulu faire imprimer icy l'un des sonnets de ce chrestien reformé ([1]), à fin que le peuple cognoisse de quel humeur le compagnon est agité.

1. Il s'agit ici de Florent Chrestien.

S'armer du nom de Dieu, et aucun n'en avoir,
Prescher un Jesus-Christ, et nier son essence,
Gourmander tout un jour, et prescher abstinence,
Prescher d'amour divin, et haine concevoir;
    Prescher les saints Canons sans faire leur vouloir,
Paillarder librement, et prescher continence,
Prescher frugalité, et faire grand' despence,
Prescher la charité, et chacun decevoir;
    Compter dessus les doigts, faire bonne grimace,
Amuser de babil toute une populace,
Mignarder d'un clin d'œil le plus profond des cieux;
    Cacher sous le manteau, d'une façon mauvaise,
Un vouloir obstiné, un cœur ambitieux,
C'est la perfection de Theodore de Beze.

Puis soudainement transformé en un autre personnage, me print à partie, et vomit sa malice contre moy, qui l'avois cheri et festié deux ou trois fois à mon logis, sans m'avoir autrement practiqué ny cogneu, et lequel, d'effect (que je sçache) ny de pensée je n'avois jamais en nulle sorte offensé, ny n'eusse voulu, ny ne voudrois maintenant faire; car je suis assez satisfait dequoy les gens d'honneur et de bien le cognoissent, et le tiennent pour tel qu'il est. Quant à son atheïsme, il en donna si certaine preuve ce prochain esté qu'il sejourna quelques jours en ceste ville, que mesme ceux et celles qu'il hantoit le plus privément, estoient non seulement esmerveillez, mais espouvantez de sa meschanceté. Si quelqu'un veut escrire son histoire, je n'en seray joyeux ny marry, mais quant à moy, j'ay resolu de n'empescher davantage ma plume pour respondre à un tel babouin que luy. Vous, Messeigneurs, qui avez consciences, qui craignez Dieu, et faites profession (comme vous dites) de maintenir son S. Evangile, devriez chasser tels apostats, et pour parler comme Homere, tels ἀλλοτρουσάλλους de vostre compagnie; ce que je suis asseuré que vous feriez volontiers si vous les pouviez cognoistre; mais ils se deguisent de telle sorte quand ils sont avec vos troupes, qu'il est fort mal-aisé de s'en donner de garde, pour leur rendre le chastiment digne de leurs merites. Je ne puis approuver ces meschantes ames, et louerois plustost ceux qui sont fermes en leur religion. Aussi ne suis-je à blasmer si je demeure ferme en la mienne, qui aimerois mieux mourir que me separer du sein de l'Eglise catholique, et penser estre plus sçavant que tant de vieux docteurs qui ont si sainctement escrit. Or je reviens à vous, poëtastres, qui vous efforcez d'irriter les Princes et Seigneurs contre moy, disans que j'en ay parlé avec peu de reverence et honneur. Que sçaurois-je dire d'eux, sinon que je leur suis tres-humble serviteur? Au reste je ne fus jamais de leur conseil privé ny de leurs affaires, et ma personne est de trop basse qualité, pour m'attaquer à leur grandeur; mais je les puis bien asseurer, que s'ils avoient affaire de moy, qu'ils en fourniroient plustost que de vostre obeïssance dissimulée, qui les courtizez non par amitié, ou par bien que vous leur vueillez, mais seulement pour vostre profit particulier; et moy par une naturelle reverence et observance que je leur doy. Or si vous pensez, par vos calomnies, m'oster de la bonne opinion que le peuple a receue de mes escris, vous estes bien loin de vostre compte; et si vous estimez que je sois desireux de la faveur du vulgaire, vous vous trompez encores beaucoup; car le plus grand desplaisir que je sçaurois avoir en ce monde, c'est d'estre estimé ou recherché du peuple, comme celuy qui ne se mesle de faciende, de faction, ny de menée quelconque, pour l'un ny pour l'autre party. Seulement quand il fait beau-temps je me pourmeine, quand il pleut je me retire au logis, je devise, je passe le temps, sans discourir, pratiquer ny affecter choses plus hautes que ma vacation. Et voulez-vous que je vous die ce qui m'a le plus ennuyé durant ces troubles? c'est que je n'ay peu jouir de la franchise de mon esprit, ny librement estudier comme auparavant. Je me plains de petite chose, ce direz-vous? ouy, petite quant à vous qui avez tousjours despendu de la volonté d'autruy; mais grande quant à moy qui suis nourri en toute heureuse et honneste liberté. Aussi suivant mon naturel en ceste douce saison de la paix vous ne me pourriez en garder de me réjouïr et d'escrire, car de tels honorables exercices ne dépend la ruine de nostre republique, mais de vostre avare ambition. Au reste si quelqu'un a escrit contre moy, je luy ay respondu, estant asseuré que les œuvres de ces nouveaux rimailleurs ny les miennes quant à ce fait, n'ont non plus de poids ny d'autorité que les joyeuses saillies de Thony ou du Greffier (¹), et que celuy seroit bien mal-accompaigné de jugement qui voudroit fonder sur quelque raison ou tirer en conséquence les verves et caprices d'un poëte melancholique et fantastiq. Mais puis que ce correcteur de livres et ce jeune drogueur (duquel la vie ne sera point mauvaise descrite) l'ont voulu autrement, je suis fort aise de leur servir d'aiguillon et de tan pour les mettre en furie; car ce m'est un fort grand plaisir de voir ces petits gallans agitez et debordez contre moy, qui s'en esbranle aussi peu qu'un rocher des tempestes de la mer. Toutesfois sans le commandement des plus grands qui ont expressément defendu les libelles, je les eusse vivement grattez où il leur demangé; car Dieu mercy nous avons bons et amples memoires de la vie de ces deux compagnons; mais d'oresnavant je me tairay pour obeyr à ceux qui ont puissance sur ma main, et sur ma volonté. Il me plaist d'estre leur but, leur visée, leur passion et leur colere; et décochent tant qu'ils voudront leurs fleches espointées contre moy. De là j'attends ma gloire, mon honneur et ma reputation; et plus ils seront envenimez, et plus je me promets par leurs injures de louange et d'immortalité. Car je sçay leurs forces, et de quelle humeur les bons seigneurs sont tourmentez. Si ces grands et doctes hommes (que par honneur je nomme mes peres) tant estimez durant l'heureux siecle du feu Roy François,

---

1. Fous du Roy Charles IX.

se bandoient contre moy, j'en serois extremement marry; ou si ceux de ma volée, qui se sont fait apparoistre comme grandes estoilles, et qui ont tellement poussé nostre poësie françoise que, par leur diligence, elle est montée au comble de tout honneur, despendoient l'encre à m'injurier, je voudrois me banir moy mesme de ce jour pour ne contester avec si grands personnages. Mais je prends grand plaisir de voir ces rimasseurs s'attaquer à moy, qui suis nay d'une autre complexion que Theocrite, lequel se faschant contre quelque ingrat poëtastre de son temps faisoit parler de colere un pasteur ainsi :

> Μέγα δ' ἄχθομαι, εἴ τυ με τολμῆς
> Ὄμμασι τοῖς ὀρθοῖσι ποτιβλέπεν, ὅν ποκ' ἐόντα
> Παῖδ' ἔτ' ἐγὼν ἐδίδασκον· ἰδ' ἀχάρις ἐς τί ποθέρπει.
> Θρέψαι καὶ λυκιδεῖς, θρέψαι κύνας, ὥς τυ φάγωντι.

Car comme j'ay dit, gentil barbouilleur de papier, qui m'as pris à partie, tu ne sçais rien en cet art que tu n'ayes apprins en lisant mes œuvres ou celles de mes compagnons, comme vray singe de nos escrits, qui par curiosité m'as leu et releu, noté par lieux communs, et observé comme ton maistre, qui m'as apprins par cœur, et ne jures en ta conscience que par la foy que tu me dois. Donques te cognoissant tel, je n'auray jamais peur que pour vouloir diffamer mon renom par tes muettes copies, epandues secrettement de main en main, tu t'acquieres ny faveur ny reputation, laquelle ne se gagne par injures ny pour faire accroire au papier ses particulieres passions, mais par beaux ouvrages remplis de pieté, de doctrine et de vertu. Or à fin de te faire cognoistre que tu es du tout novice en ce mestier, je ne veux commenter ta responce, en laquelle je m'asseure de te reprendre de mille fautes dont un petit enfant auroit des verges sur la main; car tu n'entens ny les rhymes, mesures, ny cesures. Ceux qui ont quelque jugement en la poësie, lisant ton œuvre, verront facilement si je parle par animosité, ou non.

Seulement pour monstrer ton asnerie, je prendray le sonnet que tu as mis au devant de ta responce qui se commence ainsi :

> Bien que jamais je n'ay beu dedans l'eau
> De la fontaine au Cheval consacrée,
> Ou imitant le citoyen d'Ascrée,
> Fermé les yeux sur un double coupeau...

Premierement tu m'as desrobé l'invention de ce sonnet et non de Perse. Le commencement du mien est tel :

> Je ne suis point, Muses, accoustumé
> De voir vos jeux sous la tarde serée ;
> Je n'ay point beu dedans l'onde sacrée,
> Fille du pied du Cheval emplumé.

Or sus espluchons ce beau quatrain. (*Dedans l'eau*) Tu devois dire, de l'eau de la fontaine, ou simplement, dedans l'eau, mais cela est peu de chose. (*Au cheval consacrée*) Pour un si sçavant homme que toy, qui t'estimes l'honneur des lettres, je m'esbahis comme tu as si sottement failly à la fable. La fontaine Hippocrene, dont tu parles, fut consacrée aux Muses et non au cheval Pegase, du pied duquel elle fut faite, et duquel elle retient le nom tant seulement, sans luy estre dediée. Voy Arat en ses Phenomenes :

> Οἱ δὲ νομῆες
> Πρῶτοι κεῖνο ποτὸν διεφήνισαν Ἱππουκρήνην.

Mais tu as dit cecy pour faire honneur au cheval de Bellerophon. (*Le citoyen d'Ascrée*) Tu devois dire, pour parler proprement, le villageois d'Ascrée; car citoyen se refere à cité, et Ascrée est un meschant village au pied d'Helicon, duquel Hesiode raconte l'incommodité.

> Νάσσατο δ' ἄγχ' Ἑλικῶνος ὀϊζυρῇ ἐνὶ κώμῃ,
> Ἀσκρῃ, χεῖμα κακῇ, θέρει ἀργαλέῃ, οὐδέποτ' ἐσθλῇ.

(*Fermé les yeux*) Tu faux encores à la fable. Hesiode ne dit pas qu'il ait dormy sur le mont d'Helicon pour devenir poëte : il dit tout le contraire, c'est qu'en faisant paistre ses aigneaux dessous Helicon les Muses luy enseignerent l'art de poëtiser.

> Αἵ νύ ποθ' Ἡσίοδον καλὴν ἐδίδαξαν ἀοιδὴν,
> Ἄρνας ποιμαίνονθ' Ἑλικῶνος ὑπὸ ζαθέοιο.

Venons à l'autre couplet :

> Bien qu'esloigné de ton sentier nouveau,
> Suivant la loy que tu as massacrée,
> Je n'ay suivy la Pleïade enyvrée
> Du doux poison de ton brave cerveau...

(*De ton sentier nouveau*) Je suis bien aise dequoy tu confesses que mon sentier est nouveau, et pour ce (puis qu'il te plaist) je pourray seurement dire :

> Avia Pieridum peragro loca, nullius antè
> Trita solo : juvat integros accedere fonteis.

Je ne reprens cecy pour faute, mais seulement pour te monstrer qu'en te voulant moquer tu as dit verité. (*Suivant la loy que tu as massacrée*) J'ay bien ouy dire, forcer, violer, et corrompre une loy, mais massacrer une loy, je n'en avois jamais ouy parler. Apprens, pauvre ignorant, à te corriger des fautes qu'un estranger ne voudroit faire en nostre langue. (*La Pleïade enyvrée*) Je n'avois jamais ouy dire, sinon à toy, que les estoilles s'enyvrassent, qui les veux accuser de ton propre péché. Ceux qui te cognoissent sçavent si je mens ou non. La colere que tu descharges sur les pauvres astres ne vient pas de là. Il me souvient d'avoir autrefois accomparé sept poëtes de mon temps à la splendeur des sept estoilles de la Pleïade, comme autrefois on avoit fait des sept excellens poëtes Grecs qui florissoient presque d'un mesme temps. Et pource que tu es extremement marry dequoy tu n'estois du nombre, tu as voulu injurier telle gentille troupe avecques moy. (*Du doux poison*) Tu trouveras ce mot de poison plus usité au genre fœminin qu'au masculin, mais tu ressembles aux Atheniens. C'est article avecques bon tesmoignage sera traitté plus amplement en ta vie et en celle de l'ignorant drogueur, que tu verras bien tost, de la main d'un excellent ouvrier. (*Brave cerveau*) Brave se refere plus tost aux habillemens qu'à l'esprit. Achevons les deux autres couplets :

> J'ay toutesfois une autre recompense ;
> Car l'Eternel, qui benist l'impuissance
> Mesme aux enfans qui sont dans le berceau,
> Veut par mes vers peut-estre rendre égale
> Ta grand' misere à celle de Bupale,
> Qui d'un licol a basty son tombeau.

(*Car l'Eternel*) Je m'esbahis comme tu parles de l'Eternel, veu que tu le cognoissois bien peu ce dernier esté ; mais cecy n'est pas un solœcisme, c'est un atheïsme. (*Ta grand' misere*) Tu devois dire colere, manie, forcenerie, ou autre chose semblable. Car Bupale ne fut pas miserable, si ce n'est comme on dit, *ab effectu*, mais il devint si furieux par les vers d'Hipponax, qu'à la fin il se pendit. (*Qui d'un licol*) Apprens à parler proprement ; tu devois dire en lieu de bastir un tombeau d'un licol, trama, fila, ourdit, ou autres choses plus propres à ton licol. Je te conseille de regarder une autre fois de plus prés à ce que tu feras, car sans mentir on peut dire de ton long ouvrage mal digeré :

Ασσυρίου ποταμοῖο μέγας ῥόος, ἀλλὰ τὰ πολλὰ
Λύματα γῆς, καὶ πολλὸν ἐφ' ὕδασι συρφετὸν ἕλκει.

Conclusion : puis que pour tes médisances le soleil ne laisse de me luire, ny la terre de me porter, les vents de me recréer, et l'eau de me donner plaisir ; que je n'en perds l'appetit ny le dormir, et que je ne suis moins dispos ny gaillard ; je proteste de ne m'en soucier jamais, ny te faire cest honneur de te respondre, ny à tes compagnons, qui comme toy se veulent avancer, blasmant les personnes dont l'honneur ne peut estre blessé par leur caquet injurieux. Si tu as envie de faire le charlatan avecques ton drogueur, tu le pourras faire, car vos reputations sont si obscures, qu'à peine sont-elles cognuës des palefreniers, et le vray moyen de les anoblir est de rebruler encores le temple d'Ephese ; ou si vous ne pouvez le faire, il faut pour vous avancer entre les meschans, comme vous, injurier l'honneur des hommes vertueux. Quant à moy, je seray tousjours bien aise de vous mettre en caprice et en cervelle et de vous faire crucifier vous-mesmes par une envie qui vous ronge le cœur, de me voir estimé des peuples estrangers, et de ceux de ma nation.

Or toy, candide et benevole lecteur, qui as pris la peine de lire le discours de ceste epistre, tu me pardonneras, s'il te plaist, si en lieu de te contenter je t'ay donné occasion de fascherie, et pour recompense je te supplie de revoir d'aussi bonne volonté ces œuvres non encores imprimées que de bon cœur je te les presente. Suppliant tres-humblement celuy qui tout peut, te donner tres-heureuse et tres-longue vie, et à moy la grace de le servir de tout mon cœur, et de voir les troubles de ce royaume bien tost appaisez, à fin que toutes sortes de bonnes lettres puissent florir sous le regne de nostre Roy Charles, duquel Dieu tout-puissant benisse la jeunesse, et auquel je souhaitte les ans d'Auguste, la paix et la felicité.

(1564.)

PRIERE A DIEU

POUR LA VICTOIRE. [1]

Donne, Seigneur, que nostre ennemy vienne
Mesurer mort les rives de la Vienne ;
Et que sanglant de mille coups persé,
Dessur la poudre il tombe renversé,

1. Le camp de Monseigneur d'Anjou, depuis Roy Henry III, et celuy des Princes, conduit par l'Admiral de Coligny, se preparans à la bataille és plaines de Montcontour.

Auprés des siens, au milieu de la guerre,
Et de ses dents morde la dure terre.
Plat estendu comme un pin esbranché,
Qu'un charpentier de travers a couché
Au prochain bord, où son fer le decouppe,
Pour le tourner en forme d'une pouppe,
Ou de charrue, afin que l'un des deux
Aille voguer par les chemins venteux,
Que la tormente et la mort accompagne,
Et l'autre fende une large campagne.
Au pin tombé soit pareil l'ennemy,
Sans bras, sans teste, amoncelé parmy
Le plus espais d'un charogneux carnage,
Ayant pour tombe un sablonneux rivage. (*a*)

  Donne, Seigneur, que l'avare Germain,
Ces reistres fiers puissent sentir la main
Du jeune Duc (¹), si qu'une mort cruelle
Face qu'un seul n'en conte la nouvelle
En ce pays que le Rhin va lavant ;
Et que leur nom se perde en nostre vent,
Et qu'à jamais leur morte renommée
S'esvanouisse ainsi qu'une fumée,
Et que leurs corps accablez de cent coups
Soyent le disner des corbeaux et des loups.
  Ô Tout-Puissant, donne que nostre Prince,
Sans compagnon maistrise sa province ;
Et que pompeux de brave majesté,
Entre à Paris en triomphe porté,

---

a. Var. :

Ou d'une roue, à fin de mesurer
L'un l'Ocean, l'autre aille labourer ;
Des ennemis soit pareil le carnage,
Tranchez aux bords d'un sablonneux rivage.

1. Du Duc d'Anjou, n'ayant lors gueres que dix-sept à dix-huict ans.

Et que sans grace et sans misericorde
Traine lié l'ennemy d'une corde,
Bien loin derriere à son char attaché;
Punition de son grave peché,
D'avoir osé d'une vaine entreprise
Forcer le ciel, nostre Prince et l'Eglise
Que Dieu bastit d'un fondement tres-seur :
Aussi son bras en est le defenseur.
 Donne, Seigneur, que la chance incertaine
Ne tombe point sur nos champs de Touraine, (¹)
Que nos raisins, nos bleds et nos vergers
Aux laboureurs ne soyent point mensongers,
Trompans les mains de la jeunesse blonde
Que le Danube abbreuve de son onde,
Et les nourrit superbes et felons
Comme les fils des oursaux Aquilons,
Qui vont soufflant à leurs fieres venues
Loin devant eux les legions des nues,
Comme ceux-cy soufflent en nostre sein
Un camp armé de pestes et de fain.
 Donne, Seigneur, que l'infidele armée
Soit par soy-mesme en son sang consumée;
Qu'elle se puisse elle-mesme tuer.
Ou bien du ciel qu'il te plaise ruer
Ton feu sur elle, et que toute elle meure,
Si que d'un seul la trace ne demeure;
Comme il advint dedans le champ de Mars,
Quand la moisson Colchide de soudars
Nasquit de terre, en armes herissée,
Que mesme jour vit naistre et trespassée.
O Seigneur Dieu, ma priere adviendra.
Ta gauche main son Egide prendra,
Le fer ta dextre, ains que Phebus s'abaisse
Tout haletant au sein de son hostesse.
 Ou bien, Seigneur, si l'ennemy poursuit

---

1. D'autant que l'autheur avoit le prieuré Sainct Cosme
lez Tours; car il estoit Vendosmois, et non de Touraine.

Tant le combat qu'on le veinque de nuit, (¹)
L'aube vermeille au large sein d'yvoyre
Puisse en naissant annoncer la victoire;
Et moy, qui suis le moindre des François,
D'estomac foible, et de petite vois,
Je chanteray de ce Duc la louange;
Afin, Seigneur, que toute terre estrange
Craigne la France, et ne passe son bord;
Ou, le passant, le prix en soit la mort.
   Vivent, Seigneur, nos terres fortunées,
A qui tu as tes fleurs de lys données ! (²)
Vive ce Roy, et vivent ses guerriers,
Qui de Poictiers remportent les lauriers, (³)
Lauriers gaignez, non selon la coustume
Des courtisans, par l'ocieuse plume,
Le lict, l'amour; mais bien par la vertu,
Soin et travail, par un rampart battu
Et rebattu de ces foudres humaines,
Par veille et faim, par soucis et par peines;
Et qui nous ont par leur sang acheté
D'un cœur hardy la douce liberté.
   Borne le cœur, l'entreprise et l'audace
Des ennemis, qu'une si foible place
A fait froisser, briser et trebucher, (⁴)

---

1. Pour ce que l'Admiral, à fin de prendre l'advantage du pays et du lieu, partit de nuict pour se loger à Montcontour; et depuis eurent le mesme dessein pour gaigner Ervaux.

2. Je pense que nous avons parlé cy-devant comme les fleurs de lys furent données par l'ange à Clovis, Roy de France, au lieu de trois crapaux, prés Sainct Barthelemy, où maintenant est l'abbaye de Joyenval, non gueres loing de Sainct Germain en Laye.

3. Messeigneurs Henry de Lorraine, Duc de Guise dernier mort, et Charles de Lorraine, premier Duc de Mayenne, qui soustindrent le siege de Poictiers contre l'Admiral de Coligny, l'un n'ayant que dix-sept ans, et l'autre quatorze.

4. Poictiers, forte de braves gens de guerre. Maxime de

Comme une nef se rompt contre un rocher,
Qui retournoit de Carpathe ou d'Egée,
Joyeuse au port de lingots d'or chargée ;
Mais en voulant dedans le havre entrer,
Par un destin elle vient rencontrer
Un roc sous mer qui la froisse au rivage,
Perdant son bien, que la mer et l'orage
N'avoient sceu rompre ; ainsi cet admiral (¹)
Ayant passé maint peril et maint mal, (²)
Perte de gens et perte de muraille, (³)
Une premiere et seconde bataille, (⁴)
S'est venu rompre en cent mille quartiers
Contre les murs debiles de Poictiers.
Là ses cheveux qui par l'age grisonnent,
Donnerent place aux Princes, qui cotonnent
D'un jeune poil leurs mentons (⁵), et qui ont
Dés le berceau les lauriers sur le front. (⁶)

    Cœurs genereux, hostes d'une belle ame,
On dit bien vray : Fortune est une femme,
Qui aime mieux les jeunes que les vieux !
Les jeunes sont tousjours victorieux,
Tousjours le chaut surmonte la froidure ;
Du gay printemps plaisante est la verdure,
Et le soleil en naissant est plus beau
Que le couchant qui se panche au tombeau.

François Duc de Guise, recitée par La Nouë : que c'est une faute signalée d'attaquer une grande place bien fournie, quand on poursuivoit un bien plus advantageux et plus grand. Et de fait cela redonna le temps à l'armée royale, à demy deffaite par les incommoditez et fatigues, de se remettre.

1. Coligny.
2. Sous les Rois François Ier et Henry II tres-fidellement et vaillamment.
3. Au siege de Sainct Quentin, battu par Philippes II, Roy d'Espagne.
4. Dreux et Jarnac, autrement Jazeneuil, contre les Rois.
5. Les deux jeunes freres de Guise.
6. Tenans de leur pere et de leur grand-pere.

Donne, Seigneur, que ceste barbe tendre
Puisse à la grise une vergongne rendre (¹),
Et qu'au seul bruit de ce grand Duc d'Anjou
Les ennemis ployent dessous le jou;
Imitateur de l'esprit de son frere, (²)
Imitateur des vertus de son pere, (³)
Imitateur de ces Ducs Angevins, (⁴)
Princes guerriers, qui hautains et divins,
N'estimans point les petites conquestes,
Jusques au ciel ont eslevé les testes,
Et mesprisans la mer et les dangers,
Terres, travaux, et peuples estrangers,
Conquirent seuls, d'une force asseurée,
Tyr et Sidon, Nicée et Cesarée,
Et la cité où Jesus autresfois
Pour nos péchez ensanglanta sa croix.
Donne, Seigneur, que mon souhait avienne,
Que l'ennemy aux rives de la Senne
Tombe sanglant de mille coups persé,
Dessur la poudre en son long renversé
Auprés des siens, au milieu de la guerre;
Et de ses dents morde la dure terre,
Comme insensé de voir tous ses desseins
Ainsi que vent eschapper de ses mains.

(1578.)

1. Monseigneur à l'Admiral.
2. De Charles de Valois, Roy de France.
3. De Henry II.
4. L'un frere de sainct Louys et Roy de Sicile, nommé Charles, qui fut à la Terre Saincte; et l'autre fils du Roy Jean, nommé Louys, Roy de Sicile.

L'HYDRE DESFAICT, (¹)

OU

LOUANGE DE MONSEIGNEUR LE DUC D'ANJOU,

Frere du Roy, à present Roy de France.

Il me faudroit une aimaintine main,
Une voix forte, une plume d'airain,
Si je voulois par une digne histoire
De ce grand Duc escrire la victoire,
Et les vertus qui demy-Dieu le font,
Et les lauriers qu'il s'est mis sur le front,
Le nourrisson de Fortune prospere,
Fils d'un monarque, et d'un monarque frere,
Qui par prouesse un jour doit acquerir
Un autre sceptre avant que de mourir. (²)
C'est ce Henry (second honneur de France)
Fils de Henry, que Mars dés son enfance
Comme sa race en son giron nourrit,
Et le mestier des armes luy apprit;
Et couronnant cet enfant de lierre,
Dés le berceau le fit naistre à la guerre.
   Ainsi jadis le grand Saturnien
Fut alaitté dans l'antre Dictyen
Entre le bruit des boucliers et des armes;
Ainsi jadis ces deux fameux gendarmes

---

1. La bataille de Montcontour eut lieu le 3 octobre 1569.
2. Voyci comme Dieu met l'aiguillon de prophetie en l'ame des poëtes, et comme Horace ne parloit en vain quand il le publioit; car il ne fut point de mention que fort long temps aprés de la couronne de Pologne qui fut donnée à ce jeune et vaillant Prince en 1573.

Jason, Achille, enfançons de Chiron,
Furent nourris en son docte giron,
Qui aux combats sans crainte se pousserent,
Et de bien loin leur pere surpasserent.

   Ainsi ce Prince en la guerre nourry
Passe les faicts de son pere Henry.
Il est certain que du bout de sa lance
Henry borna plus outre nostre France,
Et sur le Rhin planta les fleurs de lys;
Mais ses subjects de cœur estoient unis,
Et sans discord, chacun en son office,
A ce bon Roy faisoient humble service.
Ce Duc guerrier a trouvé les François
Tous divisez de vouloir et de lois,
Qui forcenez saccageoient leur province,
Faisant sonner le fer contre leur Prince :
Tant peut un peuple aux armes eshonté,
Quand la fureur le devoir a donté!

   Luy, conseillé d'une jeune prudence,
Des partiaux a froissé l'impudence,
Et par le fer planté comme veinqueur
L'obéissance et la honte en leur cœur.

   O vaillant Duc, ainsi la fiere audace
De Hannibal par les armes fit place
A Scipion, jeune prince Romain,
Laissant tomber Carthage de sa main.

   Mais à qui dois-je égaler la jeunesse
De ce Henry, sinon à la prouesse
Du jeune Pyrrhe, enfant Achillien,
Foudre et terreur du mur Dardanien?
Tous deux yssus d'une race royale,
Tous deux ornez d'une ame liberale;
Jeunes tous deux, et de qui le menton
Estoit à peine encrespé de cotton,
Blonde toison qui sort pour le message
Que l'homme vient en la fleur de son âge;
Tous deux guerriers amoureux et courtois,
L'un l'heur de Grece, et l'autre des François?

L'un, quand la Grece estoit toute troublée,
Venant à Troye accorda l'assemblée,
Donna l'assaut, vainquit son ennemy,
Et le fit choir ammoncelé parmy
Les durs cailloux tombez de ses murailles,
Et seul mit fin à dix ans de batailles,
Et d'un tour d'œil parachever il sceut
Ce que son pere en dix hyvers ne peut.
   Nostre Duc vint, quand la France estonnée
De factions, de troubles, et menée
Sans frein, sans bride, erroit à son plaisir,
(Voulant pour loy la liberté choisir)
De gros bouillons s'eslevoit toute enflée,
Comme la mer des aquilons soufflée
Contre un navire, et lors perdant son art
Le pilot' laisse aller tout au hazard.
   Ainsi ce Duc s'apparut à nos peines.
Nos vieux soldars et nos vieux capitaines
Estoient perdus [1], et ne restoit sinon
Des vieux Gaulois que l'ombre et que le nom.
Il s'eschauffa d'une ame non commune,
Il entreprit de forcer la fortune,
Et au danger surmonter le destin,
Et le projet que l'envieux mutin
Se proposoit par belle couverture.
Et pour son frere [2] essaya l'aventure.
   On dit qu'Alcide en vivant acheva
Treize labeurs; celuy qui controuva
Tant de travaux mis à fin par Hercule,
Estoit menteur et de creance nulle;
Il suffit bien qu'un homme en son vivant

---

1. Bien empeschez, au bout de leur roollet. Or l'autheur veut dire qu'ils estoient morts, comme le Duc de Guise, le Connestable de Montmorency, le Mareschal de Sainct André, les uns dans les combats, et les autres de sang froid et par trahison.
2. Le Roy Charles..

Aille sans plus une guerre achevant.
Or ce Henry a fait chose impossible,
Tuant un hydre au combat invincible;
Et seul de tous par armes a desfait
Ainsi qu'Hercule un serpent contrefait,
Aux yeux ardans, à la gueule escumeuse,
A la poictrine infecte et venimeuse,
Qui d'un seul col trois testes esbranloit;
Et seulement sept arpens ne fouloit
Dessous sa panse horrible et Stygienne;
Mais se roulant par toute la Guyenne,
Sa noire queue à la Rochelle (¹) avoit,
Et ses trois chefs en Vienne abbreuvoit;
Monstre cruel, qui de sa seule haleine
Corrompoit l'air, les fleuves et la plaine.
Dedans sa griffe Angoulesme (²) empietoit;

1. Ville de Saintonge, que l'on peut dire estre la mesme chose au royaume de France que Geneve en la duché de Savoye. Son pays est nommé le comté d'Aunis, lequel est moins large que long; il se borne du Poictou vers l'orient et vers le septentrion, vers le midy d'une partie du Saintonge, et vers le couchant de la mer Oceane. La Rochelle est sur un bras de mer, ayant deux fois le jour le flus et son reflus; de tous endroicts elle est presque environnée de marests, et le pays qui la voisine est fertile à bon escient. Elle eut de beaux privileges de Charles VIII, Roy de France, dont elle a voulu tousjours s'ayder pour coulorer une rebellion d'heresie envers ses Roys jusqu'à maintenant, qu'elle attend les armes justes et le comble des heureuses victoires du Roy Louys XIII pour chastier son infidélité. Nos Roys l'ont fait bastir depuis sept cents ans, pour resister aux brigands de mer. Les anciens la nommoient le Promontoire des Saintongeois, *Santonum portus*. Si je m'estends beaucoup à son adveu, c'est bien la raison, puis qu'elle fait tant parler d'elle.

2. Ville fort ancienne, capitale d'Angoumois en Saintonge, assise en un lieu tres-fort et relevé, qui paroist comme l'angle d'une campagne estendue entre deux rivieres, dont l'une est la Charante, où les Huguenots payerent l'escot et les pots cassez à la bataille de Montcontour.

Son estomac en rampant se portoit
Dessus Niort, et sa large poictrine
Fouloit par tout la terre Poitevine.
 Nul, tant fust preux, assaillir ne l'osa;
Ce jeune Duc hazardeux s'opposa
Seul à l'effroy d'une si fiere beste;
Et luy coupa prés Lymoge une teste, (¹)
Qui se mouvoit conduicte par Mouvant. (²)
 De son gosier elle souffloit au vent
Flame sur flame en salpestre allumée,
Chaude de braize et d'obscure fumée,
Et embrazoit tous les champs d'alentour.
 Mais ce bon Prince ennemy de sejour,
Sans craindre chaud, ny gresle, ny gelée
D'espesse pluye et de neiges meslée,
Ny les mois froids où le soleil ne vit,
En mesprisant l'hyver le poursuivit,
Si vivement qu'à la fin il rencontre
Encore un coup les testes de ce monstre.
 Auprés Jarnac (³) ce Henry luy couppa
Un autre chef, mais l'hydre le trompa;
Car prenant vie et vigueur de sa playe,
Plus que devant le combat il essaye;

---

1. Quand Louys de Bourbon, Duc de Montpensier, un des bons et zelez Princes de la terre, y mit en pieces les regimens de Pierre-Gourde et Mouvans, qu'ils menoient au secours de l'Huguenot. — Quant à Lymoges, c'est la premiere ville du Lymosin, tres-ancienne et tres-fameuse, assise partie sur un valon, partie au faiste d'une colline; elle est prés la Vienne, et porte son nom d'un nommé Lemovix, de la succession des enfans de Noé.
2. Le Vicomte de Mouvans.
3. Ville de Saintonge, d'où la bataille qui fut donnée en ce lieu (1569) prit son nom; d'autres nomment laditte bataille Jaseneuil, d'autres Bassac, des lieux prochains. L'autheur prend icy l'une des testes de l'hydre pour le corps de l'armée entierement, et non d'aucun chef particulier, de mesme qu'il fait à la bataille de Montcontour.

Et d'un seul chef qui de trois demeura,
Du premier coup Lusignan devora; (¹)
Puis renforcé de force et de courage,
Se renouant nœud sur nœud d'avantage,
En se cachant par deux mois tous entiers
Dans un marest, voulut manger Poictiers. (²)
Mais pour neant il jettoit sa menace;
Car ce grand Duc luy fit quitter la place,
Et l'attirant par la plaine au combat,
De ces trois chefs le dernier luy abat.
  Or pour neant il se met en defense,
N'ayant plus rien que la queue et la panse,
Qui se recherche, et tasche à rassembler
Son corps tranché qui ne fait que trembler.
Au dernier coup que sa teste couppée
Baigna le champ sous l'Angevine espée, (³)
Il s'escria d'un sifflement si haut,
Que Moncontour (⁴), Sainct Jouyn, et Arvaut (⁵)
En ont tremblé, et la riviere Dive (⁶)
Toute effroyée en trembla dans sa rive.

1. Que l'Admiral de Coligny reduisit à soy quelque temps de là. C'est une ville à cinq lieues de Poictiers, dans laquelle est un chasteau fort que Melusine fit bastir anciennement.
2. Il ne la mangea pas, d'autant que Messieurs de Guise la defendirent. L'autheur dit que l'hydre se logea deux mois entiers dans un marest, pour ce que vers l'eglise de Sainct Hilaire de Poictiers, au bas de la montagne, jusqu'à Sainct Ladre, où faut la riviere, un grand et large marest s'estend, nommé l'estang Sainct Hilaire, où plus de sept sepmaines le camp de l'Admiral de Coligny demeura, tenant le siege.
3. Du Roy Henry III, alors duc d'Anjou.
4. Lieu renommé pour la bataille que ledit Roy, Duc d'Anjou, gaigna dans la plaine de Cron, demi-lieue de là, contre les Huguenots conduits par l'Admiral Coligny. Moncontour est un lieu sur les confins de Poictou, vers la haute Bretaigne, qui fait separation de l'Anjou et dudict Poictou.
5. Hervaut, ou Hervaux, à deux lieues de là; petite ville d'autour, comme Sainct Jouin.
6. C'est une riviere du mesme quartier.

DISCOURS.

Son corps perclus, sinueux et rampant,
En se virant arpent dessus arpent
Pour se sauver, tout fardé de cautelle,
Vif en sa mort regaigna la Rochelle,
Où par vergongne il cache sa douleur
Sous un semblant de ne craindre un malheur.
   Courage Prince, il faut l'œuvre parfaire,
Il faut tuer le corps de l'adversaire,
Sans le laisser par tronçons rechercher;
Il faut, mon Duc, la despouille attacher
Toute sanglante au dessus de la porte
Du temple sainct, dont les pierres je porte,
Que Calliope ourdit de son marteau (1)
Non gueres loin où Loire de son eau
Baigne de Tours ses rives solitaires, (2)
Et sera dit *le Temple des deux freres*.
Ainsi Castor et Pollux n'estans qu'un,
N'avoient aussi qu'un mesme autel commun;
Ainsi Phœbus, en la barbe où vous estes,
Occit Python de ses jeunes sagettes,
Et appendit pour spectacle immortel
La beste entiere au haut de son autel :
Car la moitié n'est jamais honorable;
Tousjours le tout aux Dieux est agreable;
Et rien ne sert de combatre à demy,
Il faut du tout vaincre son ennemy.
   Les Deliens au retour de l'année

---

1. J'entens icy nos hardis repreneurs qui diront avec suffisance que l'on n'ourdit pas avec le marteau, sans juger qu'il est bien permis aux grands poëtes, comme l'autheur, d'user de quelque licence. Que donc ces legeres testes demeurent coyes, sinon je leur promets estre le second d'un qui n'a point de second, et tel envers eux tous, egalement, comme Alcide envers les Pygmées, s'ils en meritent l'honneur et la faveur.
2. A Sainct Cosme lez Tours, prieuré situé dans une isle, appartenant à l'autheur (et dans lequel il gist), autant plaisant lieu qu'il s'en voye.

Devant le temple à la feste ordonnée
Tournoient le bal, chantans tous d'une voix,
Comme Apollon tira de son carquois
Les premiers traits, et d'ardente secousse
Fit du serpent toute la terre rousse.
Et je diray comme nostre Apollin,
Ce jeune Duc, ce François Herculin,
Esleu de tous capitaine publique,
Coupa les chefs au serpent Hugnotique,
Lequel avoit ce royaume embrasé,
Fouillé les morts, sacrilege, brisé
Les temples saincts, honny nos bons images,
Et d'un beau nom couvert ses brigandages.
   Devant le temple à vous, freres, sacré,
Soit en la plaine ou au milieu d'un pré,
Me souvenant de vos belles conquestes,
Feray des jeux et chomeray vos festes.
   De maintes fleurs un chapeau je pli'ray
Dessus mon front, ma bouche j'empliray
De vin d'Anjou gaillardement mouillée,
Et dés la nuict d'estoilles habillée
Jusques au jour je diray vos honneurs,
Freres divins, nos Hercules sauveurs,
Vous invoquant qui fustes dés enfance
Les freres-dieux tutelaires de France.

(1578.)

LES
ELEMENS ENNEMIS DE L'HYDRE.

Non seulement les hommes ont fait teste
A ceste horrible abominable beste,
A ce serpent qui de grandeur eust bien
Esté la peur du bras Thirynthien.
Mais l'air glueux d'une espaisse gelée
Et d'une neige en la pluye meslée,
Et d'un long froid de glaces renfermé,
S'est contre luy cruellement armé.
 La terre mere à la grasse mammelle,
Qui porte tout, portant en despit d'elle
Dessus son dos un peuple si troublé,
Nia son vin, ses pommes et son blé,
Et de ses fils detestant la misere,
Devint marastre en lieu de bonne mere,
Et maudissoit nostre siecle rouillé,
Siecle de fer, de meurtre tout souillé,
Tout detraqué de mœurs et de bien vivre,
Un siecle, non, ny de fer ny de cuivre,
Mais de bourbier, en vices nompareil,
Que malgré luy regarde le soleil.
 Le ciel couvé de flames corrompues
Et de vapeurs croupissantes és nues,
Nous empesta de fièvres qui nous font
Venir le froid et la chaleur au front;
Puis le catharre et les hydropisies,
Langueurs, palleurs, pestes et frenaisies,
A gueule ouverte erroient ainsi qu'un ours;
Signes que Dieu se faschoit contre nous,
Ayant horreur d'une si longue guerre; (¹)

1. Le siege de Poictiers, qui dura deux mois.

Ses mauvais traits versa dessus la terre
Pour estouffer par l'excés d'un esté (¹)
Ce vieil Python de Megere allaitté,
Qui d'un grand ply couvoit dessous sa pance
Flamans, Anglois, Allemans (²) et la France,
Et de son laict les nourrissant, faisoit
Que leur païs et Dieu leur desplaisoit.
   Que dirons-nous des flots de nostre Loire,
Qui affectant sa part en la victoire,
En l'air moiteux ses vagues envoya,
Et prés Saumur ses ennemis noya,
Pour ne souffrir qu'une gent si maline
Contre son gré luy foulast la poitrine?
Se desbordant par six mois, il osa
Tant s'eslever, qu'au monstre s'opposa,
Le menaçant de sa corne venteuse.
Lors le serpent d'une frayeur douteuse,
Voyant le fleuve, et craignant ses abois,
N'osa tenter au combat Achelois,
Nostre bon Loire, invincible défence
De nostre armée, et de toute la France.
   Donc si les Rois et tous les elemens
Se sont monstrez ennemis vehemens
De ce Python, il faut que la nature,
Les elemens et toute creature
Soient desniez à ce monstre nouveau ;
L'air, et le feu, toute la terre, et l'eau,
Qui, monstre fier, les denioit aux hommes.
Il ne faut point, terre, que tu consommes

---

1. Les dysenteries et les autres maladies qui ruinerent les assiegeans, par une chaleur extreme, furent telles que l'Admiral, le Comte de la Roche-Foucaut, d'Acier, colonnel de l'infanterie huguenotte, Briquemaud, Beauvais la Nocle et son frere y furent aux abbois, et le fils dudit la Nocle y mourut, avec une infinité d'autres, qui n'eurent par ce moyen l'honneur d'estre, pour revanche de leur siege, estrillez à Moncontour.

2. Le camp rebelle estoit composé de telles nations.

Si mauvais corps, qui trenchoit en tout lieu
Oreilles, nez, aux ministres de Dieu,
Sans s'esmouvoir de passion humaine;
Ains tout enflé d'une arrogance vaine,
Les honnissoit d'injures et de coups.
Pource il doit estre ou pasture des loups,
Ou des corbeaux, ou des chiens solitaires,
Qui renversa temples et cimetaires.
    Or luy, voyant qu'il n'y avoit lieu saint
Pour l'enterrer, luy-mesmes s'est contraint
De s'enfuir, et prolongeant ses peines
D'aller choisir les isles de Maraines ([1]),
Son vray sepulchre, afin que tous les flots
Loin de la France en respandent les os
Semez au vent, et que de son histoire
Ne soit jamais ny livre ny memoire.
                               (1578.)

1. Isles situées prés de la Rochelle, malheureuse ville, que nous devons bien nommer en style de Petrarque :

> Fontana di dolore, albergo d'ira,
> Schola d'errori, e tempio d'heresia.

FIN DES DISCOURS.

LES
EPITAPHES
DE DIVERS SUJETS

DE

P. DE RONSARD
Gentilhomme Vendomois.

Le derrenier honneur qu'on doit à l'homme mort,
C'est l'epitaphe escrit tout à l'entour du bord
Du tombeau pour memoire. On dit que Simonide
En fut premier autheur. Or, si le sens preside
Encor aux trespassez comme il faisoit icy,
Tel bien memoratif allege leur soucy,
Et se plaisent de lire en si petit espace
Leurs noms et leurs surnoms, leurs villes et leur race.

———

LES
EPITAPHES
DE DIVERS SUJETS
DE
P. DE RONSARD
Gentilhomme Vendomois.

A TRES-ILLUSTRE
ET VERTUEUX PRINCE CHARLES,
Cardinal de Lorraine.

SUR LE CŒUR
DU FEU ROY TRES-CHRESTIEN HENRY II. ([1])

Par une Royne où sont toutes les graces
Trois Graces sont mises dessous ce cœur,
Cœur d'un grand Prince, invincible vainqueur,
Qui fut l'honneur des vertus et des Graces.

1. Il n'y a pas à douter que ces vers aient été composés au sujet du groupe des trois Grâces, ou plutôt des *Trois Vertus*, qui soutiennent sur leurs têtes le vase où fut déposé le cœur de Henry II. Ce marbre, sculpté par Germain Pilon, et l'éternel honneur de l'art français au XVIe siècle, est au Musée du Louvre. Il doit peut-être au sonnet de Ronsard son impropre appellation des Trois Grâces.

Toy qui les faits de ce Henry embrasses,
Ne t'esbahis, admirant sa grandeur,
Qu'un peu d'espace en si peu de rondeur
Enserre un cœur qui conquit tant de places.

Pour un grand cœur falloit grand' place aussi ;
Mais l'ombre en est tant seulement icy ;
Car de ce Roy l'espouse Catherine,
En lieu de marbre Attique ou Parien,
Prenant ce cœur, le mit en sa poitrine,
Et pour tombeau le garde auprés du sien.

(1564.)

LE TOMBEAU

DU FEU ROY TRES-CHRESTIEN CHARLES IX,

Prince tres-debonnaire, tres-vertueux et tres-eloquent. (1)

Doncque entre les souspirs, les sanglots et la rage,
La voix entre-coupée a trouvé le passage !
Doncques l'aspre douleur qui forçoit le vouloir,
A permis que je peusse en ces vers me douloir !
Et que le serviteur, pour son malheur accroistre,
Fist en pleurs et en deuil l'obseque de son maistre. (a)

Hà ! Charles, tu es mort, et maugré moy je vy !
Je souspire en mon cœur que je ne t'ay suivy,
Comme les plus loyaux suivoient les Roys de Perse.

O malice des cieux ! ô Fortune perverse !
Atropos est trop lente à couper mon fuseau ;
Douleur, tu me devois occire à son tombeau !

a. Var. :

Et que le serviteur, que le malheur vit naistre,
Chantast en souspirant l'obseque de son maistre !

1. A Paris, F. Morel, s. d., in-4º de 16 pages.

Dormez en doux repos sous vos tombes poudreuses,
Vous Auchi, vous La Tour, ames tres-genereuses,
Qui n'avez peu souffrir ce honteux deshonneur
De vivre aprés la mort du Roy vostre seigneur !
　　Ny la religion sainctement observée,
Qu'il avoit dés Clovis en la France trouvée,
Ny sa douce eloquence et sa force de Mars,
Son esprit, magazin de toutes sortes d'arts,
Ny l'amour de vertu, ny son âge premiere
Qui commençoit encore à gouster la lumiere,
Ny les cris des François, ny les vœux maternels,
Ny les pleurs de sa femme au milieu des autels,
N'ont sceu flechir la mort que sa fiere rudesse
N'ait tranché sans pitié le fil de sa jeunesse.
　　Les Dieux tous vergongneux du malheur advenu,
Et de n'avoir le coup de la mort retenu,
Ont quitté leurs maisons et leurs demeures vaines,
Comme indignes du soin des affaires humaines.
　　Je faux, c'est ce grand Dieu, ce monarque des Dieux,
Qui l'a ravy d'icy, pour honorer les cieux,
Pour en faire une estoille aux rayons chevelue,
Telle qu'en son vivant elle estoit apparue.
　　Aussi bien, ô Destin ! la France n'estoit pas
Ny digne de l'avoir, ny de porter ses pas ;
La France à son bon Prince une marastre terre,
Où depuis la mammelle il n'a vescu qu'en guerre,
Qu'en civiles fureurs, qu'au milieu des traisons.
　　Il a veu de Jesus abbatre les maisons,
Prophaner les autels, les messes sans usage,
Et la religion n'estre qu'un brigandage ;
Toutefois au besoin sa vertu n'a failly.
Il se vit au berceau des serpens assailly
Comme un jeune Herculin, dont il rompit la force ;
Puis quand la tendre barbe au menton se renforce,
Que l'âge et la vertu s'accroissent par le temps,
Il se vit assailly des superbes Titans,
Qui combattoient ce Prince en ses propres entrailles,
Qu'à la fin il vainquit par quatre grand's batailles.

Il eut le cœur si ferme et si digne d'un Roy,
Que combatant pour Dieu, pour l'Eglise et la foy,
Pour autels, pour foyers, contre les heretiques,
Et rompant par conseil leurs secrettes pratiques,
Telle langueur extreme en son corps il en prist,
Qu'il mourut en sa fleur, martyr de Jesus-Christ!
 Mais s'il faut raconter tant de choses diverses,
Tant de cas monstrueux, tant de longues traverses
Que le sort luy brassoit, demeurant invaincu,
Bien qu'il meure en jeunesse, il a beaucoup vescu.
 Si sa royauté fut de peu d'âge suivie,
L'âge ne sert de rien, les gestes font la vie.
Alexandre à trente ans vesquit plus que ne font
Ceux qui ont la vieillesse et les rides au front.
Peu nous servent des ans les courses retournées ;
Les vertus nous font l'âge, et non pas les années. (¹)
 Or je reviens à toy, Parque, qui n'as point d'yeux,
La fille de la Nuict et du lac Stygieux,
Qui seule sans mercy, te plais à nous desplaire.
Tu devrois seulement tuer le populaire,
Grosse race de terre, et non celle des Rois ;
Tu devrois pardonner à ce sang de Valois.
 Ou s'il est arresté que tout le monde passe,
Tu devrois pour le moins leur donner plus d'espace,
Et leur prester loisir, par un meilleur destin,
D'achever doucement leurs cours jusqu'à la fin,
Sans couper leur moisson avant qu'elle soit meure.
Mais contre ta rigueur personne ne s'asseure.
Ainsi les fleurs d'avril par l'orage du temps,
Meurent dedans la prée au milieu du printemps.
 A peine se fermoit le tombeau de son pere,
A peine se fermoit la tombe de son frere,
Que voy-la-ci r'ouverte, helas, pour l'enterrer,
Et sous mesme cercueil l'esperance enserrer
De ses loyaux subjets, qui d'une ardente envie

---

1. Corneille semble s'être souvenu de ce vers quand il a dit :
    La vertu n'attend pas le nombre des années.

Luy avoient consacré le service et la vie.
Ainsi en mesme place, avant que le coup soit
Repris et ressoudé, l'autre coup se reçoit.
  Ah! trois et quatre fois malheureuse Vincenes!
Bois, chasteau mal-heureux, coulpable de nos peines!
En toy ce jeune Prince a fermé ses beaux yeux,
Dignes de voir tousjours la lumiere des cieux;
Il a fermé sa bouche où sourdoit l'abondance
D'un parler plus qu'humain emmiellé d'eloquence;
Bref, où Charles est mort, qui n'a laissé sinon
Dedans le cœur des siens qu'un regret de son nom.
  Les chouans, les corbeaux de sinistre presage
Volent tousjours sur toy; ta court et ton bocage
Soient tousjours sans verdeur, et d'un horrible effroy
Le silence eternel loge tousjours chez toy!
  Dirons-nous les vertus de ce vertueux Prince,
Et l'amour qu'il portoit à toute sa province?
Sa vie qui servoit à son peuple de loy?
Sa debonnaireté, sa croyance et sa foy?
Son cœur contre son âge invaincu par le vice,
Ennemy des meschans, le support de justice,
Les armes et les arts à l'égal cherissant,
Et sur tout à sa mere enfant obéissant?
  Dirons-nous de ce Roy les desseins heroïques,
Et son experience aux mestiers mecaniques? (*a*)
Dirons-nous son esprit ingenieux et prompt,
Et que plus il cachoit qu'il ne monstroit au front?
Dirons-nous sa douceur à nulle autre seconde?
Sujet qui lasseroit une plume feconde,
Tant il estoit de grace et d'honneur revestu.
  Une telle moisson abondante en vertu
Se perdoit sans profit à l'oubli dispersée,
Si la Muse ne l'eust quelque peu ramassée; (¹)

  a. Var. (1578):
Et son experience aux mestiers politiques?

  1. Il entend ceux qui ont escrit de la mort du feu Roy.
(Note de l'édit. originale.)

Ainsi qu'un laboureur aprés qu'il voit, helas!
Ses espics par l'orage atterrez contre bas,
Souspirant son malheur tout le champ il ratelle,
Et en lieu d'un grand nombre amasse une javelle,
Et toutesfois ce peu en vaut un million,
Qui par l'ongle nous fait cognoistre le lion.
 Charles, escoute-moy; si le tombeau qui serre
Tes os, n'empesche point de m'ouyr sous la terre!
O trois fois grand esprit, heureux entre les Dieux,
Estoille des François, tu dois estre joyeux
D'avoir payé ta debte au giron de ta mere,
Et de n'estre couvert d'une terre estrangere!
 Tu es mort en ton lict, entre les bras des tiens;
Tu es mort desdaignant les sceptres terriens,
Aspirant tout à Dieu, de fait et de pensée;
Un regret te blessoit, c'est de n'avoir laissée
Ta province en repos, que les Dieux dépitez
Tourmentent si long-temps pour nos iniquitez.
 Icy pleuroit ta mere, icy pleuroit ta femme,
Qui tristes ramassoient le reste de ton ame
Errant dessus ta bouche, et les yeux te fermoient,
Te regardoient passer, et à longs traicts humoient
Ta vie et ton esprit maugré la mort voisine,
Pour, en lieu d'un tombeau, les mettre en leur poitrine.
 Et si la saincte loy des chrestiens l'eust permis,
De larmes tout mouillez coupez ils eussent mis
Leurs cheveux entournez d'odorante verdure,
De myrte, et de laurier, dedans ta sepulture.
 Mere, ne pleure plus, il te faut asseurer!
Si seule tu estois exempte de pleurer,
L'empire de Fortune auroit moins de puissance,
Qui veut également de tous obéissance.
 Advienne que le ciel t'eslargisse les ans,
Que cruel il dérobe à tes jeunes enfans,
Pour les adjoindre aux tiens, à fin que mainte année
La France par tes mains demeure gouvernée.
 Toy, fille d'Empereur, espouse de ce Roy,
Au milieu de tes pleurs, patiente, reçoy

La consolation de la misere humaine,
C'est qu'à la fin la mort toutes choses emmeine,
Et que mesme le ciel, qui fait mourir les Rois,
Et perir un chacun, perira quelquesfois.
　　Et toy, Duc d'Alençon, en qui ce siecle espere,
François, digne du nom de François ton grand pere,
Le frere de nos Roys, sois fort en ce malheur;
Le temps, et non les pleurs, soulage la douleur.
　　Et toy, divin esprit, qui la France regarde,
Qui as soin de ses maux, et la prens sous ta garde,
Comme astre des Valois, pour tousjours luy verser
Un bon-heur, et jamais, heureux, ne la laisser,
Réjouy-toy là haut, et sereine ta face,
Dequoy Castor ton frere est regnant en ta place,
Qui par succession est maistre de ton lieu :
Un Dieu doit heriter à l'empire d'un Dieu!
Et quand il ne seroit heritier de l'empire,
Pour ses rares vertus on le devroit eslire :
Un Cesar, un Auguste, aux armes le premier,
A qui dés le berceau s'engagea le laurier.
　　Et reçoy, s'il te plaist, pour durable memoire
Ces souspirs tels qu'ils sont, que j'appens à ta gloire,
Et ne sois offensé d'un si mauvais escrit :
La douleur par ta mort m'a dérobé l'esprit.

SONNET

DE LUY-MESME.

Comme une belle fleur qui commençoit à naistre,
Que l'orage venteux a fait tomber à bas,
Ainsi tu es tombé sous le cruel trespas,
O malice des cieux! quand tu commençois d'estre.
　　De souspirs et de pleurs il convient me repaistre,
Te voyant au cercueil, helas! trois fois helas!
Helas! qui promettois qu'un jour par tes combas
Ton empire seroit de tout le monde maistre.

L'honneur et la vertu, la justice et la foy,
Et la religion sont mortes avecq toy ;
La France t'a pleuré, les Muses et les armes.
　Adieu, Charles, adieu, du ciel astre nouveau ;
Tandis que je t'appreste un plus riche tombeau,
Pren de ton serviteur ces souspirs et ces larmes !

*Carolus in terris, terrarum gloria vixit
Maxima, justitiæ magno et pietatis amore ;
Nunc idem cœlo vivens est, gloria cœli,
Quò se justitiæ et pietatis sustulit alis.*

A M. ARNAUT SORBIN,

Predicateur dudit feu Roy Charles IX, Evesque de Nevers.

SONNET.

Nul ne devoit pleurer la mort d'un si bon Roy,
　Que toy qui cognoissois la bonté de sa vie ;
De ton Prince la mort à la mort as ravie,
Qui en terre et au ciel vit maintenant par toy.
　Il vit auprés de Dieu, sans fleschir de la loy
Qu'icy tu luy preschas, laquelle il a suivie,
Pour meriter au ciel la palme desservie,
Tout vestu d'habit blanc, enseigne de sa foy.
　Le bon pleure le bon, le serviteur le maistre ;
Rendant l'ame en tes bras, constant tu le vis estre
D'esprit sans regretter son sceptre terrien.
　O maistre bien-heureux ! qui eus à ton service
Si fidele servant, qui de trois fait l'office,
De prescheur, confesseur, et d'un historien.

(1578.)

Epitaphes.

A LUY-MESME.

Si le grain de froment ne se pourrit en terre,
Il ne sçauroit porter ny fueille ny bon fruit;
De la corruption la naissance se suit,
Et comme deux anneaux l'un en l'autre s'enserre.
 Le Chrestien endormy sous le tombeau de pierre
Doit revestir son corps en despit de la nuit;
Il doit suivre son Christ, qui la mort a destruit,
Premier victorieux d'une si forte guerre.
 Il vit assis là-haut, triomphant de la mort;
Il a vaincu Satan, les enfers et leur sort,
Et a fait que la mort n'est plus rien qu'un passage,
 Qui ne doit aux Chrestiens se monstrer odieux,
Auquel Charle est passé pour s'envoler aux cieux, *(a)*
Prenant pour luy le gain, nous laissant le dommage.

(1578.)

LE TOMBEAU

DE MARGUERITE DE FRANCE,
Duchesse de Savoye.

ENSEMBLE CELUY DE TRES-AUGUSTE ET DE TRES-SAINTE
MEMOIRE FRANÇOIS 1ᵉʳ DE CE NOM, ET DE MESSIEURS SES
ENFANS, ET DE SES PETITS-FILS. (1)

Ah! que je suis marry que la Muse Françoise
Ne peut dire ces mots comme fait la Gregeoise,

a. Var. :
Par lequel est passé Charles volant aux cieux,

1. Paris, Buon, 1575, in-4° de 10 ff. en lettres italiques.
— L'exemplaire que j'ai consulté se trouve dans un recueil

Ocymore, dispotme, oligochronien; (¹)
Certes je les dirois du sang Valesien,
Qui de beauté, de grace, et de lustre ressemble
Au lys qui naist, fleurit, et se meurt tout ensemble.

Ce monarque François, François premier du nom,
Nourrisson de Phebus, des Muses le mignon,
Qui dessous sa royale et auguste figure
Cachoit avec Pithon, les Graces et Mercure,
Qui sçavoit les secrets de la terre et des cieux,
Veit, ainsi que Priam, devant ses propres yeux,
(Hé! qui pourroit du ciel corrompre l'influance?)
Enterrer ses enfans en leur premiere enfance.

Il veit (car il estoit dans le ciel ordonné)
Trespasser à Tournon son premier fils aisné,
Qui de nom et de fait ressembloit à son pere,
A qui ja la Fortune, heureusement prospere,
Sourioit d'un bon œil, et ja dedans son sein,
Comme son cher enfant l'apastoit de sa main.

A peine un blond duvet commençoit à s'estendre
Sur son jeune menton, que la mort le vint prendre,
Ordonnant pour son pere un camp où tous les nerfs
De la Gaule tiroient; les champs estoient couverts

de vers du même genre (*Epitaphes et Tombeaux*) ayant fait partie de la bibliothèque de J. A. de Thou et relié en veau vert à ses armes. Ce précieux volume appartient aujourd'hui à mon savant ami le baron J. Pichon. — Le Tombeau de Marguerite est immédiatement suivi de 4 ff. numérotés, imprimés en lettres rondes et intitulés : *Estrennes au Roy Henry III envoyées à sa Majesté au mois de décembre*. Il me semble difficile d'admettre que ces deux pièces, si différentes pour le sujet et pour l'exécution, sortent des mêmes presses et aient été publiées simultanément. Les vers à Henry III se trouvent dans la présente édition, t. III, p. 283.

1. Ces mots grecs seront trouvez fort nouveaux; mais d'autant que nostre langue ne pouvoit exprimer ma conception, j'ay esté forcé d'en user qui signifient une vie de petite durée. *Filosofie* et *mathematique* ont esté aussy estranges au commencement; mais l'usage les a par traict de temps adoulcis et rendus nostres. — (Note de Ronsard. 1575.)

D'hommes et de chevaux; bref, où la France armée
Toute dedans un ost se voyoit enfermée.
 Il eut pour son sepulchre un millier d'estendars,
De harnois, de boucliers, de piques, de soldars;
Le Rosne le pleura, et la Saosne endormie;
Mesme de l'Espagnol l'arrogance ennemie
Pleura ce jeune Prince; et le pere, outrageux
Contre sa propre teste, arracha ses cheveux, (¹)
Il arracha sa barbe, et de telle despouille
Couvrit son cher enfant. Ah! fatale quenouille,
Parque, tu monstres bien que ta cruelle main
Ne se donne soucy du pauvre genre humain!
 Ainsi jeune et vaillant, au printemps de ta vie
Tu mourus, Germaniq'! quand ta mere Livie,
En lieu de recevoir un triomphe nouveau,
(O cruauté du ciel!) ne receut qu'un tombeau.
 Six jours devant sa fin je vins à son service;
Mon malheur me permit qu'au lict mort je le veisse,
Non comme un homme mort, mais comme un endormy,
Ou comme un beau bouton qui se panche à demy,
Languissant en avril, alors que la tempeste,
Jalouse de son teint, luy aggrave la teste,
Et luy chargeant le col le fanit contre bas,
Ensemble prenant vie avecques le trespas.
 Je vy son corps ouvrir, osant mes yeux repaistre
Des poulmons et du cœur et du sang de mon maistre.
Tel sembloit Adonis sur la place estendu,
Aprés que tout son sang du corps fut respandu.
 Ja trois mois se passoient, lors que la Renommée,
(Qui de François avoit toute Europe semée,
Sa vertu, sa justice, et son divin sçavoir)
Poussa le Roy d'Ecosse en France pour le voir;
Comme jadis Saba, qui des terres lointaines
Visita Salomon sur les rives Jourdaines.
 Ce Roy d'Escosse estoit en la fleur de ses ans;

  1. Les anciens jettoient leurs cheveux sur la tombe des morts. — (Note de Ronsard. 1575.)

Ses cheveux non tondus comme fin or luisans,
Cordonnez et crespez, flottans dessus sa face
Et sur son col de laict, luy donnoient bonne grace.
  Son port estoit royal, son regard vigoureux,
De vertus, et d'honneur, et de guerre amoureux ;
La douceur et la force illustroient son visage,
Si que Venus et Mars en avoient fait partage.
  Ce grand Prince François admirant l'estranger,
Qui Roy chez un grand Roy s'estoit venu loger,
Son sceptre abandonnant, sa couronne et son isle ;
Pour le recompenser luy accorda sa fille,
La belle Magdeleine, honneur de chasteté,
Une Grace en beauté, Junon en majesté.
  Déja ces deux grands Roys, l'un en robbe françoise
Et l'autre revestu d'une mante escossoise,
Tous deux la messe oüye, et repeus du sainct pain,
Tous deux tenans le sceptre, et la main en la main,
S'estoient confederez ; les fleurs tomboient menues,
La publique allegresse erroit parmy les rues ;
Les nefs, les gallions, les caracons pendoient
A l'ancre dans le havre, et flottant attendoient
Ce Prince et son Espouse, à fin de les conduire.
  A peine elle sautoit en terre du navire,
Pour toucher son Escosse, et saluer le bord,
Quand en lieu d'un royaume elle y trouva la mort.
  Ny larmes du mary, ny beauté, ny jeunesse,
Ny vœu, ny oraison, ne flechit la rudesse
De la Parque qu'on dit la fille de la Nuict,
Que ceste belle Royne, avant que porter fruict,
Ne mourust en sa fleur ; le poulmon qui est hoste
De l'âme soufle-vent, luy tenoit à la coste.
  Elle mourut sans peine aux bras de son mary,
Et parmy ses baisers ; luy, tristement marry,
Ayant l'ame de dueil et de regret frappée,
Voulut cent fois percer son corps de son espée.
La raison le retint, et tout ce faict je vey,
Qui jeune l'avois page en sa terre suivy,
Trop plus que mon merite honoré d'un tel Prince,

Sa bonté m'arrestant deux ans en sa province.
   Retourné, je fus page au grand Duc d'Orleans,
Le tiers fils de François, qui en fleur de ses ans,
Beau, courageux et fort, et de haute entreprise,
Presque le monde entier estoit sa convoitise.
   De Charles Empereur le gendre il se vantoit;
Déja la bonne paix la terre frequentoit,
Mars s'enfuyoit en Thrace, et ce Duc pensoit estre
Déja de la Bourgongne et de Milan le maistre,
Ministre de la paix superbe se bravoit;
La faveur de son pere et du peuple il avoit,
Nourrisson de Fortune; et ja les Roys estranges
Honoroient son genie, et chantoient ses louanges.
   En magnifique pompe en Flandre il visita
Par deux fois l'Empereur qui benin le traita,
Et luy promit sa fille; et chargé d'esperance,
De jeunesse et d'amour, il fit retour en France.
   Hà! folle ambition, tu ne dures qu'un jour!
Il fut victorieux des murs de Luxembour.
Comme un Dieu, le suivoit une presse importune;
Il vouloit commander à la mesme Fortune,
Maistre, ce luy sembloit, du Destin et du Temps.
Il entroit à grand' peine aux jours de son printemps,
Quand la mort qui avoit sur sa jeunesse envie,
Luy trancha tout d'un coup l'esperance et la vie.
Ce Prince à Fremontier de la peste mourut;
Sceptre ny sang royal Charles ne secourut
(Charles estoit son nom) que la fiere Eumenide
D'une torche fumeuse au bord Acherontide
Ne dist son hymenée, et pour un lict nopcier
Ne luy sillast les yeux d'un long somme d'acier,
Ayant pour une femme une tombe funeste.
   O dure cruauté d'influence celeste!
O mal-heureux appas de grandeurs et d'honneurs!
Malheureux qui se fie aux humaines faveurs,
Et au monde qui semble une tempeste esmeue!
   Seulement le Destin nous en monstra la veue,
Puis la re-desroba; ainsi le vent destruit

L'ante quand elle est preste à porter un bon fruit.
  Jamais le dur cizeau de la Parque cruelle
Ne trancha de nos Rois une trame si belle;
Jamais le mois d'avril ne vid si belle fleur,
Ny l'orient joyau de si belle couleur.
  Il sembloit un Pâris en beauté de visage,
Il sembloit au Dieu Mars en grandeur de courage,
Gracieux, debonnaire, eloquent et subtil,
D'inventions de guerre un magazin fertil.
  Il avoit dans le corps l'ame si genereuse,
Qu'il n'eust jamais trouvé sur la plaine poudreuse
L'ennemy, qu'à ses pieds il n'eust bouleversé
Bataille tant fust grande, ou mur qu'il n'eust forcé.
Son pere qui chargeoit tous les cieux de priere,
En mourant luy ferma l'une et l'autre paupiere,
Se pasma dessus luy, de larmes le baigna,
Et presque demy-mort le mort accompaigna.
  Les roses et les lis en tous temps puissent naistre
Sur ce Charles qui fut prés de cinq ans mon maistre.
  Des deux freres à peine estoit clos le tombeau,
Que voicy dueil sur dueil, pleur dessus pleur nouveau,
Trespas dessur trespas, misere sur misere;
Aprés les enfans morts, voicy la mort du pere,
Du grand Prince François, à qui toutes les Sœurs
Hostesses d'Helicon avoient de leurs douceurs
Abreuvé l'estomac, à qui l'eau Castalide,
Les antres Cyrrheans, la grotte Pieride,
S'ouvroient en sa faveur; grand Roy qui tout sçavoit,
Qui sur le haut du front cent majestez avoit,
De qui la vertu mesme honoroit la couronne,
Mourut comme il entroit au cours de son autonne.
  Il fut en sa jeunesse un Prince avantureux,
Tantost heureux en guerre, et tantost mal-heureux,
Comme il plaist au Destin, et à celle qui meine
Tantost bas, tantost haut, toute entreprise humaine.
  Bien qu'il fust des grands Rois le sommet et l'honneur,
Et de tant de citez et de peuples seigneur,
Qu'en son sein Amalthée espandit l'abondance;

Bien qu'il fust opulent d'hommès et de puissance,
Qu'il eust basty chasteaux et palais à foison,
Si est-ce qu'il mourut en estrange maison,
Laissant l'Anglois en France, et la paix mal jurée
Avecques l'Empereur, de petite durée.
　Henry, son second fils et son seul heritier,
Vint aprés, qui suivant des armes le mestier,
Se fit aimer des siens et redouter par force
En Escosse, Angleterre, en Toscane et en Corse.
Il fut un second Mars, et le ciel l'avoit fait
Pour se monstrer en guerre un monarque parfait.
　Nul ne picquoit si bien le long de la campagne
Ou le coursier de Naple ou le genet d'Espagne;
Un Castor en chevaux, un Pollux il estoit
Au mestier de l'escrime, il sautoit, il luttoit,
Et nul ne devançoit ses pieds à la carriere,
Et nul ne combatoit si bien à la barriere,
Soit qu'il fust en pourpoint ou vestu du harnois.
　Il reconquit Calais, il serra les Anglois
En leur rempart de mer; il campa sur la rive
Du Rhin, et delivra l'Allemagne captive;
Il força Thionville, et gaigna Luxembour,
Monmedis, Damvillers, et les forts d'alentour;
Il consuma sa vie aux travaux de la guerre,
Convoitant ceste terre, et tantost ceste terre,
Il sembloit à Pyrrhus, hazardeux à la main,
Qui tousjours enfiloit dessein dessus dessein;
Mais la face de Mars n'est pas tousjours certaine;
Car bien qu'il fust en guerre un parfait capitaine,
Qu'il eust la force au bras et le courage au cœur,
Il fut tantost vaincu, et tantost fut vainqueur.
　Voulant avitailler la Picarde muraille
Du foible Sainct Quentin, il perdit la bataille,
Où tout le sang François fut presque respandu.
Contraint il fit la paix, aprés avoir rendu
En un jour le Piemont (ô chances mal-tournées!)
Et tout ce que conquit son pere en trente années,
Le labeur et le sang de tant d'hommes guerriers!

Ja l'olivier tenoit la place des lauriers
Aux portaux attaché; au croc pendoient les armes,
Et la France essuyoit ses plaintes et ses larmes;
Ja le palais estoit pour la nopce ordonné,
Le Louvre de lierre et de buis couronné;
Déja sa fille au temple espouse estoit menée,
On n'oyoit retentir que la voix d'hymenée,
Hymen! Hymen! sonnoit par tous les carrefours;
Par tout on ne voyoit que Graces et qu'Amours;
Mars banny s'enfuyoit aux regions barbares,
Quand entre les clairons, trompettes et fanfares,
Au milieu des tournois au chef il fut blessé,
Ayant l'œil gauche à mort d'une lance persé :
Spectacle pitoyable! exemple que la vie
De cent maux impreveuz, fragile est poursuivie,
Puis qu'un Roy si puissant d'empire et de hauteur,
En jouant est tué par un sien serviteur.

 Ainsi mourut Henry (car toute chose passe)
Qui de bonté, beauté, prouesse et bonne grace
Surmontoit tous les Rois; mais le ciel endurcy
Non plus que de bouviers des Princes n'a soucy.

 Il sentit pour le moins ce plaisir en son ame,
Qu'il mourut dans le sein de sa pudique femme,
Et qu'il vit en son lict presque pasmez d'ennuy
Tous ses petits enfans larmoyer prés de luy.
Je le servi seize ans domestique à ses gages,
Non ingrat, luy sacrant mes plus doctes ouvrages.
Je n'ay sceu prolonger sa vie, mais j'ay sceu
Allonger son renom autant que je l'ay peu.
François son premier fils, à qui la barbe tendre
Ne commençoit encor au menton qu'à s'estendre,
Tint le sceptre aprés luy, Prince mal-fortuné,
Qui se vit presque mort si tost qu'il se vit né.
Il fut dix et huict mois gouverneur de l'empire;
Le peuple outrecuidé, qui tous les jours empire,
Empesté d'heresie, et de nouvelle loy,
Arma sa faction contre ce jeune Roy.

 Assemblant ses estats pour corriger le vice

Des nobles, des prelats, du peuple et de justice,
Et punir les mutins qui s'osoient émouvoir,
Et contenir la France en son juste devoir :
O cruauté du ciel ! ò estrange merveille !
Voicy ce Prince mort d'un catherre d'oreille,
Laissant jeunesse et vie, et son peuple troublé,
Et le sceptre Escossois au François assemblé,
Et sa jeune espousée en plainte douloureuse.
O Dieu que ceste vie est courte et malheureuse !
(Elizabeth sa sœur, que d'une estroitte foy
Son pere avoit conjointe au magnanime Roy
Qui du peuple Espagnol les brides lasche et serre,
A vingt ans se couvrit d'un sepulchre de terre,
Dans un mesme batteau passant à l'autre bord
Sa beauté, sa jeunesse, et sa vie et sa mort.)
[Conforte-toy, grand Roy, la sentence est donnée
Que la Parque est la fin de toute essence née !]
   Charles, son second frere, aprés luy succeda,
Qui en dure saison le sceptre posseda ;
En pleurant il vestit sa dignité royale,
Comme presagiant sa fortune fatale,
Car si tost qu'il fust Roy (il le fut à dix ans)
La peste des meschans seducteurs mesdisans,
La licence du peuple, et la fureur des villes
Troublerent son estat de cent guerres civiles.
Comme un terrible orage eslevé par le vent,
Qui trouble en boursouflant, tournoyant et mouvant
La mer vague sur vague en tortis retrainée,
Ou comme une Megere aux enfers déchainée,
Tout se rua sur luy. Le soleil de despit
Abominant la terre, en vestit noir habit ;
Il se rouilla la face, et la lune argentée
De taches eut long-temps sa corne ensanglantée ;
La Seine outre ses bords sa rage délia,
La nourrice Cerés son bled nous dénia,
Le bon Pere ses vins, et Palés son herbage,
Et le sel si commun nous nia son usage ;
La famine et la guerre, et la peste ont monstré

Que Dieu avoit son peuple en fureur rencontré.
 Ce Roy, presques enfant, vit sa France allumée,
Et ville contre ville en factions armée.
D'hommes et de conseil, et de tout indigent,
Il vit manger son peuple et voler son argent,
Il vit sa majesté servir d'une risée,
Il vit de cent broquars sa mere méprisée,
Il se vit dechassé de ses propres maisons,
Il vit les temples saincts, le lieu des oraisons,
Autels et sacremens n'estre qu'une voirie,
La raison renversée, et regner la furie.
 Par quatre grands combats vainquit son ennemy ;
Mais un feu de rancune alloit si bien parmy
Le peuple forcené, que morte une querelle,
Une autre d'autre part sourdoit toute nouvelle ;
Ainsi un feu d'émorche à l'autre feu se prend,
Que plus on pense esteindre, et plus il se répand.
Je me trouvay deux fois à sa royale suite,
Lors que ses ennemis luy donnerent la fuite,
Quand il se pensa voir par trahison surpris
Avant qu'il peust gaigner sa ville de Paris.
Meschante nation, indigne, indigne d'estre
Du sang Hectorean, d'ainsi trahir ton maistre !
Peuple vray'ment Scytique, ennemy de repos,
Et bien digne d'avoir pour ancestres les Goths !
 Ja de ce jeune Roy la dure destinée
S'estoit en sa faveur plus douce retournée ;
Ja son siecle en vertu se faisoit tout nouveau,
Quand un rheume panthois, fontaine du cerveau,
Qui d'un flot caterreux s'estoit entresuivie,
Luy pourrit les poumons, souflets de nostre vie,
Despouillant le manteau de son humanité
A l'heure qu'il entroit en sa felicité.
Ainsi le marinier, creancier de Neptune,
Prest à payer les vœux qu'il devoit à Fortune,
Ja saluant de l'œil sa maison et le bord,
Se perd, et sa navire, entrant dedans le port.
 Il fut quatorze ans Roy, et en l'an de son âge

Vingt et quatre, il paya de Caron le naulage.
    Jamais esprit si beau ne si bon que le sien
N'alla sous les lauriers du champ Elysien ;
Jamais ame si sainte et en tout si parfaite,
Compagne des Heros là bas ne se fust faite,
S'il eust eu le loisir de monstrer aux humains
La force qu'il avoit et au cœur et aux mains.
    Il fut Prince bien-né, courtois et debonnaire,
D'un esprit prompt et vif, entre doux et colere ;
Il aima la justice, eloquent et discret ;
Saturnien au reste à cacher son secret,
Contre les importuns il se servoit de ruses ;
Et sur tout amateur des lettres et des Muses.
    Quatorze ans ce bon Prince, alegre je suivy ;
Car autant qu'il fut Roy, autant je le servy.
Il faisoit de mes vers et de moy telle estime
Que souvent sa Grandeur me rescrivoit en ryme. (*a*)
Et je luy respondois, m'estimant bien-heureux
De me voir assailly d'un Roy si genereux. ([1])
Ainsi Charles mourut des Muses la defense,
L'honneur du genre humain, delices de la France.
    Ah ! taisez-vous, devins, astrologues menteurs
Qui estes à plaisir des songes inventeurs,
La credule poison des esprits trop fragiles !
On vous devroit chasser de la court et des villes,
Qui vendez le destin, et si ne voyez pas
En marchant un fossé, le piége de vos pas.
Cessez d'augurer mal des Princes qui demeurent ;
Que chargez de cent ans nos monarques ils meurent !
Et que le ciel adjouste aux deux freres derniers
La longueur des bons ans qu'il ravit aux premiers,

   a. Var. :

Il souloit pour plaisir mes ouvrages relire,
Et souvent sa Grandeur daignoit bien me récrire.

   1. Voir à la suite de la *Franciade* (t. III, p. 255 et suiv.)
les vers de Charles IX et les réponses de Ronsard.

Afin que des Valois la race se maintienne,
Que d'eternelle main le sceptre elle soutienne,
En royale grandeur fleurissant par sus tous,
Et ce grand univers se courbe à ses genoux. (¹)
  O Dieu, dont la grandeur dedans le ciel habite,
Garde d'un œil soigneux la belle Marguerite

---

1. Les quatorze vers précédents ont été remplacés dans les éditions posthumes par ceux qui suivent :

<blockquote>
François, Duc d'Alençon, son frere, meurt aprés,
Qui la France couvrit de funestes cyprés ;
Car la guerre qui fut bien loin de nostre porte,
Entra dans la maison et la troubla de sorte
Que mille factions secrettes se couvoient,
Et postes et pacquets detroussez se trouvoient.
  Les villes grommeloient, et vouloient les villages
Secouer de leur col le dur joug des truages,
Et le faix des tributs, douanes et impos,
Fardeaux démesurez qui accabloient leur dos.
Le sel, don de la mer, salive de Neptune,
Fut vendu cherement à la pauvre commune ;
Sur le bled, sur le vin tailles on imposa ;
La France toute en peur depuis n'en reposa.
Chacun se défioit ainsi qu'on se défie
Quand un Prince sans hoirs et sans masles dévie.
  D'un royaume tombé chacun veut un lopin ;
L'un prend commencement de l'autre qui prend fin :
En moins de six cens ans tout empire se change ;
Le temps est nostre pere, et le temps nous remange,
Un Saturne affamé ; il luy faut obéir,
Servir à la nature et non pas la haïr.
Qui blasme la nature il blasme Dieu supréme,
Car la nature et Dieu est presque chose mesme :
Dieu commande partout comme prince absolu,
Elle execute et fait cela qu'il a voulu,
Son ordre est une chaine aimantine et ferrée
Qui se tient l'une à l'autre étroittement serrée.
  Il fut tres-magnanime et vertueux guerrier,
Qui jeune d'ans ceignit sa teste de laurier,
Combatant pour l'honneur et pour borner la France
Aux rives de son Rhin. Ah ! en sortant d'enfance
La Parque le ravit ! ah ! qui n'eut pas loisir
D'achever jusqu'au bout sa trame à son plaisir !
Car venant à fleurir, les destins trop contraires
Le feirent compagnon du tombeau de ses freres.
Il eut quatre duchez, mais ny sang ny duchez
N'ont veu des Parques Sœurs les ciseaux rebouchez.
</blockquote>

Qui tient des Navarrois le sceptre en sa vigueur !
Ha! mort, tu n'as point d'yeux, ny de sang, ny de cœur,
Et sourde tu te ris de nostre race humaine.
  La fille de Henry, duchesse de Lorraine,
Aprés ses Freres morts sur-vivre n'a voulu ;
En lieu de ceste terre elle a le ciel éleu,
Des astres la compaigne et des ames plus saintes,
Laissant son jeune espoux en larmes et en plaintes.
  Il ne restoit plus rien du germe tout divin
Du premier Roy François (car déja le Destin
Et la cruelle Parque en avoient fait leur proye)
Que Marguerite seule, honneur de la Savoye,
Celeste fleur-de-lis, quand le sort envieux,
Pour appauvrir le monde, en enrichit les cieux.
  Que n'ay-je le sçavoir de l'escole romaine,
Ou la Muse des Grecs? Comme un cygne qui meine
Son dueil dessus Meandre, en pleurant je dirois
La belle Marguerite, et ses faicts j'escrirois.
  Je dirois que Pallas nasquit de la cervelle
Du pere Jupiter ; qu'elle, Pallas nouvelle,
Sortit hors du cerveau de son pere François,
Le pere des vertus, des armes et des lois.
  Je dirois qu'elle avoit l'escu de la Gorgonne,
Que l'homme qui sa vie aux vices abandonne,
N'eust osé regarder ny de prés approcher,
Qu'il n'eust senty son corps se changer en rocher.
Je dirois (tout ainsi que la mere Eleusine
Sema les champs de bleds) qu'elle toute divine,
Nourrice d'Helicon, sema de toutes parts
La France de mestiers, de sciences, et d'arts ;
  Qu'elle portoit une ame hostelliere des Muses,
Que les bonnes vertus estoient toutes infuses
En son corps heroïque, et quand elle nasquit,
Les astres plus malins plus forte elle vainquit,
Et que le ciel la feit si parfaite et si belle,
Que pour n'en faire plus en rompit le modelle,
Ne laissant pour exemple aux Princesses sinon
Le desir d'imiter le vol de son renom.

Qu'on grave sur sa tombe un blanc pourtrait d'un
Afin que d'âge en âge aux peuples il soit signe [cygne,
Que la mere elle estoit des Muses, et aussi
Des hommes qui avoient les Muses en souci.
    Se plante à son tombeau la vive Renommée,
Ayant la trompe en bouche et l'échine emplumée,
Cent aureilles, cent yeux, cent langues et cent vois,
Pour chanter tous les jours, tous les ans, tous les mois,
De la morte au passant la gloire et le merite,
En criant : « Si tu lis la belle Marguerite,
En qui tout le ciel meit sa plus divine part,
Tant de fois rechantée és œuvres de Ronsard,
Qui fut en son vivant si precieuse chose,
Sçache que sous ce marbre en paix elle repose,
Sa cendre gist icy ; et pource, viateur,
Sois de son epitaphe en larmes le lecteur ;
Baise sa tombe saincte, et sans souspirs ne passe
Des neuf Muses la Muse, et des Graces la Grace. »
    Pour marquer sa grandeur puissent à l'avenir
Les rochers de Savoye en sucre devenir,
En canelle les bois, les torrens en rosée,
Et que sa tombe en soit en tous temps arrosée,
Et que pour signaler de son corps la valeur,
Y naisse de son nom et la perle et la fleur.
    Je veux, pour n'estre ingrat, à sa feste ordonnée,
(Qui reviendra nouvelle au retour de l'année)
Comme un antique Orphée en long surpelis blanc
Retroussé d'une boucle et d'un nœud sur le flanc,
Chanter à haute voix d'une bouche immortelle
L'honneur et la faveur qu'humble j'ay receu d'elle ;
Comme elle eut soin de moy, pour l'honneur que j'avois
De servir ses neveux, mes maistres et mes Rois.
    Je diray que le ciel me porte trop d'envie
De me faire trainer une si longue vie,
Et de me reserver en chef demy-fleury,
Pour dresser les tombeaux des Rois qui m'ont nourry.
    Je diray que des grands la vie est incertaine,
Que fol est qui se fie en la faveur mondaine,

Un jouet de Fortune, une fleur du printemps,
Puis qu'on voit tant de Rois durer si peu de temps.

 Pibrac, grand ornement de la bande pourprée,
Encores qu'au palais, en la chambre dorée,
Devant les senateurs tu ais fait ébranler
Le cœur des auditeurs par ton docte parler,
Sans t'ébranler toy-mesme, estonnant l'assistance
Des foudres qui tomboient de ta vive eloquence ;
Encore que ta voix ait fait plier sous toy
Les Sarmates felons, haranguant pour ton Roy,
Sans jamais t'émouvoir de tristesse ou de joye ;
Tu ne liras pourtant ces vers que je t'envoye,
Sans t'émouvoir, Pibrac, et peut-estre pleurer,
Quand tu verras des grands l'estat si peu durer,
Un vent, un songe, un rien ; et que toute fortune,
Soit de riche ou de pauvre, à chacun est commune. (a)

EPITAPHE

DE FRANÇOIS DE BOURBON,

Comte d'Anguien.

STANCES.

D'Homere grec l'ingenieuse plume,
 Et de Timant' les animez tableaux,
Durant leurs jours avoient une coustume
D'arracher vifs les hommes des tombeaux ;

a. Var. (1578) :

Un vent, un songe, un rien ; et que la Parque brune,
Sans épargner personne, à chacun est commune.

Je vous dy ceux qu'il leur plaisoit encores
Resusciter en dépit de leur nuit
Oblivieuse, ores par l'encre, et ores
Par la couleur eternisant leur bruit.
   Mais telles gens devoient leur second vivre,
L'un au papier, l'autre à la toile, et non
A la vertu, qui sans l'aide d'un livre
Ou d'un tableau, eternise son nom.
   Ta vertu donc seule te sert de tombe,
Sans mendier ny plumes ny outils;
Car ton renom qui par la mort ne tombe,
Vit par dessus cent vivans inutils.
   [Aussi les Sœurs, qui nos âges balancent
Selon le ciel à toy inferieur,
Par contrepoids tes brefs ans recompensent
D'eternel bruit du temps superieur.] (¹)
   Donques du Temps la force injurieuse
Ne rompt l'honneur que tu t'acquis, alors
Qu'Enyon vit ta main victorieuse
Tout le Piedmont couvrir presque de morts;
   Et que le Pau te vit dessus sa rive
Rester vainqueur par vertueux effort,
Ayant pendu la despouille captive
Du vieil marquis pour trophée à son bort.
   Aprés avoir tant de gloires belliques
Mises à chef par le vouloir des Dieux,
Icy la mort mit en paix tes reliques,
Quand ton esprit fut citoyen des cieux;
   Qui serviront d'exemple memorable
Et d'aiguillon à la posterité,
Pour imiter ta louange durable,
Et le laurier que tu as merité.
                               (1560.)

1. Retranché en 1578.

PROSOPOPÉE

DE FEU FRANÇOIS DE LORRAINE,
Duc de Guise, tres-vertueux Prince et tres-excellent Capitaine.

A moy, qui ay conduit en France tant d'armées,
Issu de ces vieux Rois des terres Idumées,
A moy, qui dés jeunesse aux armes ay vescu,
Des ennemis vainqueur, et non jamais vaincu ;
A moy qui fus la crainte et l'effroy des batailles,
Qui prins et qui garday tant de fortes murailles,
A moy, qui eus le cœur de prouesse animé,
A moy, qui ay l'Anglois en sa mer renfermé,
A moy, qui ay fait teste aux peuples d'Alemagne,
A moy, qui fus l'horreur de Naples et d'Espagne,
A moy, qui sans flechir, d'une invincible foy
Fus serviteur de Dieu, de France et de mon Roy,
A moy, de qui le nom au monde se voit estre
Tel qu'il ne peut jamais augmenter ny decroistre,
Ne dressez un tombeau par artifice humain,
Et tant de marbre dur ne polissez en vain.
 Pour tombe dressez-moy de Mets la grande ville,
Les grands murs de Calais, et ceux de Thionville ;
Et dessus, le trophée en deux lieux soit basty
De l'honneur que j'acquis à Dreux et à Renty. *(a)*
Gravez-y mes assauts, mes combats et mes guerres,
Fleuves, forests et monts, mers, campaignes et terres,
Qui tremblerent sous moy, et des peuples vaincus
Pendez-y les harnois, les noms et les escus ;

a. Var. :

Et dessus mon sepulcre en deux lieux soit basty
Dreux à costé senestre, et à dextre Renty.

Puis à fin que ma gloire icy vive accomplie,
Assemblez sur mon corps la France et l'Italie,
Et toutes ces citez qui sentirent les coups
De ma dextre invaincue, et m'enterrez dessous!
   Je veux pour mon sepulchre une grande province,
Qui fus un grand guerrier, un grand Duc, un grand
Car un petit tombeau n'est pas digne d'avoir [Prince;
Celuy qui l'univers remplit de son pouvoir.

(1564.)

EPITAPHE

DE FEU MONSIEUR D'ANNEBAULT.

AU SEIGNEUR SIMON NICOLAS,
Secretaire du Roy.

L'homme seroit un demi-dieu parfait,
  Si le grand Dieu en naissant l'avoit fait
Contre la mort immortel, sans le faire
Si tost mourir, pour son œuvre défaire;
Ou bien si Dieu ne le vouloit ainsi,
Il devoit mettre un rocher endurcy,
Ou de l'aimant, ou quelque fer bien large
Autour de l'homme ainsi qu'une grand' targe,
Telle qu'avoit Gorgon, pour l'empierrer
Elle et son dard venant nous enferrer.
   Helas! pourquoy le maistre de nature,
Dieu createur de toute creature,
Voulut loger en si fraisle maison
Une si haute et divine raison?
Pourquoy fit-il de si petites veines,
Si petits nerfs, peaux si foibles et vaines,
Pour enfermer nos courages dedans
Et nos esprits si prompts et si ardans?
   Ou bien du tout il ne devoit pas mettre

Tant de courage, ou il devoit permettre
Que nostre corps fut plus fort ou plus dur
Pour resister, que le rempart d'un mur.
　　Cruel Destin, qui nos âges dérobes!
Quand les serpens ont dévestu leurs robes,
Avec la peau ils despouillent leurs ans.
Quand au printemps les jours doux et plaisans
Sont retournez, en mille et mille sortes
On voit sortir les fleurs qui sembloient mortes;
Les bois couppez reverdissent plus beaux;
Mais quand la Parque a trenché nos fuseaux,
Sans plus joüyr du sejour de ce monde,
L'homme là-bas s'en-va boire de l'onde
Du froid oubly, qui, sans esgard ny chois,
Perd en ses eaux les bergers et les Rois.
　　Cruelle mort, sans yeux ny cœur! Déesse!
Si tu prenois seulement la vieillesse,
Laissant meurir les hommes qui n'ont pas
Encor besoin de sentir le trespas;
Las! tu aurois moisson assez fertile
Prenant à toy la vieillesse inutile;
Mais ne voulant aux jeunes pardonner,
Le nom de tigre on te peut bien donner!
　　En cent façons meurdriere, tu consommes
Ore la vie, ore les biens des hommes;
Mais en mourant l'homme a bien combatu
Toy et ta faulx, qui meurt pour la vertu.
Comme cestuy, qui de brave entreprise
A soustenu son Prince et son Eglise,
Cet Annebault, du Dieu Mars tant chery,
Qui, jeune estant sous son pere nourry,
Qui lors estoit grand Admiral de France,
Suivoit hardy les armes dés l'enfance;
Et outre l'âge a vestu le harnois,
Sacrant sa vie à l'honneur de nos Rois.
　　La barbe encor, fleur de jeunesse tendre,
Ne commençoit sur sa joue à s'estendre,
Que capitaine il fut en tous dangers,

Ayant sous luy deux cens chevaux legers.
  Puis en croissant et en âge et en armes,
Fut conducteur de cinquante hommes d'armes,
Monstrant par tout combien Mars l'estimoit,
Qui sa jeunesse aux combats animoit;
Car de frayeur n'eut oncques l'ame atteinte,
Et ne sçavoit quelle chose est la crainte,
S'estant trouvé d'un cœur vaillant et haut,
En maint combat, mainte allarme et assaut.
  Quand l'Espagnol, tout enflé de paroles,
Vint assaillir nostre camp à S'rizoles,
Et que la France ensanglanta ses mains
Des Espagnols et du sang des Germains,
Cet Annebault monstra lors sa vaillance,
Et le devoir qu'il devoit à la France;
Car bien qu'il fust d'une fiévre assailly,
A tel besoin n'eust pas le cœur failly,
Ainçois armé d'honneur et de prouesse,
L'espée au poing ouvrit en deux la presse.
  Lors saccageant, tuant et foudroyant,
(Comme un torrent de neiges ondoyant
Gaste les bleds d'une verte campagne)
Perdit sous luy les plus vaillans d'Espagne,
Et tellement poursuivit son bon-heur,
Qu'il eut pour luy la pluspart de l'honneur.
  Quand la Fortune inconstante et maline
Honnit la France au camp de Graveline,
Luy, conduisant l'arriere-garde, fit
Que l'Espagnol si soudain ne défit
Le camp François, arrestant la furie
De l'ennemy au hazard de sa vie;
Et si le reste eust imité son fait,
L'honneur François n'eust pas esté défait,
Qui fut perdu par faute de le suivre.
  Or luy, voulant plustost mourir que vivre
Honteusement, fut prisonnier, et fut
Blessé d'un coup qu'à la teste il receut;
Paya rançon de trop grosse despense,

Sans que depuis en ait eu recompense,
Tant et son bien, et son corps, et sa foy,
Estoient vouez au service du Roy.
　Il a esté deux fois durant la guerre
Ostage en Flandre, et puis en Angleterre;
Il fut courtois, il fut aimé de tous,
Sage et affable, et gracieux, et dous.
　Les ennemis luy portoient reverence,
Et les François estimoient sa prudence,
Et son parler qui n'estoit affecté.
　Il n'estoit point courtizan eshonté,
Ny en façons, ny en mœurs, ny en gestes;
Il supportoit les fortunes molestes
Patiemment, tirant d'un cœur hautain
Au but d'honneur, et non au bien mondain,
Ayant tousjours tout le cours de sa vie
Toute vertu pour sa guide suivie.
　Il fut tousjours à son Prince loyal,
Et aux soldats honneste et liberal,
Et ne suivoit (comme il disoit) la guerre,
Comme beaucoup, pour du bien y acquerre,
Mais pour l'honneur, qui est le seul loyer
Du cœur qui veut aux vertus s'employer.
　Il aimoit Dieu, craignant tousjours de faire
Chose qui fust à nostre loy contraire;
Sa conscience estoit nette et son cœur;
Il estoit né pour l'honneste labeur,
Comme ayant l'ame et l'esprit loin du vice
D'ambition, d'envie, et d'avarice.
　Or ce Seigneur, digne du rang des preux,
Mourut, helas! au combat devant Dreux,
Quand la fureur et la civile haine
De nostre sang arrouserent la plaine,
Et que la France (helas! le croiras-tu,
Peuple à venir?) vit broncher la vertu
Des plus vaillans, et vit en nos batailles
Nos propres fers en nos propres entrailles.
　Là, ce Seigneur de durable renom,

Mourant sans hoir, ensevelit son nom
Avecques soy, et non sa renommée,
Qui ne sera par la mort consommée,
Ains d'âge en âge on la verra fleurir;
Car la vertu ne peut jamais mourir.

(1567.)

EPITAPHE

DE FEU ROCH CHASTEIGNER,

Fils aisné de M. de la Roche de Posé,
Chevalier de l'Ordre; lequel Roch mourut à Bourges, Gentilhomme
de la Chambre du Roy et Lieutenant de cinquante
hommes d'armes sous Mgr de Longueville.

Si jamais ame, et belle et genereuse,
Alla trouver sous la forest ombreuse
Les grands heros, qui encore là bas
Vont exerçant le mestier des combas;
Ceste belle ame icy jadis hostesse
D'un si beau corps, paroist entre la presse
De ces grands preux, et se sied au milieu
Estant assise entr'eux ainsi qu'un Dieu.
  Quant à son corps il fut de telle race,
Qu'en noble sang personne ne le passe;
Il fut si beau, si gaillard et parfait,
Que la nature au monde l'avoit fait
Pour un pourtrait de beauté toute pleine
De courtoisie, et de douceur humaine.
  Il eut le cœur si chaud et genereux,
Que dés enfance il fut chevaleureux,
Estant si preux, que Mars en eut envie,
Voulant cent fois luy desrober la vie;
Car il sçavoit qu'un si vaillant bon-heur
Effaceroit à la fin son honneur.
  A peine estoit en sa premiere enfance,

Que sous François, grand monarque de France,
Premier du nom, haïssant le repos,
Faisoit craquer la cuirasse à son dos,
Et poudroyant sous ses pieds la campagne,
La picque au poing s'opposoit à l'Espagne.
 Quand la jeunesse eut enflammé son cœur
D'un sang plus chaud, suivit le camp vainqueur
Du Roy Henry; lors, aimé de Bellonne,
Fut des premiers à recouvrer Boulongne,
Où son cheval à la mort fut blessé
D'un coup de plomb par l'ennemy poussé.
 Pareil mal-heur receut à la Mirande,
Quand luy vaillant poussa toute sa bande
Sur l'ennemy, où perdant son cheval,
Victorieux revint sans avoir mal.
 Là secourant ceste ville assiegée,
Ayant sa main de sa targue chargée,
En guerroyant receut par grand meschef,
Un coup de plomb qui luy navra le chef.
Auprés la tempe, et si fort la tempeste
De ce plombet luy gresla sur la teste,
Que son armet tout à plat luy froissa,
Et demi-mort à bas le renversa.
 Au mesme siege estant fait capitaine
De gens de pied, pour sa premiere peine,
(Faisant fuir son ennemy tres-fort)
Gagna le chef, les vivres et le fort,
Ayant rompu l'os de la jambe dextre
D'une mousquette. A peine pouvoit estre
Guary du coup, que luy, brave guerrier,
Sus l'ennemy s'eslança le premier,
Où son cheval, au milieu de la guerre,
Mort estendu, mordit la froide terre.
 Estant D'Anville en Piedmont viceroy,
Un Espagnol trop presumant de soy,
Le défia au combat de la lance;
Où d'un grand coup cogneut bien sa vaillance,
Et tellement en choquant le pressa,

Que le cheval dessus luy renversa
Pied contre-mont, tout ainsi qu'une foudre
Qui fait broncher un grand pin sur la poudre.
  Il fut aprés au milieu des dangers,
Fait conducteur de cent chevaux legers
Devant Vulpian, où prenant de sa bande
Peu de soldats, par une astuce grande,
Sortant d'un bois, leurs vivres il perdit,
Et par tel faict la ville se rendit.
  Prés de Pontast, en la mesme contrée,
Eut d'un plombet la cuisse gauche outrée
Presqu'à la mort, fortement assaillant
Un escadron et nombreux et vaillant,
Qui conduisoit d'une ardante furie
Des Espagnols la grosse artillerie.
Quand le grand duc de Guise conduisoit
Le camp François à Naples, et faisoit
De grand effroy trembler toute Italie,
Il eut le poing navré pres de Julie.
  Auprés d'Astul, ville napolitaine, (*a*)
Escarmouchant vivement par la plaine
Contre un grand heurt de puissants ennemis,
Et à la fin, au retour s'estant mis,
Suivy de peu se voulut hasarder,
Comme un Coclés, de vouloir seul garder
Le pont prochain contre la fureur grande
Des ennemis, cependant que sa bande

a. Var. (1578) :

Auprès d'Astul, des ennemis contraint,
De trois grands coups tous divers fut atteint,
L'un à la cuisse, au chef, à la main destre;
Lors le cheval tombant dessous son maistre,
Le renversa sur le sable estranger.
Là seul à pied, au milieu du danger,
Enveloppé d'une troupe guerriere,
Sa liberté fut faicte prisonniere.

Se sauveroit; là par force contraint,
De trois grands coups tous divers fut attaint,
L'un à la cuisse, au chef et à la main.
Son cheval cheut, dont il fut tout soudain
Enveloppé d'une troupe guerriere,
Sa liberté luy rendant prisonniere.
  Il fut mené pour le garder exprés
Au fort Aquile, et à Naples aprés,
Puis à Milan, fort'resse inaccessible,
Où, mal-traitté autant qu'il fut possible,
Estoit gardé d'une dure façon,
Deux mille escus demandans pour rançon.
  Aprés trois ans finis en grand' destresse,
Trompant le guet eschappa de finesse,
Si qu'en plein jour les gardes affina,
Et sans rançon aux siens s'en retourna.
  Aprés estant choisi entre cent mille,
Pour lieutenant du duc de Longueville,
Lors que le trouble en nostre region
S'esmeut si chaud pour la religion;
Ce chevalier, honneur de sa province,
Suivant la part de Charles Roy, son Prince,
Comme il poussoit les canons prés le mur
De Bourges, las! un plomb fatal et dur
Luy écraza la teste et la cervelle,
Perdant la vie en sa saison nouvelle.
  Or toy, passant, qui viendras par icy,
Verse un printemps de roses espoissy
Sur ce tombeau, et verse maintes branches
De verts lauriers et vertes esparvanches;
Puis tous les ans raconte à ton enfant
Qu'un beau mourir rend l'homme triomphant,
Dontant la mort, quand la belle memoire
De ses vertus est escrite en l'histoire,
Servant d'exemple et de publique loy,
Qu'un bon subjet doit mourir pour son Roy.

(1567.)

EPITAPHE

DE HERCULE STROSSE,
Mareschal de France.

Ce n'est pas toy, Strosse, qu'on doit
Entomber comme une personne
Qui d'autres tiltres ne reçoit
Que les faveurs d'une colonne.
Les murs de tant de villes prises,
Et les proues de tant de naux
Te serviront, par toy conquises,
Et de tiltres et de tombeaux.

(1560.)

ELEGIE EN FORME D'EPITAPHE

D'ANTOINE CHASTEIGNER,
Frere de Roch Chasteigner,
Seigneur de la Roche de Posé sur l'Indre.

Si quelquefois le dueil et les griéves tristesses
  Ont poingt le cœur des plus grandes Déesses;
Si quelquesfois Thetis pour son fils larmoya
  Lors que Pâris aux enfers l'envoya;
Sepulchrale Elegie, à ceste heure lamente,
  Et de grands coups ta poitrine tourmente.
Ah! larmeuse Déesse, ah! vray'ment orendroit
  Tu auras nom elegie à bon droit.
Ce sonneur de tes vers, ce Chasteigner, ta gloire,
  A passé mort outre la rive noire;

Ce docte Chasteigner, qui d'un vers qui couloit
    Plus doux que miel, louanger te souloit.
Voicy l'enfant Amour, qui porte despecée
    Par grand despit sa trousse renversée,
Porte son arc rompu, et sa torche sans feu.
    Leve tes yeux et le regarde un peu
Comme il vole tout morne, et d'une main courbée
    Comme il noircit sa poitrine plombée.
[Ne vois-tu ses cheveux, sur le col espendus,
    Torcher ses pleurs comme flots descendus
Sur sa joue meurtrie, et comme il deshonneste
    De poudre en vain ses cheveux et sa teste?]
N'ois-tu ses dolens cris, et ses tristes sanglos
    Sonner pantois en sa poitrine enclos?
Voy d'autre part le Jeu et les Muses pleurantes,
    Et de despit les trois Graces errantes,
Comme folles crier, et Venus sans confort
    Toute pleureuse injurier la mort.
Puis nous sommes nommez des Dieux les interpretes,
    Leur cher soucy, et leurs sacrez poëtes!
O beaux noms sans profit! ô tiltres par trop vains!
    Puis que la mort souille à l'égal ses mains
Dedans le sang sacré des saincts poëtes, comme
    Elle les souille au sang d'un vilain homme!
Car vertu ny sçavoir ne nous retarde pas,
    Ny pieté un seul jour du trespas.
Orphé', que t'a servi ta mere Calliope,
    D'avoir trainé d'une rampante trope
Les forests aprés toy, d'avoir parmy les bois
    Dessauvagé les féres sous ta vois?
Line, que t'ont servy les accords de ta Lyre?
    A toy Thebain, que t'a servy de dire
D'un parler si facond, qu'en rang faire venir
    Les grands rochers, à fin de les unir
Sans art de leur bon gré, dans les murs de ta ville?
    Que t'a servy, Homere, ton beau stile?
Rien, car vous estes morts; mort est Agamemnon,
    Achille, Ajax, mais non pas leur renom.

Par les vers animez leur vive renommée
  Ne se voit point des siecles consommée.
Les vers tant seulement peuvent frauder la mort.
  Helas! amy, quel destin ou quel sort,
Helas, s'opposa tant à ta gloire premiere,
  Qu'avant mourir ne misses en lumiere
Tes beaux vers amoureux qui chantoient à leur tour
  Et l'amer fiel, et le doux miel d'amour?
Vers où chacun amant recognoissoit la peine
  Et le plaisir de l'ardeur qui nous meine
Mille fois à la vie, et sans ne mourir pas
  Mille autrefois nous rameine au trespas.
Et toutefois, helas! dans ton cercueil moisie
  Gist avec toy la belle poësie.
Mais si mon Apollon fait mon cœur devenir
  Assez devin pour chanter l'avenir,
Je jure par tes os, que tandis que la France
  Louera les vers de ma premiere enfance,
Que tu seras loué, et que le renom tien
  Ne perira, que perissant le mien.
Helas, cher compagnon! et que ne fut ma vie
  Avecque toy d'un mesme coup ravie!
Pourquoy ne suis-je mort, helas! avecque toy?
  Quel fier destin fut envieux sur moy?
Je fusse mort heureux d'un mesme coup à l'heure,
  Où maintenant il convient que je meure
Mille fois sans mourir, tant me tourmente fort
  Le souvenir de ta piteuse mort.
Las! Parque, falloit-il trencher encor la trame,
  Et d'un plombet, par force chasser l'ame
De celuy qui n'avoit vingt ans encor atteint!
  Et comme peut son estomac, enceint
De tant de feux d'Amour, souffrir en sa poitrine
  Un autre feu que celuy de Cyprine?
O ciel, ô ciel cruel! je m'esbahis comment
  Ce dur plombet ne fondit promptement,
Et que de Chasteigner le sang amoureux blesme
  Ne le changea en flames d'Amour mesme.

Cruel Mars, est-ce ainsi, est-ce ainsi, cruel Mars,
   Que tu cheris de Venus les soldars?
Les sonneurs de Venus, qui ta Venus dorée
   Ont par leurs vers sur toutes honorée?
Tu es un bel amy! d'ainsi faire toucher
   D'un coup mortel son chantre le plus cher!
Mais las! que dis-je? las! son ame est bien-heureuse
   D'avoir quitté sa vesture boueuse,
Pour s'en-voler au ciel, sans pratiquer icy
   Plus longuement la peine et le soucy.
Heureux vrayment celuy qui jeune d'ans s'en-vole
   Fraudant les haims de ceste vie folle,
Qui tousjours nous abuse, et d'un espoir trop vain
   Nous va pipant tousjours du lendemain.
Et toy, Pere vieillard de l'enfant que je pleure,
   Réjouis-toy de ton fils à ceste heure;
Car bien qu'il ne soit mort en plus meure saison
   Dessous le toict de ta propre maison;
Bien qu'il soit entombé d'une pierre estrangere,
   Et que la main de sa piteuse mere
A l'heure du trespas ne luy ait clos les yeux,
   Et qu'en blasmant la cruauté des Dieux
N'ait cueilli de sa lévre, à l'entour de sa bouche
   L'ame fuyante, et que dessus sa couche
Ses sœurs aux crins espars, et ses freres pleurans
   N'ayent versé des œillets bien-flairans,
N'ayent versé des lis avec des roses franches,
   Et du cyprés les mortuaires branches;
Pourtant, Pere vieillard, pren quelque reconfort,
   Et d'un vain pleur ne trempe point sa mort.
Celuy ne meurt trop tost, n'eust-il que vingt années,
   Qui brave meurt au milieu des armées, (a)
Ainsi qu'a fait ton fils pour son Roy bataillant.

a. Var. :

Celuy ne meurt trop tost, n'eust-il que vingt ans d'âge,
   Qui meurt au flot du martial orage,

Tell' mort convient à tout homme vaillant,
Et non mourir au lict, ou dans la maison, comme
  Quelque pucelle, ou quelque couard homme.
Celuy n'est point tué qui meurt honnestement,
  Tenant au poing la pique bravement
Pour sauver sa patrie, et qui voudroit attendre
  Cent morts, plustost qu'à l'ennemy se rendre.
Ton fils n'attendit point que le rempart fut pris;
  Mais et de gloire et de vaillance espris,
Dés le premier assaut, occit un port'enseigne;
Et comme sa despouille il levoit pour enseigne
De sa jeune vertu, un coup de plomb, helas!
  Sur le rempart avança son trespas,
Outre-navrant sa gorge, et pour l'honneur de France
  Dessus la fleur de sa premiere enfance
Mourut à Teroüane, et me laissa de luy
  Au fond de l'ame un eternel ennuy,
Qui, rongeard, m'accompagne, et me tient imprimée
  Tousjours au cœur sa face trop aimée.
Adieu, chere ame, adieu, un eternel adieu!
  Soit que l'oubli te serre en son milieu
Dans les champs Elysez, ou soit que sur la nue
  Tu sois heureuse entre les Dieux venue,
Souvienne-toy de moy, et dans un pré fleury
  Te promenant avec mon Lignery,
Parle tousjours de moy, soit que la matinée
  Ait d'Orient la clarté r'amenée;
Soit qu'il face midy, ou soit que le soleil
  Dans l'ocean se devalle au sommeil,
Parle tousjours de moy; de moy par les rivages,
  Par les deserts des roches plus sauvages,
Entre les bois myrtés, ou dans un antre coy
  Soir et matin parle tousjours de moy.
Que ton luth babillard autre chant ne caquette
  Sinon mes vers, et de moy, ton poëte,
Qui vis le cœur en dueil, souvienne-toy là-bas;
  De moy qui meurs aprés le tien trespas.
Sur l'herbe auprés de toy, ou sus la rive mole

Garde-moy place auprés de ton idole,
Afin que mesme place ensemble nous ayons,
  Et, vifs et morts, ensemble nous soyons.
Je veux sans plus cela ; car si j'estois Achille,
  Je meurtriroy sur ta fosse cent mille
Espagnols tes meurtriers, et te feroy des jeux
  Que d'an en an nos plus tardifs neveux,
Devots, celebreroient et d'escrime et de course,
  Où prés Posé l'Indre allonge sa source.
Mais pour autant, helas! qu'Achille je ne suis,
  Et que par sang vanger je ne te puis,
Pren, pren, chere ame, pren le plus de ma puissance,
  Et par mes vers pren des ans la vengeance.
Reçoy, mon cher Patrocle, au milieu de ce pré
  Ce neuf autel à ton nom consacré,
Qu'humble je te dedie avecque ce lierre,
  Et ce ruisseau qui par neuf fois l'enserre.
Dessus quatre gazons sur ton vuide tombeau
  J'espan du laict, j'espan du vin nouveau,
Me meurtrissant de coups, et couché sur ta lame
  Par trois grans cris j'appelle en vain ton ame.
Comme Achille à Patrocl', je te tons mes cheveux,
  Que dés long temps j'avois promis en vœux
A mon fleuve du Loir, si j'eusse par ma peine
  Conduit Francus au rivage de Seine
Qui depuis s'orgueillit de l'honneur de son nom,
  Et qui se vante encor de ton renom.
Mais voilà mes cheveux ; pren-les, je te les coupe ;
  Et tout ainsi qu'enclos en ceste coupe
Je les mets prés les tiens, puissent en doux repos
  Auprés les tiens estre logez mes os !

               (1560, *Poèmes*.)

EPITAPHE

D'ANNE, DUC DE MONTMORENCY,

Pair et Connestable de France. (¹)

Si d'un Seigneur la vertu memorable
Maugré la mort doit estre perdurable;
Si un grand Duc a jamais merité
D'estre immortel à la posterité;
Et si jamais une fameuse histoire
Se doit graver au temple de Memoire,
C'est de celuy lequel repose icy.
Grand Connestable, Anne Montmorency,
Grand Duc et Pair, grand en tout, dont la vie
A surmonté soy-mesmes et l'envie,
En consacrant, comme non abbatu
D'aucun mal-heur, ses faits à sa vertu.
  Quiconque sois, despeche-toy de lire
Tout ce discours, pour t'en retourner dire
A tes enfans les gestes et l'honneur
D'un si vaillant et vertueux Seigneur,
A fin que d'âge en âge on le cognoisse,
Et son tombeau pour exemple apparoisse
A tous François de ne faulser sa foy,
De craindre Dieu et mourir pour son Roy.
  Quant à sa race, il tira sa naissance
D'une maison tres-illustre en la France,

---

1. Publiée sous ce titre : Epitaphes sur le tombeau de haut et puissant seigneur Anne, Duc de Montmorancy, Pair et Connestable de France, par P. de Ronsard, gent. vand. Avec un Chant funebre des neuf Muses sur le mesme tombeau, plus l'Anagrammatisme du nom et surnom de mondit seigneur le Connestable, par P. G. D. R. (de Roville). Paris, P. G. de Roville, 1568. 16 pages in-4°.

Qui de tout temps vertueuse florit,
Et la premiere honora Jesus-Christ;
Montmorency ceste race est nommée,
En faits de guerre et de paix renommée,
Noble d'ayeux et bisayeux, qui ont
Tousjours porté les lauriers sur le front.
  Or tout ainsi qu'une riche abondance
A plus d'honneurs qu'une pauvre indigence,
Et que les prez plus luisans de couleurs
Sont les plus beaux pour leurs diverses fleurs,
Ceste race est sur toutes la plus belle,
Race heroïque et antique, laquelle
De fils en fils, guerriers victorieux,
A son renom élevé jusqu'aux cieux;
Grosse d'honneurs et de noms memorables,
Concevant seule Admiraux, Connestables,
Grands Mareschaux, et mille dignitez
Dont les hauteurs, honneurs, authoritez,
Comme à foison communes en leur race,
Ne cedant point aux plus grandes de place,
Ont gouverné, prochaines de nos Rois,
Heureusement l'empire des François.
Mais comme on voit entre cent mille estoiles,
Lors que la nuict a fait brunir ses voiles,
Une planette apparoistre à nos yeux
D'un front plus clair, d'un feu plus radieux,
Qui tout le ciel dore de sa lumiere,
Fait un grand cerne, et reluist la premiere,
Ainsi ce Duc celebre a surmonté
Ceux de sa race en illustre clarté,
En grands honneurs, grands faveurs, grand courage,
En grand esprit, grand sçavoir, grand usage;
Grand chevalier, grand guerrier, qui a fait
Un cours de vie honorable et parfait;
Tel qu'il devoit pour ses vertus attendre,
Où l'envieux n'a trouvé que reprendre.
  De cinq grands Roys, grands Princes de renom,
Fut serviteur et presque compagnon;

Tant sa prudence et vaillance honorable
Envers les Roys le rendoit favorable !
Mais par sur tous fut tellement chery
Du grand monarque invincible Henry,
Que la faveur ne l'eust sceu plus accroistre,
Seul au sommet des faveurs de son maistre.

François Premier aux honneurs l'éleva,
Où la Fortune inconstante esprouva
Tantost heureuse et tantost mal-heureuse ;
Mais de son cœur la vertu genereuse
Ne s'abaissa, foible, sous la douleur,
Prenant vigueur de son propre mal-heur.
L'homme en naissant n'a du ciel asseurance
De voir sa vie en égale balance ;
Il faut sentir de Fortune la main ;
Tel est le sort de nostre genre humain.

Ce Connestable exerçant son office,
Fit à nos Roys si fidele service,
Que la justice inique il reprima,
Et la noblesse aux armes reforma,
Ne souffrant plus que la gendarmerie,
Comme autrefois, fust une pillerie.

A l'heresie il opposa les lois,
Par les citez fit florir les bourgeois,
Et par les champs les laboureurs, de sorte
Que dessous luy toute fraude estoit morte ;
Car n'offensant par ses gestes aucun,
Sa vie estoit un exemple à chacun.

En guerre il fut valeureux au possible,
Dur au travail, d'un courage invincible,
Resolu, sage, et qui en bon conseil
N'a de son temps rencontré son pareil.

Si qu'on doutoit en voyant sa prudence
Si dextrement conjointe à la vaillance,
Auquel estoient plus convenans ses faits,
Ou pour la guerre, ou pour le temps de paix.

Il eut au cœur si profondement née
L'honneste ardeur d'accroistre sa lignée

Et de la voir en grand nombre florir,
Brave aux combats, ardante de mourir
Ainsi que luy au milieu des gendarmes,
Que tous ses fils ordonna pour les armes,
Non à l'église, ou au métier de ceux
Qui sans travail languissent paresseux.
 Sa volonté n'a point esté trompée,
Ayant ses fils, tous enfans de l'espée,
Sacrez à Mars, quatre freres qui vont
Portant l'honneur du pere sur le front ;
Qui tous estoient presens à la bataille
Où ce grand Duc, par ceste sœur qui taille
Le fil humain, vit le sien detranché
A si vieil âge honorable attaché ;
Fil qui serroit d'une si blanche trame
Un corps si fort à une si forte ame.
 Aprés avoir en sa vieille saison
Remply d'honneurs et de biens sa maison,
Riche, eslevé par tout moyen honneste,
Mis des lauriers sur le haut de sa teste,
Et sage et brave entre les conquereurs,
Fait teste aux Roys, fait teste aux Empereurs,
Prins et gardé mainte ville assiegée,
Esté huict fois en bataille rangée,
Pour cinq grands Roys combatant d'un grand cœur,
Ores vaincu, et ores le vainqueur ;
Aprés avoir de Fortune diverse
Diverses fois senty mainte traverse,
N'enflant son cœur en la prosperité,
Ne l'abaissant en l'infelicité ;
Aprés avoir d'une ferme alliance
Joinct la Savoye et l'Espague et la France,
N'ayant jamais en son devoir failly,
Fut toutefois de l'envie assailly ;
Comme jadis maint brave capitaine
De la gent Grecque, et de la gent Romaine,
Qui pour avoir leur pays trop aimé,
Virent leur nom du peuple diffamé.

Or comme on voit qu'un bon athlete antique
Ne peut souffrir que la jouste Olympique,
Où dés jeunesse il avoit combatu,
Sans luy se passe, encor que la vertu
De son vieil corps par l'âge soit cassée,
Chaud toutefois d'une jeune pensée,
Du croc rouillé détache son harnois,
Et va combatre au milieu des tournois,
Et tout poudreux de mourir il s'essaye,
Non de vieillesse, ains d'une belle playe,
Par son sang mesme acquerant de l'honneur ;
Ainsi a fait ce vertueux Seigneur,
Lequel chargé de quatre-vingts ans d'âge,
Plein toutefois d'un valeureux courage,
Pour s'honorer d'un glorieux trespas,
Versa son sang au milieu des combas ;
Ratifiant les actes de sa vie
Par une mort d'une gloire suivie ;
Car volontiers par un commun accord
La belle vie engendre belle mort.

 Donc, toy passant, qui as oüy les gestes
De ce mortel comparable aux celestes,
Entens sa fin, puis tu diras soudain
Que rien n'est ferme en ce cloistre mondain.

 Quand les François, par civiles batailles,
Tournoient le fer en leurs propres entrailles,
Espoinçonnez d'infernale fureur,
Ce bon vieillard, s'opposant à l'erreur
Pour le secours du Roy son jeune maistre,
Fit toute France en armes apparaistre,
Dressa son camp et d'un cœur hazardeux
Prés Sainct Denys se campa devant eux,
Tout le premier marchant devant sa bande,
Comme un grand chef qui aux troupes commande.

 A l'aborder vivement s'élança,
Et sur la poudre à ses pieds renversa
Un chevalier, luy passant son espée
Outre le corps jusqu'aux gardes trempée.

Lors les François devenus furieux
Par la vertu du Duc victorieux,
Honteux de voir qu'une telle vieillesse
Faisoit rougir leur gaillarde jeunesse,
De pieds, de teste, et de glaive pointu,
Joignans Fortune avecques la vertu,
D'un si grand heurt les ennemis presserent,
Que sans vergongne en fuite les pousserent,
Environnant d'une poudre leur dos,
Le cœur de crainte, et de glace leurs os.
   Et si la nuict, bonne mere commune,
N'eust eu pitié de si triste fortune,
Si des suivans n'eust desrobé la main,
Et les fuyans enfermez en son sein,
Un mesme soir par mesme destinée
Avoit finy la guerre et leur journée.
   Comme il forçoit le front du second rang,
L'espée au poing, prodigue de son sang,
Un, qui n'osoit l'aborder en la face,
Vint par derriere, et de sa coutelace
En quatre endroits le chef luy detrancha,
Puis un boulet dans les reins luy cacha.
Navré à mort par un hazard de guerre
Ce preux vieillard fut renversé par terre,
Rouge de sang, couvert de poudre ; et lors
Se fit voiler le visage et le corps,
Pour n'amoindrir aux soldats le courage,
Voyant leur chef occis en tel orage.
   Ainsi broncha ce grand Duc des François !
Dessus luy fit un grand bruit son harnois,
En la façon qu'aux montagnes Rifées
Tombe un viel chesne ennobly de trofées,
Qui jusqu'au ciel levoit de toutes pars
Ses bras chargez des victoires de Mars,
Que les pasteurs de toute la contrée
Ornoient de fleurs, comme plante sacrée.
   Puis en parlant à Sanzé son cousin,
Luy dist : « Sanzé, bien-heureuse est ma fin

D'ainsi mourir! mon trespas me doit plaire,
Perdant ma vie en si beau cimetaire.
 » J'ay mon service en mourant approuvé;
Dites au Roy qu'à la fin j'ay trouvé
L'heureuse mort en mes playes cachée,
Que tant de fois j'avois pour luy cherchée! »
 Il demandoit combien restoit de jour,
Et qu'il falloit poursuivre sans sejour
Des ennemis la victoire gaignée,
Que par son sang il nous avoit donnée.
 Il demandoit si le cruel effort
Aux autres chefs avoit donné la mort
Ainsi qu'à luy : « Dites-leur, je vous prie,
Que d'une brusque et ardante furie
Pour nostre Prince ils marchent en avant,
Et la victoire ils aillent poursuivant. »
Si qu'en mourant n'avoit en sa memoire,
Que ces beaux mots de : Victoire! Victoire!
 Ainsi constant ce bon vieillard parla;
Deux jours aprés son ame s'en-vola
Auprés des Roys ses maistres, en sa place
Laissant çà bas une immortelle trace,
Et un exemple à la postérité
De ses vertus et de sa loyauté.
 Vous donques, fils, heritiers d'un tel pere,
Bien que soyez en fortune prospere,
Riches d'honneur, de faveur et de bien,
Ne fendez point le marbre Parien,
Et ne fondez des colonnes de cuivre
Pour faire icy vostre pere revivre.
 En lieu de marbre et de piliers divers,
Enterrez-moy vostre pere en ces vers,
Et l'honorez de nostre poësie.
 Une colonne à la fin est moisie,
Et les tombeaux par l'âge sont dontez,
Non pas les vers que la Muse a chantez.
 Loin de ce mort soient les pompes funebres,
Ces habits noirs, ces feux par les tenebres,

Larmes et cris! Marche le corselet
Percé, sanglant! marche le gantelet,
Son morion, sa lance et sa cornette!
 Le tabourin, le fifre et la trompette,
Tonnans au ciel par differens accords
D'un masle son, marchent devant le corps,
Et que tel bruit la mort mesmes assomme.
 Il faut ainsi enterrer un fort homme;
Car au milieu des chapes et des croix,
D'un vaillant Duc ne sied mal le harnois,
Qui de là haut en sa gloire infinie
Se plaist encor d'une telle harmonie,
Comme estant mort plein d'invincible foy,
Pour soustenir son Eglise et son Roy!

EPITAPHE

DE MESSIRE LOUYS DE BUEIL,

Comte de Sanserre, excellent Capitaine.

Cy dessous gist un Comte de Sanserre,
Un preux Louys de Bueil, qui avoit
Autant de dons que nature en pouvoit
Mettre en un corps magnanime à la guerre.
 Cy gist celuy qui sembloit un tonnerre
Quand de ses Rois les ennemis trouvoit,
Que la vertu et l'honneur qu'il suivoit
Firent sans pair tant qu'il vesquit en terre.
 Mais le haut ciel qu'homme ne peut flechir,
L'osta du monde, à fin de s'enrichir
De sa belle ame à nulle autre seconde;
 Pour ne souffrir qu'un cœur si valeureux
Vist nostre siecle ingrat et malheureux,
Où la vertu ne vivoit plus au monde.

(1573.)

EPITAPHE

PROMPTEMENT FAIT DU JEUNE LA CHASTRE,
Seigneur de Scillac.

Ou soit, Soleil, que d'en-bas tu retournes
De l'antipode, ou soit que tu sejournes
Sur nostre monde; hé! dy-moy, grand flambeau,
Allant, venant, as-tu rien veu si beau,
Si valeureux que ce corps, que la terre
Mere commune en ceste tombe enserre,
Qui devoit luire aprés le sien trespas
Là haut au ciel, non pourrir icy bas?
   Et toy, tombeau, qui durement enfermes
Cil qui joignit les Muses et les armes,
Combien de fois as-tu la nuict icy
Oüy gemir tout desfait et trancy
Le sainct troupeau des Muses, et appendre,
Triste present, leurs cheveux à sa cendre?
Qui des premiers Gentils-hommes François
Sur Helicon se baigna par neuf fois,
Beut de Permesse, et par bois et campagnes
Suivit les pas des neuf Nymphes compagnes;
Fut à leur bal sous la lune, et soudain
De leurs beaux dons se remplit tout le sein.
   Mais Eraton sur toutes amiable,
Muse d'Amour, luy estoit agreable.
   Que diray plus? Mars le fit bon guerrier,
Bon à cheval, au combat le premier,
Vaillant à pied, qui par trop de prouesse
Perdit la vie en la fleur de jeunesse.
Il craignit Dieu, il honora ses Rois,
Observateur des paternelles lois,
Et qui jamais ne gasta sa poitrine
D'une nouvelle estrangere doctrine;

Mais soustenant ses peres de la foy,
Mourut pour Dieu, pour la France et son Roy,
Donnant exemple aux nobles de le suivre,
Et comme il fit de mourir et de vivre.
　　En l'an soixante et neuf, que France estoit
Toute troublée, et qu'une part vestoit
D'armes son dos pour secourir son Prince,
Et l'autre part saccageoit sa province,
Ne pardonnant à temples ny autels,
(Les fiers geans ne furent jamais tels!)
Un grand orage, ains plustost une foudre,
De Provençaux plus espais que la poudre
Ou les sablons, contre leur Roy mutins,
Gastoient par tout les champs Perigordins,
Voulans leur joindre au grand camp des rebelles.
　　Ce preux, orné de vertus immortelles,
S'y opposa, et combattant il fit
Que leur camp fut d'une part desconfit.
　　Mais il tomba la sanglante victime
Du noir Pluton; bien qu'il fust magnanime,
Et fort guerrier, il ne peust à la fin,
Versant son sang, eviter le Destin.
　　Il eut d'un plomb la poitrine persée,
Il eut la teste en six endroits blessée,
Mourant, helas! d'un visage joyeux,
Dequoy son Prince estoit victorieux ;
Tant un bon cœur qui est touché de gloire,
Ayme son Dieu, son Prince et la victoire!
　　Comme il estoit en ce mortel ennuy,
Un sien soldat avise auprés de luy :
« Quand tu verras (ce luy dit) ma lumiere
Du tout esteinte en une nuict derniere,
De mes doigts oste un cher anneau, soudart,
Rends-le à ma Dame et luy dis de ma part,
Baisant sa main, que par faute de vie,
Et non d'amour, plus ne sera servie
De moy, qui tombe au fleuve Stygieux,
Jurant son front, sa bouche, et ses beaux yeux,

Qu'encor j'auray sur l'infernal rivage
Peint en l'esprit son nom et son visage. »
 Il dit ainsi, et ainsi finissant,
Alla sa vie et son sang vomissant.
Il fut de noble et vertueuse race ;
Il fut puisné, Scillac estoit sa place,
Jacques son nom, la Chastre son surnom,
Et n'eut horreur à trespasser, sinon
Le seul regret qu'il avoit de sa Dame,
Qui demy-mort luy revenoit en l'ame.
 Baigne, passant, son sepulchre de pleurs,
Puis verse auprés une moisson de fleurs,
Myrtes, lauriers; car le corps qui repose
Icy dessous, ne demande autre chose,
Comme celuy qui fut en son vivant
D'Amour, de Mars, et des Muses servant.

(1573.)

EPITAPHE

DE PHILIPPES DE COMMINES,
Historien.

Entre-parleurs :

LE PRESTRE ET LE PASSANT.

PASSANT.

Quelle est ceste Deesse emprainte en ceste yvoire,
 Qui se rompt les cheveux et tord les bras?

PRESTRE.
                    L'Histoire.

PASSANT.
Et l'autre qui d'un œil tristement despité
Lamente à ce tombeau?

EPITAPHES.

PRESTRE.
La simple Verité.

PASSANT.
Ne gist point mort icy le Romain Tite-Live?

PRESTRE.
Non, mais bien un François, (a) dont la memoire vive
Surpasse ce Romain, pour sçavoir égaler
La verité du faict avec le beau parler.

PASSANT.
Dy-moy ce corps doué de tant de vertus dines.

PRESTRE.
Philippes fut son nom, son surnom de Commines.

PASSANT.
Fut-il riche, ou s'il fut de basse race issu?

PRESTRE.
Il fut riche, et si fut noble de sang conceu.

PASSANT.
Qu'a-t-il escript, di-moy?

PRESTRE.
Ce perilleux voyage
Que firent les François à Naples, et l'outrage
Qu'on leur fist à Fornoue, (b) et des mesmes François
Les combats variez encontre les Anglois

a. Var. :

Non, mais un Bourguignon.....

b. Var. :

Que conte son histoire? — Elle dit le voyage
Que fit Charles à Naple, et le bouché passage
De Fortune ennemie.....

Et contre les Bretons, et les querelles folles
De nos Princes fauteurs du Comte de Charoles,
Lors que Mars avila de la France le los,
Et que le Mont-Hery la vid tourner le dos.

PASSANT.

Fut-il present au faict, ou bien s'il l'oüit dire?

PRESTRE.

Il fut present au faict, et n'a voulu rescrire
Sinon ce qu'il a veu; ne pour Duc ne pour Roy,
Il n'a voulu trahir de l'histoire la foy.

PASSANT.

De quel estat fut-il?

PRESTRE.

     De gouverner les Princes,
Et sage ambassadeur aux estranges provinces,
A l'honneur de son maistre, obstiné, travailler,
Et guerrier pour son maistre, obstiné, batailler.

PASSANT.

Pour avoir joint la plume ensemble avec la lance,
Qu'eust-il, prestre, dy-moy, pour toute recompense?

PRESTRE.

Ah, fiere ingratitude! il eut contre raison
La haine de son maistre et six mois de prison. (a)

PASSANT.

Quels maistres avoit-il?

PRESTRE.

     Philippes de Bourgongne,
Le Roy Charles huictiesme, et Loys, (ô vergongne!)

---

a. Var. :

La haine de son maistre et deux ans de prison.

Un Duc et deux grands Rois; mais eussent-ils encor
Esté plus qu'ils n'estoyent riches de gens et d'or,
Eussent-ils effrayé le monde de leur trope,
Eussent-ils tenu seuls les brides de l'Europe;
Si fussent-ils peris, et leur renom fust vain,
Sans la vraye faveur de ce noble escrivain,
Qui vifs hors du tombeau de la mort les delivre,
Et mieux qu'en leur vivant les fait encore vivre.
    Or toy, quiconque sois, qui t'enquestes ainsi,
Si tu n'as plus que faire en ceste eglise icy,
Retourne en ta maison et conte à tes fils comme
Tu as veu le tombeau du premier Gentilhomme
Qui d'un cœur vertueux fit à la France voir
Que c'est honneur de joindre aux armes le sçavoir.

(1560.)

EPITAPHE

D'ARTUSE DE VERNON,

Dame de Teligny.

Cy git (qui le croira?) une morte fontaine;
Une fontaine, non, mais une belle Fée,
Artuse, qui laissa sa belle robbe humaine
Sous terre, pour revoir dans le ciel son Alphée.
    Artuse, non, je faux, c'est toy Nymphe Arethuse,
Qui de tes claires eaux la source as fait tarir,
Et tarissant n'y eut ny Charite, ny Muse,
Qui ne pleurast, voyant ta fontaine perir.
    Et rompant leurs cheveux frapperent leurs poitrines,
Sur le haut d'Helicon languissantes d'esmoy,
Et maudissoient le jour qu'elles furent divines,
Pour ne sçavoir mourir de douleur aprés toy.
    Les Muses te vantoient la plus docte de France,
Les Charites chantoient ta simple honnesteté;

Mais tout cela se passe, et vient en decadence
Comme neige au soleil, ou comme fleur d'esté.

 L'onde qui distiloit de ta divine source,
T'advertissoit assez que tu devois aller
Aussi tost dans le ciel, que tu voyois ta course
Parmy les prez mondains soudainement couler.

 Or, tu es morte, Nymphe, et rien en ceste terre
Ne nous reste de toy sinon le vain tombeau ;
Ah ! trop ingrat tombeau, qui froidement enserre
Cela qui n'est plus rien, et fut jadis si beau !

 Adieu, belle Arethuse ! ou soit que tu demeures
Dedans le ciel là haut franche de nos liens,
Soit que tu sois là bas aux plaisantes demeures
Des vergers fleurissans aux champs Elysiens ;

 Reçoy ces beaux œillets et cette rose pleine
De mes pleurs que je t'offre afin de t'en couvrir ;
Car ce sont les presens qu'au bord d'une fontaine,
Comme tu fus jadis, un passant doit offrir. (a)

(1560.)

EPITAPHE

D'ANDRÉ BLONDET,

Lyonnois,
Seigneur de Rocquancourt, Grand-Tresorier de France.

Tout ce qui est en ce grand univers,
 Est composé de deux genres divers,
L'un est mortel, et l'autre n'a sa vie,
Comme la nostre, à la mort asservie ;

a. Var. :

Reçoy ces beaux œillets, reçoy ces roses pleines
De mes pleurs, dont je viens ta tombe couronner.
Les lys et les œillets sont les dons qu'aux fontaines,
Comme autrefois tu fus, un passant doit donner.

Tous deux aussi possedent divers lieux,
L'un en la terre, et l'autre habite aux cieux.
 Tout ce qui est là haut outre la lune,
Vit seurement, sans desfiance aucune
De voir son estre, ou dissoult, ou mué,
Ou son espece en autre remué ;
Car tout parfait vit en toute asseurance,
Se soustenant de sa propre puissance,
Loin de la mort, et bien loin du soucy,
Qui aux humains ronge le cœur icy.
 Mais tout cela qui vit dessous la nue,
Et de ses pieds foule la terre nue,
Soit les oiseaux, vagues hostes de l'air,
Soit les poissons, citoyens de la mer,
Soit à l'escart dans les forests ramées,
Des cerfs legers les grand's testes armées,
Doivent mourir ; ils sont engendrez tels,
Et de la mort sont appelez mortels.
 Mais par-sur tous l'homme, qui est semblable
D'esprit aux Dieux, est le plus miserable ;
Et la raison qui vient divinement,
Luy est vendue un peu trop cherement ;
[Car nous l'avons à condition d'estre
Tres-malheureux dés l'heure de nostre estre.
L'un en procés, l'autre en querelles vit,
L'autre a la fiebvre et languit dans un lit,
L'un est aveugle, ou sourd, ou hydropique,
L'autre est gouteux, ou pantois, ou etique.
Bref mal sur mal nous vient de tous costez,
Et seulement nous ne sommes dontez
De tant d'ennuis dont nostre vie est pleine,
Mais bien souvent l'ambitieuse peine
De parvenir aux estats les plus hauts
Fait aux mortels plus de mal que leurs maux.
En cependant la tremblante vieillesse
Suyt pas à pas nostre courte jeunesse,
Puis la mort vient, puis nous ne sommes plus
Qu'un vain fardeau dans un tombeau reclus.]

A tout le moins si nature honorable
Eust ordonné d'arrest irrevocable
Que les méchans mourroient tant seulement,
Vivans les bons perpetuellement,
Quelque confort auroit nostre misere,
Et la nature à bon droit seroit mere.
Mais quand on void les méchans si long-temps
Vivre gaillards au terme de cent ans,
Sans amender leur malice premiere,
Et quand on void les bons ne vivre guiere;
L'humanité de l'homme, soucieux
De s'enquerir, en accuse les cieux.
  Las! qui verroit dans un gras labourage
Tomber du ciel le mal-heureux orage,
Qui d'une gresle et d'un vent jusqu'au fond
Perdroit les bleds qui, ja grandets, se font
Tous herissez d'espics, où la semence
A se former à quatre rangs commence,
Et laisseroit seulement dans les champs
La noire yvraye, et les chardons tranchans,
La ronce aigüe, et la mordante espine
Qui sur le bled miserable domine;
Qui est celuy, tant soit constant de cœur,
Qui n'accusast la celeste rigueur,
Et ne branlast contre le ciel la teste,
D'avoir rué une telle tempeste?
Or toutefois conformer il nous faut
Au sainct vouloir du grand Dieu de là haut,
Qui des mortels à son vouloir dispose,
Et pour le mieux ordonne toute chose;
Lequel a pris en sa celeste court
André Blondet, seigneur de Rocquancourt,
Et l'a tiré de ceste fange humaine
Pour luy donner demeure plus certaine,
Où loin d'ennuis et de soins langoureux
Vit tres-heureux entre les bien-heureux.
Car bien qu'il fust grand Tresorier de France,
Bien qu'à l'espargne il eust toute puissance,

Qu'il fust courtois, gracieux et gentil,
D'un esprit vif, vigilant et subtil,
Qu'il fust amy des belles Pierides,
De leurs rochers, de leurs sources liquides,
Bon serviteur des Princes et des Rois ;
Si fut-il né pour mourir quelquefois,
Et pour changer ce miserable monde,
Pour estre au ciel où tout plaisir abonde.
 Donques, Le Fevre, oste le desplaisir
Qui pour sa mort t'estoit venu saisir,
Et ne repugne à la volonté sainte.
La sourde main n'entend point ta complainte,
Et par tes pleurs ne se peut racheter ;
Aussi tes pleurs il ne peut écouter
Ny tes souspirs, comme estant froide cendre,
Qui plus ne peut tes paroles entendre ;
Et tu te peux toy-mesmes tourmenter,
Et ton ennuy par larmes augmenter,
Te consommant de douleur soucieuse
Pour le regret d'une ame bien-heureuse,
Qui vit au ciel, exempte du trespas
Qui te demande, et tous ceux d'icy bas.

(1560.)

EPITAPHE

DE LOYSE DE MAILLY,

Abbesse de Caen et du Lis.

L'ESPRIT DE LA DEFFUNCTE PARLE AU PASSANT.

Ou soit que la Fortune, ou soit que le chemin
T'ait conduit à ma tombe, écoute à quelle fin,
Passant, je te suppli' d'arrester pour entendre,
Tant sois-tu bien appris, ce qu'il te faut apprendre

Pour mespriser le monde, et lever ton esprit
A Dieu, dont tu es fils par un seul Jesus-Christ.
Tu apprendras icy que les choses mondaines,
Par exemple de moy, sont caduques et vaines,
Qui maintenant ne suis quant au monde plus rien.
Tu apprendras encor que ny faveurs ny bien,
Noble sang, ny parens, tant soient grands, n'ont puis-
De faire tous ensemble à la mort resistance.   [sance
Car si pour estre riche on ne devoit mourir,
La richesse à bon droit me devoit secourir,
Qui fus en mon vivant du Lis et Caen abbesse.
Et si contre la mort profitoit la noblesse,
Encores moins son dart eust mon corps assailly,
Car j'estois de la race et du sang de Mailly.
Ferry, jadis Baron de Conty, fut mon pere,
Et de Montmorency Loyse fut ma mere,
J'eu pour oncle et seigneur Anne Montmorency,
Connestable de France, et pour freres aussi
Messieurs de Chastillon, l'un qui Odet se nomme,
L'honneur des cardinaux de l'église de Rome,
L'autre fut admiral; (a) mais la mort qui n'a pas
A telle chose esgard, m'a conduite au trespas
Aussi bien qu'elle fait la moindre creature,
Et ne m'a rien laissé que ceste pierre dure.
Comme un bon pellerin s'éjouit en son cœur
D'avoir de son voyage accomply la longueur
Pour revoir au logis la face de son pere;
Ainsi tout homme doit (pensant à la misere
Qu'apporte jour et nuit ce voyage mondain)
Rire d'aise en son cœur de l'accomplir soudain
Pour voir son Dieu là haut, et pour estre delivre
Des maux ausquels il faut en ce bas monde vivre;

a. Var. :

Messieurs de Colligny, de qui la renommée
Vivante ne sera des âges consommée,
Plus forte que l'oubly....

Ainsi que maintenant, en un plus heureux lieu,
Loin de soucis humains, je vy prés de mon Dieu
Avecques ses esleuz, qui comme moy se rient
Des vanitez du monde, et de ceux qui s'y fient. (¹)
(1560.)

EPITAPHE
DE CLAUDE DE L'AUBESPINE,
Secretaire des commandemens,

EN FORME DE COMPLAINTE CONTRE LA MORT SOUS LA
PERSONNE DE MADAME DE L'AUBESPINE.

Quand l'Aubespine alla sous le tombeau
  En son printemps, en son âge plus beau,
Qui fleurissoit comme une jeune rose
Dessus la branche au point du jour esclose,
Que la tempeste à midy s'eslevant
Fanit à terre et fait jouet au vent,
Une Dryade errante, eschevelée,
Seule, pensive, en pleurant est allée
Sous l'ombre aymé d'un desert Aubespin.
  Là de sanglots trainant sa vie à fin,
Et consommant de tristesse son ame,
D'ongles pointus sa poitrine elle entame,
Et frappant l'air de cris continuels,
Nomme les Dieux et les astres cruels,
Rompt ses cheveux, et de fureur attainte
Contre la mort poussa telle complainte :
  « Sourde, cruelle et mal-heureuse mort,
Qui m'as laissée en triste desconfort

---

1. Voir plus loin la pièce intitulée : *Le Passant respond à l'Esprit.*

Pour le regret d'une si chere perte ;
Ainsi que luy que ne m'as-tu couverte
D'un tombeau mesme, à fin qu'en doux repos
Ma cendre fust compagne de ses os,
Et que Caron tous deux en un voyage
Nous eust passez dessus l'autre rivage?
Car aussi bien je ne vy plus icy,
Las! je trespasse, et le mordant soucy,
Joint au penser de ma perte avenue,
En un corps vif languissante me tue,
Et n'ay recours qu'aux souspirs et aux pleurs,
Cruels tesmoins de mes fortes douleurs.

» Mais tel remede est propice à ma peine ;
En larmoyant je deviendray fontaine,
Tant par les yeux de larmes j'espandray ;
Ou me noyant, franche je me rendray
Du corps fascheux, en qui je vy sans vivre,
Faicte un esprit à fin de mieux le suivre.

» Ah! fiere mort, alors que nos printemps
En leurs verdeurs florissoient plus contens,
Luy en sa belle et premiere jouvence,
Moy en la fleur de l'âge qui commence,
Dure, felonne, au gros cœur inhumain,
Tu as tranché d'une cruelle main
(Dont seulement du souvenir je tremble)
Le beau lien qui nous joignoit ensemble,
Et n'as vers luy si favorable esté
Que ses beaux ans vinssent en leur esté.

» Les oisillons dedans leur nid sans plume
Par les pasteurs ont ainsi de coustume
Estre ravis, ainçois que leurs beaux sons
Soient entendus de buissons en buissons.

» Ainsi void-on sous la tempeste dure
Les blés versez en leur jeune verdure,
Et sans espoir contre terre accropis,
Ains que le chaud ait meury leurs épics.

» D'où vient cela que les herbes qui croissent
Parmy les prés remeurent et renaissent,

Et quand l'homme est dans le tombeau reclus,
Il va là bas et ne retourne plus?
  » On dit qu'Orphée ardant en la poitrine
De trop d'amour, alla voir Proserpine;
Devant Pluton si tristement sonna,
Que son espouse encor luy redonna.
  » Ah! que ne puis-je, ayant l'ame eschaufée
D'honneste amour, devenir un Orphée?
  » J'irois là bas flechir de mes douleurs
Ces cœurs felons qui n'ont soin de nos pleurs,
Et des enfers les ombres et les faintes
En larmoyant j'esmouv'rois de mes plaintes,
Non comme luy pour ma femme r'avoir,
Mais cher mary, seulement pour te voir,
Et pour sçavoir si la fosse profonde
Te rend l'honneur que tu avois au monde (a)
Et tes beaux yeux, dont tel jour s'épandoit
Que l'Amour mesme amoureux il rendoit.
  » Avecques moy descendroit Calliope,
La lyre au poing; car tu aimois la trope
Des Muses sœurs quand icy tu vivois,
Et pour plaisir mignonnes les avois.
  » Amour, Venus, les Jeux et les Charites
N'y viendroient pas; elles furent destruites
Quand tu mourus, mourant avecque toy;
L'honneur mourut, preud'hommie et la foy,
Et les vertus qui sous mesme closture
De ton sepulchre ont choisi sepulture.
  » Jadis Alceste, à fin de secourir
Son cher mary, pour luy voulut mourir;
Et je voudrois, pour te remettre en vie,
Qu'en te sauvant la mienne fust ravie.
  » Heureuse Alceste, heureuse mille fois!

a. Var. :

Et pour sçavoir si la mortelle audace
T'a dérobé là bas ta belle face.

Cœur genereux, helas! qui ne voulois
Survivre icy de tant de maux enclose,
Ayant perdu une si chere chose,
Ton cœur fust mort entre cent mille ennuis.
Tu fus premiere, et seconde je suis,
Qui ne craindrois sous les ombres descendre,
Si par ma mort vif je le pouvois rendre.
  » Toy trespassant, pour mon mal appaiser
Je r'amassay de ta bouche un baiser,
Qui respirant sur ta lévre mourante
Erroit encor d'une haleine odorante ;
D'un long souspir ce baiser je humay ;
Vint aux poumons, au cœur je l'enfermay,
Je l'échaufay d'une amoureuse flame,
Et pour tombeau je luy donnay mon ame.
  » De ton trespas les fleuves ont pleuré,
Et Seine large au grand cours separé,
Qui ta maison entournoit de ses ondes,
En a gemy sous ses vagues profondes.
  » Les belles fleurs en ont perdu couleur ;
L'Autonne, atteint d'une extreme douleur,
Devint Hyver ; les forests, habillées
D'un manteau verd, en furent dépouillées.
  » Tout se changea ; les rochers et les bois
T'ont regretté ; aussi ont faict les Rois,
Princes, Seigneurs, qui avoient cognoissance
De ta vertu dés ta premiere enfance.
  » Tout se pasma de tristesse et d'émoy ;
Mais certes rien n'a tant gemy que moy,
Me consommant de larmes inutiles.
  » Le frere tien qui a pris de Neuf-Villes
Son beau surnom, en gemit à la mort,
Sur ton sepulchre assis sans reconfort.
Ton frere en pleure, et ta sœur en lamente,
Ton oncle grand, ton oncle s'en tourmente.
  » Nous ressemblons à ces rossignolets,
Qui retournant trouvent leurs nids seulets,
Estans allez chercher quelque bechée

Loin du taillis pour nourrir leur nichée,
Que le pasteur de ses ongles courbez
Cruellement sans plume a dérobez.
 » Deçà delà d'une complainte aigüe,
En grosse voix, en longue et en menue,
Entre-coupant l'haleine de leurs chants,
Font resonner les taillis et les champs,
Et jour et nuit par les fueilles nouvelles
En gemissant redoublent leurs querelles.
 » Ainsi, tres-cher, la mort nous accusons,
Et mille maux contr'elle nous disons;
Mais pour-neant; car elle est à merveilles
Sourde, et n'a point comme les Dieux d'oreilles;
Pour ce les pleurs n'en peuvent approcher;
En lieu d'un cœur elle porte un rocher. »
 A tant se teut l'amoureuse Dryade,
Dont les beautez, les graces et l'œillade
Pourroient tuer la mort et le trespas,
Forcer le ciel; mais ces cruels n'ont pas
Ny yeux, ny cœurs, tendons, muscles, ny veines,
Pour se fléchir par prieres humaines.
Il faut partir; car tout ce qui est né,
Est pour mourir un jour predestiné.

(1573.)

EPITAPHE

DE FEU M. LE PRESIDENT DE SAINCT ANDRÉ.

Entre-parleurs :

LE PASSANT ET LA JUSTICE.

PASSANT.

Encor' que ce tombeau ne soit point décoré
De marbre ny de cuyvre en œuvre elaboré,
Qu'il ne soit enrichy d'un pompeux edifice,

Si est-ce qu'en voyant la Déesse Justice
Dessus se lamenter, je croy qu'il tient enclos
D'un personnage illustre et la cendre et les os.
Pour ce raconte-moy, Déesse, je te prie,
Quel fut ce corps, son nom, son estre et sa patrie,
Aussi de quels parens il se vid engendré.

JUSTICE.

Il fut de Carcassonne, il eut nom Saint-André,
Yssu de noble race, et qui a d'avantage
Par sa propre vertu annobli son lignage.

PASSANT.

De quel estat fut-il?

JUSTICE.

                  De grande authorité
President au palais, qui remply d'equité
M'avoit donné son cœur, son ame et sa pensée,
Me tenant comme il faut justement balancée.
Bien qu'il fust venerable et d'honneurs et d'enfans,
De mœurs et de prudence, et de conseil et d'ans,
Qui rendent en tous lieux l'homme plus honorable;
Bien qu'il eust une taille aux demi-Dieux semblable,
Bien qu'il eust combatu l'ignorance et l'erreur,
L'asseurance des bons, des méchans la terreur,
Honoré des plus grands, aymé du populaire,
Et de mes senateurs le parfaict exemplaire;
Si est-ce que la mort qui consomme chacun
L'a fait (comme tu vois) passer le port commun.
Les mortels ont çà bas pour usufruict la vie,
Aussi tost au printemps qu'en autonne ravie,
Selon que les fuseaux des Parques l'ont filé.
Or' va, fay ton chemin, passant, c'est trop parlé!
Apprens que la matiere eternelle demeure,
Et que la forme change et s'altere à toute heure,
Et que le composé se rompt par le discord,
Le simple seulement est exempt de la mort.

SIXAIN

POUR LES CŒURS DE MESSIEURS DE L'AUBESPINE.

Passant, trois cœurs en deux sont enterrez-icy ;
Les deux sont desja morts, l'autre vit en soucy,
Qui, demi-mort, sa vie et soy-mesme dédaigne.
Or comme ces trois cœurs en vivant n'estoient qu'un,
C'est raison qu'à tous trois un tombeau soit commun,
Afin que le cœur vif les cœurs morts accompagne.

(1578.)

EPITAPHE

DE FRANÇOISE DE VIEIL-PONT,
Prieure de Poissy.

FAIT EN FAVEUR DE SIMON NICOLAS,
Secretaire du Roy.

Amy passant, je te suppli' d'attendre !
Sous ce tombeau repose un peu de cendre
D'un corps, qui fut bien grand quand il vivoit,
Pour les vertus et les biens qu'il avoit.
C'est une Dame heureuse et vertueuse,
Qui ne voulant estre voluptueuse,
A quatre ans vint pour estre instruite icy,
Puis à douze ans en prit le voile aussi,
Et à quatorze elle fist vœu de vivre
Selon son ordre et les regles ensuivre.

Biens et grandeurs et tiltres apparens,
Sang ancien, noblesse de parens,
Ne luy failloient, ny richesse mondaine ;
Mais dédaignant, comme une chose vaine,
Tant de faveurs, plus humble apparoissoit,
Et sa vertu contre l'honneur croissoit.
Pour oncle elle eut ce grand chef des armées
Qui de son nom les terres a semées,
C'est Annebaut de la France admiral,
Utile au peuple, à son Prince feal,
Qui gouverna de fidele creance
François premier, grand monarque de France.
Sans compagnon seul il le possedoit,
Et à nul autre en faveur ne cedoit.
C'estoit beaucoup de plaire à si grand Prince,
Qui le choisit de toute sa province
Seul pour avoir entier gouvernement.
 Or de ce Roy le parfaict jugement
Ne se trompoit ; car sa vertu fut telle
Qu'aprés sa mort elle vit immortelle.
Il est bien vray qu'il eut des envieux ;
Enviez sont les Princes et les Dieux.
 Elle sortant d'une si noble race,
Belle d'esprit et de corps et de face,
Avoit le front d'honneur si entourné,
Qu'en la voyant l'œil estoit estonné,
Et dans le cœur on sentoit une crainte,
La voyant belle et ensemble si saincte.
 Vingt et sept ans elle alloit achevant
Quand elle fut dame de ce Convant.
Or la voyant et belle et genereuse,
D'un esprit prompt, et de memoire heureuse,
D'un jugement et certain et rassis
Qui méprisoit le monde et nos soucis,
Et toute-fois de chacun bien voulue,
On estimoit que Dieu l'avoit esleue,
La remplissoit de sa grace à foison,
Pour gouverner une telle maison ;

Car de son temps en nombre on pouvoit estre
Plus de sept vingts et douze dans ce cloistre.
  Exemple fut à tous d'humilité,
D'honneur, vertu, humblesse, chasteté,
De patience et prompte vigilance;
Et qui plus est d'entiere continence.
Aux souffreteux ses biens elle donna,
Et tellement son devoir ordonna,
Que son trespas et la fin de sa vie
Fut d'une mort bien-heureuse suivie.
  Car prevoyant de son heure la fin,
Levoit les yeux vers le Seigneur, afin
D'abandonner sa prison corporelle
Pour aller voir la lumiere eternelle,
Et se rejoindre à son estre là haut
Pour mieux jouir du bien qui point ne faut.
  Doncques ayant ordonné ses affaires
Qui luy sembloient au monde necessaires,
A quarante ans en ce lieu trespassa,
Et de sa mort à chacune laissa
Dedans le cœur une tristesse amere
Pour le regret d'une perte si chere.
  Or va, passant, où le pied te conduit,
Et pense en toy que le trespas te suit
Comme il a fait autrefois ceste dame;
Pri' qu'à son corps legere soit la lame,
Et qu'en paisible et sommeilleux repos
Puissent dormir ses cendres et ses os.
Jette dessus maint lis et mainte rose;
Car cy-dessous la fleur d'honneur repose.

                (1573.)

EPITAPHE
DE FEU DAMOISELLE ANNE L'ESRAT,
Angevine.

Mal-heureuse journée,
Mal-heureux Hymenée,
Qui là-bas as conduit
Ceste belle Angevine,
Pour ses vertus indigne
De voir si tost la nuict.

Avant qu'elle eust puissance
D'avoir la cognoissance
D'une si saincte amour,
Et du doux nom de mere,
La Parque trop severe
Luy a bruny son jour.

Hà debile nature,
Puis que ta creature
Tu ne peux secourir!
Le Destin est le maistre
De ce monde, et le naistre
Est cause du mourir.

Ny beauté ny richesse
Ne peuvent la rudesse
De la mort émouvoir;
La rose sur l'espine
A sa robe pourprine
Du matin jusqu'au soir.

Belle ame genereuse,
Tu marches bien-heureuse
Là bas entre les fleurs,
Franche de nos miseres,
Laissant icy tes freres
En soucis et en pleurs.

Desquels le noble couple
Passe la flame double
De ces Jumeaux divins,
Dont l'honneur et la gloire
Luisent aux bords de Loire
Deux astres Angevins.
   Les rives Permessides,
Les sources Castalides,
Et l'antre Cyrrheen
A l'envy les cognoissent,
Et les lauriers qui croissent
Au mont Parnassien.
   Ils n'ont voulu construire
Ta tombe de porphyre,
De pompe, ny d'orgueil,
Ny de masses confuses;
Mais par l'outil des Muses
Ont basti ton cercueil.
   Des Muses la parole
Gaigne le mauseole :
L'un œuvre de marteau,
L'autre edifice d'encre,
Où jamais la mort n'entre
Contre l'âge plus beau.
   Quelqu'un de grand courage
Accomplira l'ouvrage
Plus haut que n'est le mien;
L'Esrat, pour te complaire,
Il me suffit de faire
Ce pilier Dorien;
   Et versant force roses,
Et force fleurs escloses,
Et force myrte espais,
Supplier que la terre
D'un mol giron enserre
Ses reliques en paix.

(1578.)

EPITAPHE DE MARULLE,

Capitaine, et Poëte Grec tres-excellent,
natif de Constantinople.

Dites bas de bonnes paroles, (a)
Muses, et avec mes chansons
Accordez foiblement les sons
De vos luths et de vos violes.
   Voicy de Marulle la tombe;
Priez qu'à tout jamais du ciel
La douce manne et le doux miel
Et la douce rosée y tombe.
   Je faux : la tombe de Marulle?
De luy sa tombe n'a sinon
Les vaines lettres de son nom;
Il vit là bas avec Tibulle.
   Dessus les rives Elysées,
Et sous l'ombre des myrtes vers,
Au bruit des eaux chante ses vers
Entre les ames bien prisées.
   Pincetant sa lyre cornue
En rond, au beau milieu d'un val,
Tout le premier guide le bal,
Foulant du pied l'herbe menue.
   Lors que ses doux accens respandent
Les douces flames de l'amour,
Les Heroïnes tout autour
De sa bouche Latine pendent.
   Tibulle avecques sa Delie
Danse la tenant par la main,
Corinne l'amoureux Romain,
Et Properce tient sa Cynthie.

a. Var. :
Demenez ici vos caroles,

EPITAPHES.

Mais quand ses graves sons réveillent
Les hautes louanges des Dieux,
Les doctes Romains les plus vieux (*a*)
Béans à son luth s'émerveillent
   Dequoy luy, né sur le rivage
D'Hellesponte, a si bien chanté,
Qu'estant Grec il a surmonté
Les vieux Latins en leur langage.
   Chere ame, pour les belles choses
Que j'appren en lisant tes vers,
Pren pour present ces lauriers vers,
Ces beaux lis et ces belles roses.
   Tousjours legere soit la terre
A tes os, et sur ce tombeau
Qui enserre un esprit si beau
Tousjours grimpe le verd lierre! (*b*)
               (1560.)

SUR LE TRESPAS D'ADRIAN TURNEBE,

Lecteur du Roy,
l'honneur des lettres de son temps.

Je sçay chanter l'honneur d'une riviere;
  Mais quand je suis sur le bord de la mer,
Pour la louer, la voyant escumer
En sa grandeur si profonde et si fiere,

a. Var. :

Les esprits les plus precieux

b. Var. (1584) :

  Legere à tes os soit la terre;
Pluton te face un doux recueil,
Et sur le haut de ton cercueil
Tousjours grimpe le verd lierre.

Du cœur s'enfuit mon audace premiere
Prés de tant d'eau, qui me peut abysmer.
Ainsi voulant Turnebe r'animer,
Je suis vaincu, ayant trop de matiere.
 Comme la mer, sa louange est sans rive ;
Sans bord son los, qui luit comme un flambeau ;
D'un si grand homme il ne faut qu'on escrive.
 Sans nos escrits son nom est assez beau ;
Les bouts du monde où le soleil arrive,
Grands comme luy, luy servent de tombeau.
(1567.)

EPITAPHE

DE JEAN DE LA PERUSE,

Angoulmois, Poëte tragique.

Tu dois bien à ce coup, chetive tragedie,
  Laisser tes graves jeux,
Laisser ta scene vuide, et contre toy hardie
  Te tordre les cheveux ;
Et de la mesme voix dont tu aigris les Princes
  Tombez en déconfort,
Tu dois bien annoncer aux estranges provinces
  Que La Peruse est mort.
Cours donc eschevelée, et dy que La Peruse
  Est mort, et qu'aujourd'huy
Le second ornement de la tragique Muse
  Est mort avecque luy ;
Mais non pas mort ainsi qu'il faisoit, en sa scene,
  Aprés mille debas,
Les Princes et les Roys mourir d'une mort vaine,
  Qui morts ne mouroient pas ;
Car un dormir de fer luy sille la paupiere
  D'un eternel sommeil,

Et jamais ne verra la plaisante lumiere
    De nostre beau soleil.
Helas, cruel Pluton ! puis que ta sale obscure
    Reçoit de tout quartier
Tout ce qui est au monde, et que de la nature
    Tu es seul heritier,
Et qu'on ne peut frauder le derrenier truage
    De ton port odieux,
Tu devois pour le moins luy prester d'avantage
    L'usufruit de nos cieux.
Tu n'eusses rien perdu ; car aprés quelque année,
    Suivant l'humaine loy,
Aussi bien qu'aujourd'huy, la fiere destinée
    L'eust emmené chez toy.
Or adieu donc, amy! aux ombres dans la sale
    De ce cruel Pluton,
Tu joues maintenant la fable de Tantale
    Ou du pauvre Ixion ;
Et tu as icy-haut laissé ta scene vuide
    De tragiques douleurs,
Laquelle autant sur toy que dessus Euripide
    Verse un ruisseau de pleurs.
Tousjours sur le printemps la vigne et le lierre,
    D'un refrizé rameau,
Rampent pour ta couronne au plus haut de la pierre
    Qui te sert de tombeau !
             (1560.)

EPITAPHE

DE NICOLAS VERGECE,

Grec-Cretois, grand amy de l'autheur.

Crete me fit, la France m'a nourri,
La Normandie icy me tient pourri.
O fier Destin qui les hommes tourmente,

Qui fais un Grec à Coutance perir!
Ainsi prend fin toute chose naissante.
De quelque part qu'on puisse icy mourir,
Un seul chemin nous meine à Rhadamante. (¹)
(1573.)

EPITAPHE

DE MARIE BRACHET.

Arreste-toy, passant; cy-dessous gist la cendre
D'une qui ne devoit sous les ombres descendre,
Mais qui devoit plustost, sans aller au tombeau,
Se faire dans le ciel un bel astre nouveau,
Pour servir de lumiere et de guide eternelle
Aux dames qui l'honneur voudront suivre comme elle;
Car tout ce que nature et le ciel plus benin
Donnent pour ornement au sexe feminin,
Ceste Dame l'avoit, ayant tousjours suivie
L'honorable vertu qui conduisoit sa vie.
  Les cheveux que tu vois rompus et respandus,
Arrosez de ces pleurs tristement espandus,
Ce sont les vrais cheveux et les larmes non feintes
Que la Pudicité, et ses compagnes saintes,
Sur la tombe ont versés, nommant les Dieux cruels,
D'oster si tost le jour qui luisoit aux mortels!
Car tant qu'elle vesquit, elle fut la lumiere
Qui en toutes vertus esclairoit la premiere.
Marie fut son nom, Brachet fut son surnom,
Et sa ville Orleans, où l'on n'entend sinon
Loire contre les murs d'une ville si forte
Encor se lamenter que sa Marie est morte.

1. Serait-ce un de ces deux Grecs qui vinrent en France apportant pour toute richesse les œuvres de Simonide et de Pindare? (VI, 155.)

Elle eut pour son espoux Jean Prevost, President,
Qui fut de la justice et d'honneur si ardent,
Que long-temps au Palais faisant au Roy service,
A chacun droitement administra justice.
 Huict fils consecutifs elle engendra de luy.
Le second de ces huict repose en mesme estuy
Que sa mere, ô pitié! et mesme tombe assemble
Et la mere et le fils en un repos ensemble.
Il fut en son vivant general en la cour
Des Aydes à Paris. Le dard aveugle et sourd
De la mort l'a tué, pour faire à tous cognoistre
Que l'ordre s'entre-suit de mourir et de naistre.
 Mais bien qu'il fust entier, docte et plein de bon-heur,
Et que sa mere fust de son siecle l'honneur,
Cela n'empescheroit qu'ainsi qu'une fumée
Le temps ne consumast leur belle renommée,
Sans un autre Prevost, lequel a survescu
Les deux, et par ces vers leurs trespas a vaincu,
Le vengeur de leur mort, comme estant l'excellence
De sa race, et tenant aujourd'huy la balance
Dans le Palais sacré, où dispensant les lois,
Merite estre nommé le Minos des François.
 Dieu le vueille garder, et faire que son ombre
Des autres qui sont morts n'aille augmenter le nombre;
Mais servant au public, puisse forcer le temps,
Et, vieillard, arriver au terme de cent ans.

(1584.)

EPITAPHE

DU SEIGNEUR DE QUELUS,
PAR DIALOGUE.

LE PASSANT ET LE GENIE.

LE PASSANT.

Est-ce icy la tombe d'Amour?

Le Genie.

Non ; car tu verrois à l'entour
Sa trousse à terre renversée,
Son arc et sa flesche cassée,
A ses pieds rompu son bandeau,
Et sans lumiere son flambeau.

Le Passant.

Est-ce point celle d'Adonis?

Le Genie.

De Venus les pleurs infinis,
Et du fier sanglier l'aventure
Se verroient sur sa sepulture ;
Les pigeons, les cygnes voler,
Amour sa mere consoler.

Le Passant.

Est-ce Narcisse, qui aima
L'eau qui sa face consuma,
Amoureux de sa beauté vaine?

Le Genie.

Auprés on verroit la fontaine,
Et de luy transi sur le bord
Naistre une fleur aprés sa mort.

Le Passant.

Est-ce Ajax, des Troyens vainqueur,
Qui d'un fer se perça le cœur,
Tant d'erreur l'ame il eut frappée!

Le Genie.

A bas on verroit son espée,
Et son bouclier sans nul honneur
Se rouiller prés de son seigneur.

Le Passant.

Est-ce Hyacinth', qui convertit

Son sang en fleur, quand il sentit
Le palet poussé par Zephyre?

LE GENIE.

D'Apollon la piteuse lyre
S'entendroit icy resonner,
Et personne ne l'oit sonner.

LE PASSANT.

Qui donc repose icy dedans?

LE GENIE.

La beauté d'un jeune printemps
Et la vertu qui l'homme honore,
Laquelle sous la tombe encore
En despit du mesme malheur,
Enseigne aux François la valeur.

LE PASSANT.

Quelle Parque, au cizeau cruel,
Luy trancha sa trame?

LE GENIE.

     Un duel.
Mars comblé de peur et d'envie,
Devant ses ans coupa sa vie,
Craignant de luy se voir vaincu,
Si ce corps eust long-temps vescu.

LE PASSANT.

En quel âge vit-il Pluton?

LE GENIE.

A peine son jeune menton
Se couvroit d'une tendre soye
Quand de la Parque il fut la proye.
Ainsi souvent le ciel destruit
La plante avant que porter fruit.

EPITAPHES.

LE PASSANT.

Quel païs de luy s'est vanté?

LE GENIE.

Languedoc l'avoit enfanté,
Issu de ceste vieille race
De Levi, que le temps n'efface.

LE PASSANT.

Au reste, dy son nom.

LE GENIE.

Quelus.
Va, passant, n'en demande plus.

(1584.)

POUR LE SEIGNEUR DE MAUGIRON.

SONNET.

La Déesse Cyprine avoit conceu des cieux,
En ce siecle dernier, un enfant dont la veue
De flames et d'esclairs estoit si bien pourveue
Qu'Amour son fils aisné en devint envieux.
  Dépit contre son frere, et jaloux de ses yeux,
Le gauche luy creva; mais sa main fut deceue;
Car l'autre qui restoit, d'une lumiere aigüe
Blessoit plus que devant les hommes et les Dieux.
  Il vient en souspirant s'en complaindre à sa mere;
Sa mere s'en mocqua. Luy, tout plein de colere,
La Parque supplia de luy donner confort.
  La Parque comme Amour en devint amoureuse.
Ainsi Maugiron gist sous ceste tombe ombreuse
Tout ensemble vaincu d'Amour et de la Mort.

(1584.)

EPITAPHE
DE REMY BELLEAU,
Poëte.

Ne taillez, mains industrieuses,
Des pierres pour couvrir Belleau :
Luy-mesme a basty son tombeau
Dedans ses pierres precieuses.

EPITAPHE D'ALBERT,
Joueur de luth du Roy François Ier.

Entre-parleurs :
LE PASSANT ET LE PRESTRE.

PASSANT.
Qu'oy-je dans ce tombeau résonner?
PRESTRE.
      Une lyre.
PASSANT.
N'est-ce pas celle-là qui peut si bien redire
Les chansons d'Apollon, que flattez de sa vois
Tiroit racine et tout, les rochers et les bois,
Et prés de Pierie, ainsi qu'une ceinture,
En un rond les serroit sur la belle verdure?
PRESTRE.
Ce n'est pas celle-là.

PASSANT.

              Quelle lyre est-ce donc?

PRESTRE.

C'est celle d'un Albert, que Phebus au poil blond
Apprit dés le berceau et luy donna la harpe,
Et le luth le meilleur qu'il mit onc en escharpe;
Si bien qu'aprés sa mort son luth mesmes enclos
Dedans sa tombe encor sonne contre ses os.

PASSANT.

Je suis émerveillé que sa lyre premiere
En son art, ne flechit la Parque meurtriere!

PRESTRE.

Point n'en faut s'esbahir; Orphée, qui fut bien
Enfant de Calliope et du Dieu Cynthien, (a)
Ne la sceut point flechir, et pour la fois seconde,
D'où plus il ne revint, alla voir l'autre monde.

PASSANT.

Quelle mort le tua?

PRESTRE.

              Une pierre qui vint
Luy boucher la vessie, et le conduit luy print,
En celle part où l'eau par son canal chemine,
Et tout d'un coup boucha sa vie et son urine.

PASSANT.

Je suis tout esbahy que luy, qui flechissoit
Les pierres de son luth, ne se l'amollissoit!

a. Var. :

Ne t'en esbahis point; Orphée qu'enfanta
Calliope, et tousjours en son sein allaita,

PRESTRE.

Aussi fit-il long-temps ; car durant sa jeunesse
Que ses doigts remuoient d'une agile souplesse,
Et qu'il touchoit le luth plus viste et mieux à point,
Tousjours elle estoit molle, et ne roidissoit point ;
Mais quand il devint vieil, et que sa main pesante
S'engourdit sur le luth à demy languissante,
La pierre d'un costé dure à ses chants estoit,
Et de l'autre costé tousjours molle restoit ;
Comme on voit le coral dessous la mer s'étendre
Endurcy d'un costé, de l'autre costé tendre.
 Cerbere à son passer tint ses gosiers fermez,
Et les manes des morts, par l'aureille charmez,
Oublioient leurs travaux ; Titye sur la plaine
Aux vautours estendu, en oublia sa peine ;
Phlegyas l'oublia, Sisyphe ne sentoit
Le vain labeur du roc, la roue s'absentoit
Des membres d'Ixion, et les sœurs Beleïdes
Ce jour là tout entier eurent leurs cruches vides ; *(a)*
[Et Tantale, au milieu de son troisiesme ennuy,
D'un gosier mal joyeux, rit en despit de luy,
Et les horribles sœurs béantes se dresserent
Et tomber à leurs pieds leurs grand's torches laisserent.]
 Mais quel profit nous est-ce, et puis que ceux d'abas
En ont tout le plaisir et nous ne l'avons pas?
 Or toy, quiconque sois, jette-luy mille branches
De laurier sur sa tombe, et mille roses franches,
Et le laisse dormir, t'asseurant qu'aujourd'huy,
Ou demain ou tantost, tu seras comme luy.

(1560.)

a. Var. :

Des membres d'Ixion, et Tantale en arriere
Ne vit de son gosier reculer sa riviere.

EPITAPHE DE COURTE,

Chienne du Roy Charles IX.

Afin que le temps qui tout mange,
N'effaçast un jour la louange
Que Courte en vivant meritoit
Quand prés de Charles elle estoit,
Icy par la Parque ravie,
Du Roy reçoit une autre vie,
La faisant peindre en ce tableau,
Qui sert à Courte de tombeau.
   Courte, sans queue et sans aureille,
N'avoit au monde sa pareille;
Aussi dit-on que Courte avoit
Entendement, quand ell' vivoit,
Plus de soin, plus de diligence,
Plus de raison, de souvenance
Que Petit-Pere (¹) qui la tient,
A qui de rien plus ne souvient.
   Courte estoit pleine, grosse et grasse,
Courte jouoit de passe-passe,
Courte sautoit sur le baston;
Courte nageoit jusqu'au menton
Mieux qu'un barbet lequel apporte
A son maistre la canne morte.
   Courte les perdrix éventoit,
Courte les connins (²) tourmentoit,
Courte trouvoit le lièvre au giste,
Courte jappoit, Courte alloit viste
A corps gras, quand souventefois
Couroit le cerf parmy les bois;

---

1. Je crois que c'est un fou de Charles IX.
2. Lapins.

Courte n'avoit point de semblable ;
Courte venoit dessus la table
Du Roy prendre jusqu'en sa main
Le biscuit et le marsepain.
Mais quoy? je dy les moindres choses
Que Courte en elle avoit encloses,
Qui par trop d'amour et de foy
Estoit jalouse de son Roy ;
Et toutefois Courte estoit fine,
Faisant aux autres bonne mine,
Flatant celuy qui la traittoit
Quand loin de son maistre elle estoit.
 Mais si tost qu'elle pouvoit estre
En la presence de son maistre,
Et que son Roy la caressoit,
Ses amis plus ne cognoissoit,
Et les mordoit comme felonne,
Ne voulant souffrir que personne
Approchast de ce qu'elle aimoit ;
C'est pourquoy le Roy l'estimoit.
 Peuples François, venez apprendre
De ceste beste sage, à rendre
Amour, devoir, fidelité,
A la royale Majesté ;
Luy offrir vos biens et vos testes,
Prenant exemple sur les bestes
Qui aiment et rendent honneur
Seulement au Roy leur seigneur.
 Mais quand vieillesse, qui assomme
Non seulement le chien, mais l'homme,
Eut saisi Courte, l'amitié
De son bon maistre en eut pitié,
L'envoyant, ja vieille et ja blesme,
A ceste dame-là qui mesme
L'avoit dés enfance nourry ;
Dont Courte ayant le cœur marry,
Trainant sa vie en déplaisance,
Ne peut souffrir si longue absence,

Ne si fascheux bannissement.
    Mais pleine de gemissement,
De regret, de dueil et d'envie
De voir son Roy, perdit la vie,
Aimant mieux la mort recevoir
Que tant languir sans le revoir.
    Ainsi la Courte en sa vieillesse
Mourut de dueil et de tristesse.
    Aprés que la mort la ravit,
Encore le Roy s'en servit,
Faisant conroyer sa peau forte
En gans que sa Majesté porte.
Courte ainsi morte et vive a fait
A son Roy service parfait.
    Mort, vray'ment tu es bien cruelle,
Tuant une chose si belle,
Veu qu'il y a tant d'animaux
Qui font aux hommes tant de maux !
Mais contre une telle arrogance
Si faut-il prendre patience,
Courte m'amie, et l'oublier
Puis qu'on n'y peut remedier ;
Et croire que par la vallée
Où tu es, Courte, devalée,
L'Empereur, le Pape et le Roy,
Marcheront aussi bien que toy.
Car telle voye froide et brune,
A tous les peuples est commune,
D'où plus jamais on ne revient ;
Car le long oubly les retient.
    Si ce grand Roy qui te desire,
Au ciel te pouvoit faire vivre,
Il te feroit prés du Lion
Compagne du chien d'Orion,
Et serois un signe celeste,
La nuict aux hommes manifeste.
    Petit-Pere, qui te tiendroit
En lesse, prés de toy rendroit

EPITAPHES.

Comme un bel astre une lumiere,
Qui des cieux seroit la premiere;
Mais il ne peut, et ce qu'il peut
Faire pour toy, Courte, il le veut.
    Il veut que tu sois icy mise,
A fin que l'âge, qui tout brise,
Et qui les villes fait perir,
Ne te face plus remourir,
    Gardant à jamais ta memoire
Par le bien-fait de ceste histoire.

(1567.)

DIALOGUE DE BEAUMONT,

Lévrier du Roy Charles IX,

ET DE CARON.

Lors que Beaumont entra dans les Enfers,
Voyant Caron aux yeux ardens et pers,
Son triste habit, ses voiles et ses rames,
Et le bateau dont il passe les ames,
Bien qu'il fust nud, image de la mort,
Sans s'effroyer s'arresta sur le bort.
    Caron qui vit sa taille forte et grande,
Tout esbahy, du bateau luy demande :
    — « Qui t'a nourry? qui es-tu? d'où viens-tu?
Quelle contrée au monde t'a vestu
D'un si beau corps, qui de force surpasse
Tes compagnons qu'en ma barque je passe? »
Beaumont respond : — « Un grand Roy m'a nourry,
De qui j'estois sus tous le favory;
Je viens de France, et suis né de Bretaigne.

» La fiere Mort qui chacun accompaigne,
M'a fait descendre au fleuve Stygieux,
Jurant, Caron, par l'horreur de ces lieux

Que le soucy qui ronge ma pensée,
N'est pour avoir la lumiere laissée ;
Le plus grand dueil qu'icy bas je reçoy,
Vient du regret de ne voir plus mon Roy.
　» — Il seroit temps, Beaumont, que tu apprinses
Sur ce rivage à oublier les Princes,
Sans te braver du souvenir des Rois.
　» — Un si bon Prince oublier ne pourrois.
　» — Quel est ce Roy dont tu fais tant de conte ?
　» — C'est Charles, Roy qui les autres surmonte,
Dont la vertu ne se peut égaler,
Et suis certain qu'en as oüy parler ;
Car ja la terre en tous lieux est semée
De ses honneurs, et de sa renommée.
　» — Je le sçay bien ; Mercure maintefois,
Guidant icy les ames des François,
M'en a parlé, m'a dit que son empire,
De l'ocean où le soleil se vire,
Et son renom, des ans victorieux,
Sera borné de la voûte des cieux.
　» — Doncques, Beaumont, pour l'honneur de ton
Qui ja s'est fait par le monde cognoistre, [maistre
Sans rien payer entre dans ce bateau,
Et des enfers traverse la grande eau. »
　Disant ainsi, la gondolle s'avance,
Et le lévrier d'un sault leger s'eslance
Dedans l'esquif, que Caron roide et fort
Comme un trait d'arc poussoit à l'autre bort.
　A l'autre rive estoit le chien Cerbere,
Tout herissé des serpens de Megere,
D'affreux regard, à gros sourcis pendans,
A trois gosiers, à trois crochets de dens,
Poussif, pantois, qui de longue traverse
Sur le sablon gisoit à la renverse,
D'un corps pansu les passans effroyoit,
Et d'un grand cry les ombres aboyoit.
　Ce gros mastin oyant dessur la gréve
Sonner les pas de Beaumont, se sousleve

A gueule ouverte, et en se soulevant
Pour l'aboyer entre-mascha le vent;
Mais aussi tost que la taille il eut veue
De ce lévrier, le flata de sa queue
Qu'entre ses pieds humblement il mettoit,
Et l'honorant son lieu luy presentoit.
   Beaumont luy dit : — « Arreste et ne me taches
De ce venin qu'en ta gueulle tu caches;
Je ne veux point de ta place, mastin,
En autre lieu me conduit le Destin.
Du noir Pluton le chien je ne veux estre,
J'ay bien servy en France un plus grand maistre.
Pluton n'est Roy que des morts seulement,
Sans chair, sans sang, sans os, sans mouvement,
Et d'un monceau d'ombres, gresles et vaines,
Qui çà, qui là, sans muscles et sans veines,
Foibles, sans poids, debiles, vont volant
Tout à l'entour d'un rivage relant,
Noir, sombre et froid, que le soleil évite,
Où la frayeur, l'horreur, la peur habite,
Vieillesse, ennuy, maladie et soucy;
Tandis mon Roy, qui n'a que faire icy,
Commande en terre aux puissantes armées,
Aux chevaliers, aux villes animées
D'un peuple vif, obéissant et fort,
Et non, Cerbere, aux pourtraits de la mort.
Pource tout seul en ces lieux pleins de craintes
Garde à ton Roy ses ombres et ses faintes. »
   A peine eut dit, qu'en destournant le pas
Il vit frayé sous un vallon à bas
Un grand chemin fourchu de double sente :
L'une conduit au juge Rhadamante,
Et l'autre mene aux champs delicieux,
Heureux sejour des esprits precieux.
   Suivant le train d'une si belle voye,
Ce franc lévrier aux myrtes se convoye,
Tout esbahy de voir en tel sejour
Autre soleil, autre clarté de jour,

Voir autres mons, autres bois, autres fleuves,
Autres forests de fueilles jamais veuves,
Et autres prez d'immortelles couleurs ;
Car pour l'hyver n'y meurent point les fleurs.
 Courte, qui est sans queue et sans oreille,
Estant là bas comme icy sans pareille,
Vint au devant de Beaumont, qui prenoit
Son droit chemin où l'Oubly se tenoit,
Qui prés d'un fleuve aux esprits donne à boire
A pleins vaisseaux une eau bourbeuse et noire,
Qui du cerveau fait les sens deslier,
Et tout d'un coup toute chose oublier.
 Courte à Beaumont fit l'humble reverence,
Luy demanda des nouvelles de France ;
Puis sont entrez dessous les bois myrtez,
De purs esprits par troupes habitez,
Qui comme oiseaux aux ailes emplumées
De bois en bois volent par les ramées,
Francs des soucis et des maux qui nous font
Porter icy des rides sur le front.
 Là, mon grand Roy, sans travail et sans peine
Vostre Beaumont tout gaillard se pourmeine,
Et court le cerf par le bois, tout ainsi
Comme il faisoit quand il estoit icy ;
Mais il les court et les prend comme en songe,
Quand le sommeil d'une douce mensonge
Devant les yeux nous fait jouer la nuit
Je ne sçay quoy qui nous fuit et nous suit,
Qui prés et loin de nostre teste vole
N'estant pas corps, mais une vaine idole,
Qu'on veut serrer et prendre bien souvent,
Mais en lieu d'elle on ne prend que du vent.
 Ainsi Beaumont tient ouverte la bouche
Aprés le cerf que jamais il ne touche ;
Car sans courir le courant d'un grand train,
Trompe ses dents, et le poursuit en vain.
 Mais bien qu'il soit par ces champs à son aise,
Le grand desir toutesfois ne s'appaise

De vous revoir, et voudroit revenir,
Deust-il aprés un mastin devenir;
Car il vaut mieux, tesmoin le bon Homere,
Voir du soleil l'agreable lumiere
Vivant au monde, et estre un laboureur,
Qu'estre sous terre et regner empereur
De tous les morts; tant la vie est plaisante
Au prix du faix d'une tombe pesante,
Dont la froideur aux hommes ne produit
Que le sommeil, le silence et la nuit.

(1573.)

EPITAPHE

DE LA BARBICHE DE MADAME DE VILLEROY. (¹)

Jamais la Colchide toison,
Par qui l'avantureux Jason
Se rendit et fameux et riche,
N'eut tant le dos si crespelu,
Si blanc, si long, si houppelu,
Qu'estoit celuy de la Barbiche.
Erigone, voyant aux cieux
Son chien n'avoir si beaux les yeux,
Ny le corps si beau, par envie
A faict ta Barbiche mourir;
Les Muses pour la secourir
Luy redonnent une autre vie.

1. Magdelaine de l'Aubespine, mariée en 1562 à Nicolas de Neufville, seigneur de Villeroy, était une femme spirituelle et lettrée; beaucoup de poëtes lui consacrèrent des vers. Ronsard chanta même la mort de sa petite chienne, sa Barbiche.

Un esprit humain elle avoit,
T'aimoit, t'honoroit, te servoit
En coche, à la chambre, à la messe;
Contre chacun se despitoit,
Comme amoureuse qu'elle estoit
Et jalouse de sa maistresse.
　Ton sein luy servoit de rempart;
Elle vivoit de ton regard,
Tousjours auprés de toy couchée;
Si tu avois joye ou soucy,
Ta Barbiche en avoit aussi,
Comme toy joyeuse ou faschée.
　Aprés sa mort, pour l'honorer,
Tu ne te plais qu'à la pleurer,
Tant tu es d'une amitié forte!
Mais cesse de te travailler;
Les pleurs ne peuvent réveiller
Une chose quand elle est morte.
　Si rien eust flechy le trespas,
C'eust esté ton sein et tes bras,
Ton œil piteux, ta douce haleine
Qui reschauffoient ses membres morts,
En son esprit laissant le corps
A regret pour te voir en peine.
　Ha! qu'elle est morte doucement
Entre ton doux embrassement,
Ez plis de ta robbe amoureuse!
Mignonne Barbiche, croy-moy,
Que beaucoup voudroyent comme toy
Mourir d'une mort si heureuse.
　L'Aubespine, de qui l'honneur
Sert à la France de bon-heur,
Qui tiens Phœbus en ton escolle,
Si tu veux du temps la vanger,
Ne fay point de marbre estranger
A ta Barbiche un mauséole.
　Les Muses seront son tombeau;
Aussi bien ce qu'elle eut de beau

A pris autre nouvelle voye;
Son œil en astre s'est changé,
Et son dos, de houpes chargé,
S'est fait une toison de soye.
   Son corps n'a rien qui soit à luy;
Il ne t'en reste que l'ennuy,
Qui t'accompaigne inconsolable.
Ah! que constante tu serois,
Si de fortune tu aimois
Une beste plus raisonnable!

(1584.)

EPITAPHE DE THOMAS.

La volupté, la gourmandise,
  Le vin et le discord aussy, (a)
Et l'une et l'autre paillardise,
Avec Thomas gisent icy.
  En lieu d'une moisson partie
D'entre les fleurs du renouveau,
Tousjours le chardon et l'ortie
Puisse esgrafigner son tombeau.

(1560.)

a. Var. (1587) :

Le vin qui n'a point de soucy,

EPITAPHE
DE JACQUES MERNABLE,
Joueur de farces.

Tandis que tu vivois, Mernable,
   Tu n'avois ny maison, ny table,
Et jamais, pauvre, tu n'as veu
En ta maison le pot au feu.
   Ores la mort t'est profitable;
Car tu n'as plus besoin de table
Ny de pot, et si desormais
Tu as maison pour tout jamais.

(1560.)

FIN DES EPITAPHES.

LE RECUEIL

DES EPITAPHES

RETRANCHÉS PAR

P. DE RONSARD

Aux dernières éditions de ses Œuvres.

EPITAPHE DE JEAN MARTIN,
Poëte et Architecte.

Entre-parleurs :

LE CHEMINEUR ET LE GENIE.

Le Chemineur.

Tandis qu'à tes edifices
Tu faisois des frontispices,
Des termes, des chapiteaux,
Ta truelle et tes marteaux
N'ont sceu de ta destinée
Rompre l'heure terminée.

Le Genie.

Qui es-tu, qui de mes os
Troubles ainsi le repos?
Pauvre sot, ne sçais-tu comme
La mort ne pardonne à l'homme,

Et que mesme le trespas
Les grands Rois n'evitent pas?

LE CHEMINEUR.

Quoy! ceux qui par la science
D'une longue experience,
Et d'un soin ingenieux
Ont vagué par tous les cieux,
Ont les estoilles nombrées,
Et d'un nom propre nommées,
Ont d'un oser plus qu'humain
Cherché Dieu jusques au sein,
Meurent-ils? la Parque noire
Dans Styx les fait-elle boire?

LE GENIE.

Aussi bien que moy Platon
Sentit la loy de Pluton,
Et par sa philosophie
Ne sceut allonger sa vie,
Combien qu'il eust espluché
Tous les cieux et recherché
Les secrets de la nature,
Et qu'il n'eust à la mort dure
Rien concedé que les os,
Et la peau qui tient enclos
Le fardeau qui l'ame charge;
Mais d'Eac la cruche large
Hocha son nom aussi bien
Comme elle a hoché le mien.

LE CHEMINEUR.

Je pensois, ô bon Genie,
Que la mort eust seigneurie
Sur ceux qui vont seulement
Par la mer avarement,
Et sur ceux qui pour acquerre
De l'honneur vont à la guerre;

Non sur les hommes qui sont
Philosophes, et qui vont
Retraçant les pas de celles
Qu'on nomme les neuf Pucelles.
Hé quoy, ne peut le sçavoir
Ceste Parque decevoir?

Le Genie.

Il faut mourir, et le sage
N'obtient non-plus d'avantage
Que le fol; jeunes et vieux,
Et pauvres, et fils des Dieux
Marchent tous par mesme sente
Au throsne de Radamante.
   Là, sans choix, le laboureur
S'accoste d'un Empereur;
Car la maison infernale
A tous venans est égale;
Et peut-estre cependant
Que tu me vas demandant
Response de ta requeste,
Que la mort guigne ta teste,
Et que sa cruelle main
Tranche ton filet humain.

Le Chemineur.

Mais je te pri' dy-moy, Ombre,
Es-tu là bas, ou sous l'ombre
Des beaux myrtes ombrageux,
Ou dedans le lac fangeux
Qui de bourbeuse couronne
Neuf fois l'enfer environne,
Ou bien si tu es là haut
Entre ceux où point ne faut
La lumiere, et où la glace,
Et le chaut n'a point de place?
Ombre, je te pri' dy-moy,
Dy-moy que c'est que de toy?

Le Genie.

Ton prier n'est raisonnable;
Car il n'est pas convenable
A toy de t'en enquester,
Ny à moy de t'en conter.
Tandis que tu es en vie,
Pour Dieu, passant, n'aye envie
De sçavoir que fait çà bas
L'esprit après le trespas,
Et ne trouble les Genies
Des personnes sevelies;
Mais croy par foy seulement
(Sans en douter nullement)
Que les ames des fidelles
Vivent tousjours eternelles,
Et que la Parque n'a lieu
Dessus les esleus de Dieu.

Le Chemineur.

Bonne ame! que tu merites,
Pour tant de raisons bien dites,
Sur ta tombe de lauriers,
De pampres et d'oliviers!
Reçoy donc ces belles roses,
Ces lis et ces fleurs décloses,
Ce laict et ce vin nouveau
Que j'espan sus ton tombeau.

Le Genie.

Je ne veux de telles choses;
Serre tes lis et tes roses,
Et n'espan sur mon tombeau
Ton laict ny ton vin nouveau;
Mais bien nostre Seigneur prie
Que mon esprit il allie
Au troupeau qu'il a fait franc,
Par la rançon de son sang.

Aprés fais autre priere,
Que la terre soit legere
A mes os, et qu'un sorcier
Ne me vienne deslier
Jamais du clos de ma pierre;
Trois fois couvre-moy de terre,
Puis va-t'en à ton plaisir,
Et me laisse en paix gesir.

(1560.)

LE PASSANT RESPOND A L'ESPRIT. (1)

Qui m'emplira d'œillets et de roses le sein,
  A fin de les verser sans nombre à pleine main
Sur ceste tombe, où gist la plus belle despouille
Que nature fila sur l'humaine quenouille,
Et dont le bel esprit volant tout pur aux cieux,
Des anges et des saints émerveilla les yeux?
  Las! tu es morte donc, tu es morte, Loyse;
Et morte avecques toy icy dessous gist mise
La vertu, la bonté, et pour l'honneur de toy
Icy rompt ses cheveux sur ta tombe la Foy,
Pleurant avec sa sœur Charité, qui souspire,
Qui se bat la poitrine, et sa face dechire,
N'ayant autre confort sur ta fosse, sinon
Le plaisir jour et nuit de sanglotter ton nom,
Et de dire aux passans que jadis tu fus celle
Qu'elle choisit en Dieu pour sa tres-humble ancelle,
A qui l'orgueil des biens n'avoit enflé le cœur,
Ny titre de parens, ny mondaine faveur;
Mais bien qui sans se faire arrogante apparoistre,
Humblement gouvernoit son troupeau dans son cloistre.

1. Suite de l'Épitaphe de Loyse de Mailly. Voyez plus haut page 225 de ce volume.

Las! où est cestuy-là qui n'ait bien entendu
Les bien-faits que ta main secrette a despendu,
Pour ayder à nourrir les veufves soufreteuses,
Les jeunes orphelins, et les vierges honteuses,
Qui n'osoient mendier ou bien qui ne pouvoient?
Hé! qui diroit combien d'escoliers recevoient
De tes biens tous les ans, liberale à despendre
En un œuvre si sainct, pour les haster d'apprendre
Le chemin de vertu! hé, qui diroit combien
Pitoyable tu fis aux estrangers de bien!
  Qui est encor celuy qui n'ait eu cognoissance
De la noble maison d'où tu as pris naissance,
Du Baron de Conty-Ferry, dont le bon-heur
Fut, en guerre et en paix, de la France l'honneur?
Quel homme ne cognoist ton oncle redoutable,
Anne Montmorency, de France Connestable?
Qui ne cognoist Odet, ton frere Cardinal,
Et ton frere Gaspard, de la France Admiral?
L'un qui est l'enfançon d'Apollon et des Muses,
Et l'autre de Mavors, qui luy apprint les ruses
Des guerres au berceau? C'est luy qui mille fois
Jusques dessus leurs murs poursuivant les Anglois,
Espagnols et Flamens, comme un foudre de guerre,
Leur a fait du menton ensanglanter la terre.
  Qui ne cognoist François ton autre frere encor,
Un Ulysse en conseil, aux armes un Hector?
Qui ne cognoist les faicts de sa jeune vaillance,
Mise à chef en Escosse, en Itale et en France,
Et sur les bords du Rhin? Qui ne cognoist aussi
Ta mere, qui fut sœur d'Anne Montmorency?
Et toutesfois, helas! Loyse, tu es morte;
Car rien contre la mort ayde à l'homme n'apporte.
  Or adieu donc, Loyse, un assez long adieu!
Tu es au ciel là haut assise avecque Dieu,
D'où tu vois sous tes pieds les astres et les nues,
La mer et les citez, et les terres connues;
Et nous, pauvres chetifs, nous vivons icy bas
En regret et en pleurs pour ton fascheux trespas,

Loin de nostre pays, aveuglez de nos vices,
Des Sercines du monde, et de trop de delices,
Qui nous tiennent charmez et l'esprit et les yeux,
Pour nous faire oublier de retourner aux cieux,
Nostre antique demeure, où maintenant sans peine
Tu vis hors des liens de la prison humaine,
N'estant plus qu'un esprit, qui de rien ne se plaist,
Sinon de voir son Dieu, son Dieu qui le repaist
(Comme il avoit promis en son livre de vie)
A la table de ceux que l'Agneau rassasie
D'ambrosie divine et de nectar divin,
En lieu de pain terrestre et de terrestre vin.
  Or adieu derechef, adieu doncques, Loyse!
Afin que ta mémoire en oubly ne soit mise,
Et que de mieux en mieux les siecles à venir
De tes belles vertus se puissent souvenir,
Soit printemps, soit esté, soit hyver, tousjours tombe
Une pluye d'œillets et de lys sur ta tombe,
Menu comme rosée, et nuict et jour du ciel
Y puisse choir la manne, et s'y faire le miel.

(1560.)

EPITAPHE

DE HUGUES SALEL.

Les rochers Capharez (où l'embusche traistresse
De Nauple fit noyer la flotte donteresse
Du mur Neptunien, quand l'ireuse Pallas
Destourna son courroux d'Ilion sur Ajas)
Te devoient faire sage, et te devoient apprendre,
Salel, à plus n'oser le sang Troyen espandre,
Et ne rensanglanter tes vers au sang des fils
De tant de puissans Dieux à Troye desconfits.

Non pour autre raison aveugle fut Homere,
Que pour avoir de neuf rafraichy la misere
Des mal-heureux Troyens, et pour avoir encor
Par ses vers retrainé la charongne d'Hector ;
Pour avoir renavré la molle Cyprienne,
Pour avoir re-souillé la poudre Phrygienne
Au sang de Sarpedon, et pour avoir laissé
Encor Mars re-saigner, de sa plume blessé.
  A toy, ainsi qu'à luy les Dieux ont eu envie,
Qui favorisoient Troye, et t'ont coupé la vie
Au milieu de tes ans, de peur qu'une autre fois
Hector ne fut r'öccis par les vers d'un François.
  Mais bien que mort tu sois au plus verd de ton âge,
Si as-tu pour confort gagné cet avantage
D'estre mort riche poete, et d'avoir par labeur
Le premier d'un grand Roy merité la faveur,
Qui chassa loin de toy la pauvreté moleste
A la troupe des Sœurs, dont la race celeste
Peu leur sert aujourd'huy, que cliquetans des dents,
Que d'un pasle estomac affamé par dedans,
Que d'un œil enfoncé, que toutes desolées
De faim, parmy les bois n'errent échevelées.
  François le premier Roy des vertus et du nom,
Prenant à gré d'ouïr l'Atride Agamemnon
Parler en son langage, et par toy les gens-d'armes
De Priam, son ayeul, faire bruire leurs armes
D'un murmure François, Prince sur tous humain,
Te fit sentir les biens de sa royale main ;
Et le fit à bon droit, comme à l'un de sa France
Qui des premiers tira nostre langue d'enfance,
Et de qui le sçavoir avoit bien merité
D'estre d'un si grand Roy si doucement traitté.
  Ainsi, toy bien-heureux, si poete heureux se treuve,
Plus dispos et plus gay tu traversas le fleuve
Qui n'est point repassable, et t'en allas joyeux
Rencontrer ton Homere és champs delicieux,
Où sur les bancs herbus ces vieux peres s'assisent,
Et sans soin de l'amour parmy les fleurs devisent

Au giron de leur dame; un se couche à l'envers,
Sous un myrte esgaré, l'autre chante des vers,
L'un luitte sur le sable, et l'autre à l'escart saute
Et fait bondir la balle où l'herbe est la moins haute.
   Là Orphée habillé d'un long surpelis blanc,
Contre quelque laurier se reposant le flanc,
Tient sa lyre cornue, et d'une douce aubade
En rond parmy les prez fait dancer la brigade.
   Là les terres sans art portent de leur bon gré
L'heureuse panacée, et le rosier pourpré
Fleurit entre les lys, et sur les rives franches
Naissent les beaux œillets et les paq'rettes blanches.
   Là, sans jamais cesser, jargonnent les oiseaux,
Ore dans un bocage, et ore prés des eaux,
Et en toute saison avec Flore y souspire
D'un souspir eternel le gracieux Zephyre.
   Là comme icy n'a lieu fortune ny destin,
Et le soir comme icy ne court vers le matin,
Le matin vers le soir, et comme icy la rage
D'acquerir des honneurs ne ronge leur courage.
   Là le bœuf laboureur d'un col morne et lassé
Ne reporte au logis le coutre renversé,
Et là le marinier d'avirons n'importune,
Chargé de lingos d'or, l'eschine de Neptune;
Mais sans point travailler tousjours boivent du ciel
Le nectar qui distile, et se paissent de miel.
   Là, bien-heureux Salel, (ayant à la nature
Payé ce que luy doit chacune creature)
Tu vis franc de la mort, et du cruel soucy
Tu te mocques là bas, qui nous tourmente icy.
Et moy chetif, je vy! et je traine ma vie
Entre mille douleurs, dont la bourrelle envie
Me tourmente à grand tort de pincemens cuisans,
Me faisant le jouet d'un tas de courtisans
Qui dechirent mon nom et ma gloire naissante
(Dieux destournez ce mal!) par leur langue meschante.
Ah! France, ingrate France, hé faut-il recevoir
Tant de derisions pour faire son devoir?

Envoye de là bas, mon Salel, je te prie,
Pour leur punition, quelque horrible Furie,
Qui d'un fouët retors de serpens furieux
Leur frape sans repos et la bouche et les yeux,
Et d'un long repentir leur tourne dedans l'ame
Icy mon innocence, et là le meschant blasme
Qu'ils commettent vers moy, et frayeur leur donnant
La nuit de mille horreurs les aille espoinçonnant.
 Et toy, pere vengeur de la simple innocence,
Si j'ay d'un cœur devot suivy dés mon enfance
Tes filles les neuf Sœurs, si je suis coustumier
Tousjours mettre ton nom dans mes vers le premier;
Tonne là haut pour moy, et dardant la tempeste,
Escarbouille en cent lieux le cerveau de leur teste,
Signe de ta faveur, et ne laisse outrager
Si miserablement les tiens sans les venger.

(1560.)

EPITAPHE

D'ANDRÉ BLONDET,

Lyonnois, Seigneur de Rocquancourt.

Bonté, vertu, honneur et courtoisie,
 Dans ce tombeau ont leur place choisie
Avec Blondet, lequel repose icy.
Verse, passant, à toutes mains decloses,
Force beaux lis et force belles roses,
Et prie à Dieu qu'il luy face mercy.

(1560.)

POUR LUY-MESME.

Icy reposent enclos
Et les cendres et les os
De Blondet, dont enfermée
N'est icy la renommée;
Qui de son maistre prisé
Fut si bien favorisé,
Que seul il avoit puissance
Sur les grands thresors de France.
Passant qui viens en ce lieu,
Ne t'en-va sans prier Dieu
Qu'au ciel son ame puisse estre
Avec celle de son maistre.

(1560.)

EPITAPHE

DE LOYSE DE MAILLY,
Abbesse de Caen. (¹)

Icy les os reposent d'une Dame,
De qui le ciel se réjouit de l'ame;
Le corps mortel en poudre est converty
Sous le tombeau que son frere a basty.
Vous qui passez, faites à Dieu priere
Que ceste tombe à ses os soit legere.
[« J'eus en vivant un frere Cardinal,
Un Colonel, et un autre Amiral;
J'eus pour mon oncle un sage Connestable;
J'eus pour mon pere un chevalier notable.
Par mes parens morte icy je fus mise.
Je fus Picarde, et mon nom fut Loyse.

---

1. Il semble que ces vers soient un premier essai de l'Epitaphe de Loyse de Mailly, dont le commencement est page 225 et la suite page 265 de ce volume.

» Passant, quiconque sois à ma tombe arresté,
Leve les yeux en haut et vois la piété
D'un frere envers la sœur, du frere qui honore
La sœur et de sepulchre et d'epitaphe encore.
L'amitié des parens regne encore icy bas ;
Vivant je l'ay sentie et aprés le trespas. »]
   Les roses et les lis puissent tomber du ciel
A jamais sur ce marbre ; et les mouches à miel
Puissent à tout jamais y faire leur mesnage,
Et le laurier sacré à jamais face ombrage
Aux manes de ce corps dessous ce marbre enclos,
Et la tombe à jamais soit legere à ses os.
   [Bien loing de ce tombeau l'espine se herisse,
Le chardon et l'ortie ; en lieu d'eux y fleurisse
Le safran en hyver, les roses au printemps,
En esté les œillets. Le pasteur en tout temps
S'y repose à l'ombrage, et autour de la tombe
Du ciel à tout jamais la douce manne tombe.]
   « Passant, marche plus loin, ce marbre ne regarde ;
Ma cendre n'est icy ; mon frere me la garde
Enclose en sa poitrine, et son cœur pour vaisseau
Retient en luy mes os, et me sert de tombeau. »
(1560.)

SUR LE TOMBEAU DE JEAN BRINON.

L'OMBRE PARLE.

La mort m'a clos dans ce tombeau,
  Qui fus en mon vivant plus beau
Que Narcisse, et par aventure,
Passant, esbahy tu seras,
Quand de mon corps tu ne verras
Une fleur sur ma sepulture.

DES EPITAPHES.

La terre qui presse à l'entour
Mes os, ardant de mon amour,
A laissé dans soy-mesme cuire
Toute son humeur, et n'a peu,
Comme seiche de trop de feu,
De mon corps une fleur produire.
 Or donq', passant, arrose-la,
Et verse deçà et delà
Tes larmes sur elle, et peut-estre
Qu'elle, arrosée de ton pleur,
Soudain quelque nouvelle fleur
Du corps de Brinon fera naistre.

(1560.)

EPITAPHE

DE FRANÇOIS RABELAIS. (¹)

Si d'un mort qui pourri repose
Nature engendre quelque chose,
Et si la generation

---

1. Rabelais est mort en 1553.
 On lit les lignes suivantes à la page 72 des *Jugements et Observations sur la vie et les œuvres de M° F. Rabelais, ou le véritable Rabelais réformé*, Paris, D'houry, 1699, in-12 (par Jean Bernier, médecin, auteur de l'*Hist. de Blois*) :
 « Ronsard, qui n'eut, dit-on, osé l'attaquer vivant par écrit, quoiqu'ils se picotassent souvent à Meudon, chez les Princes de la maison de Lorraine, ne l'a attaqué que dans une Épitaphe, où il le traite fort mal, parce que Rabelais ne le regardoit que comme un poëte impécunieux et misérable, au point qu'il se tenoit fort heureux de loger dans une échauguette, appelée encore à présent la tour de Ronsard, à Meudon, d'où il alloit faire sa cour au château, et où il trouvoit souvent en son chemin M° F. Rabelais qui ne l'épargnoit guères. »

Se faict de la corruption,
Une vigne prendra naissance
De l'estomac et de la pance
Du bon Rabelais qui boivoit
Tousjours ce pendant qu'il vivoit ;
Car d'un seul traict sa grande gueule
Eust plus beu de vin toute seule
(L'epuisant du nez en deux coups)
Qu'un porc ne hume de laict dous,
Qu'Iris de fleuves, ne qu'encore
De vagues le rivage More.
 Jamais le soleil ne l'a veu,
Tant fust-il matin, qu'il n'eust beu ;
Et jamais au soir la nuict noire,
Tant fust tard, ne l'a veu sans boire ;
Car alteré, sans nul sejour
Le galant boivoit nuict et jour.
 Mais quand l'ardente Canicule
Ramenoit la saison qui brule,
Demi-nu se troussoit les bras,
Et se couchoit tout plat à bas
Sur la jonchée entre les tasses,
Et parmy des escuelles grasses
Sans nulle honte se touillant,
Alloit dans le vin barbouillant,
Comme une grenouille en la fange.
 Puis yvre chantoit la louange
De son amy le bon Bacchus,
Comme sous luy furent vaincus
Les Thebains, et comme sa mere
Trop chaudement receut son pere,
Qui en lieu de faire cela,
Las ! toute vive la brula.
 Il chantoit la grande massue,
Et la jument de Gargantue,
Le grand Panurge, et le païs
Des Papimanes ebahis,
Leurs loix, leurs façons et demeures ;

Et frere Jean des Antoumeures,
Et d'Episteme les combas.
Mais la Mort, qui ne boivoit pas,
Tira le beuveur de ce monde,
Et ores le fait boire en l'onde
Qui fuit trouble dans le giron
Du large fleuve d'Acheron.
   Or toy, quiconque sois, qui passes,
Sur sa fosse répan des tasses,
Répan du bril et des flacons,
Des cervelas et des jambons ;
Car si encor dessous la lame
Quelque sentiment a son ame,
Il les aime mieux que les lis,
Tant soient-ils fraischement cueillis.
(1560.)

EPITAPHE DE ROSE.

Rose tant seulement icy
Ne gist morte dessoubs la lame ;
Le traict d'amour y gist aussy,
Son carquois, son arc et sa flame ;
   Et les beaux cheveux que la Grace
Et Venus s'arracherent lors
Que Rose, de vivre trop lasse,
Alla veoir le fleuve des morts.
   Porte donc, passant, meinte rose
Dessus la tombe à plein panier :
Celle qui morte icy repose
Fleurissoit une rose hier.
(1560.)

EPITAPHE DE QUELUS. (¹)

SONNET.

De tout ce que nature en ce monde peult faire
De vaillant, de parfait, de courtois et de beau,
L'ombre repose icy ; le reste est un flambeau
Qui rayonnant d'honneur dans le ciel nous esclaire.
  Le divin ne sçauroit par la mort se desfaire ;
Les mortels seulement ont besoin du tombeau.
La tombe de Quélus est le ciel, l'air et l'eau ;
La terre en sa rondeur n'y pourroit satisfaire.
  Si quelqu'un presumoit un tombeau luy dresser,
Il ne faudroit, passant, les marbres depecer,
Mais amasser l'honneur et la vertu qui dure,
  Puis l'enterrer dedans pour prendre son sommeil :
Il ne faut au vaillant un pompeux appareil,
Ou bien s'il luy en faut, c'est telle sepulture.

(1584.)

EPITAPHE

DE FEU MONSIEUR DE L'AUBESPINE. (²)

Tout ce que France avoit de beau,
  Tout cela que pouvoit nature,
Repose en ceste sepulture.
Marbre n'y soit pour couverture ;

---

1. Voir plus haut, p. 243, une autre épitaphe de Quelus.
2. Claude de l'Aubespine, troisième du nom, seigneur d'Hauterive, baron de Châteauneuf, secrétaire d'État, ambas-

Mais bien qu'on luy fasse un tombeau
De roses dont la fleur ne dure
Qu'un mois ou deux au temps nouveau,
Semblables à ce jouvenceau
A qui la Parque, helas! trop dure,
N'a presté que vingt ans l'usure
De la vie, quand le basteau
De Caron, qui des biens n'a cure,
De Styx luy fist traverser l'eau,
Entournant d'une nuict obscure
Son corps pareil au renouveau.

EPITAPHE

DE CHARLES DE BOURDEILLE,

Enfant de Vaulx,
mort le mardy 13 mars 1571. (1)

Icy gist d'un enfant la despouille mortelle.
Au ciel pour n'en bouger volla son âme belle,
Qui, parmy les esprits bien-heureux, jouissant
Du plaisir immortel, loue Dieu tout-puissant,
Qui l'a ravi de Vaulx, tant délicat pourpris,
Jeune enfant de huict ans, pour mettre en paradis,
Où s'esbattant là sus d'une certaine vie,
Au vivre d'icy bas ne porte point d'envie,

sadeur en Espagne en 1566; mort à vingt-six ans, le 11 septembre 1570. 7652
Le manuscrit de la Bibliothèque Impériale 3 A d'où sont extraits ces vers a appartenu à sa sœur Madeleine, femme de Nicolas de Neufville, sire de Villeroy.
Voir page 227 une autre épitaphe du même.

1. Cette épitaphe, gravée sur cuivre jaune, est conservée dans le musée des Thermes et de l'hôtel de Cluny, où elle porte le n° 2483.

Au vivre que vivons doubteux du lendemain,
Soubs les iniques loix où naist le genre humain.
  O belle âme! tu es, en ce temps de misere,
Gayement renvolée au sein de Dieu ton pere,
Laissant ton pere icy. Là tu plains son malheur,
Qui de regret de toi porte greve douleur,
Qu'il tesmoigne de pleurs, arrousant l'escriture
Dont il a fait graver ta triste sepulture.
  Repose, ô doulx enfant! et ce qui t'est osté
De tes ans, soit aux ans de ton pere adjousté!

FIN DU RECUEIL DES EPITAPHES.

LE RECUEIL

DES FRAGMENTS,

ENSEMBLE

LES DERNIERS VERS

DE L'AUTEUR.

IL APPERT PAR CE FRAGMENT
QUE L'AUTEUR VOULOIT ENTREPRENDRE UN PLUS GRAND
OUVRAGE.

Je chante par quel art la France peut remettre
Les armes en honneur ; vueillez-le moy per-
mettre,
Neufvaine qui d'Olympe habitez les sommets,
Accomplissant par moy l'œuvre que je promets.
Mars, quitte-moy le sein de Cypris ton amie,
Repousse de tes yeux la paresse endormie,
Developpe ton bras languissant à l'entour
De son col, qui l'enerve empoisonné d'amour.
Vien le dos tout chargé du faix de ta cuirasse,
Pren la hache en la main tel que te veit la Thrace
Retourner tout sanglant du meurtre des Geans
Foudroyez à tes pieds par les champs Flegreans.

Et toy, Prince Henry (¹), des armes la merveille,
Aprés le soing public preste-moy ton aureille,
Inspire-moy l'audace, eschauffe-moy la peur,
Et mets avecque moy la main à ce labeur.

FRAGMENT
D'UN POEME DE LA LOY DIVINE.
AU ROY DE NAVARRE. (²)

Mon Prince, illustre sang de la race Bourbonne,
A qui le ciel promet de donner la couronne
Que ton grand sainct Loys porta dessus le front ;
Si la chasse, la guerre, et les conseils, qui font
Le nom d'un capitaine aprés la mort revivre,
N'amusent ton esprit, embrasse-moy ce livre,
Et ne refuse point d'acquerir le bon-heur
Que ton humble subject celebre en ton honneur.
Tu ne liras icy les amours insensées
Des mondains tourmentez de frivoles pensées,
Mais d'un peuple qui tremble effroyé de la loy
Que Dieu pere Eternel escrivit de son doigt.
  Un rocher s'eslevoit au milieu d'une plaine
Effroyable d'horreur et d'une vaste arene,
Haut rocher deserté, dont le sommet pointu
De l'orage des vents estoit tousjours battu.
Une effroyable peur, comme un rempart l'emmure
D'un torrent desbordé, dont le rauque murmure
Bouillonnant estonnoit les voisins d'alentour,
Des sangliers et des cerfs aggreable sejour.
  Le ciel pour ce jour-là serenoit la montagne,
Le vent estoit muet, muette la campagne,

---

1. Probablement Henry III.
2. Henry IV.

Quand l'horreur solitaire et l'effroy d'un tel lieu
Plus que les grands palais fust aggreable à Dieu,
Pour assembler son peuple, et le tenir en crainte,
Et luy bailler le frein d'une douce contrainte.
Pource Moyse il appelle, et luy a dit ainsi,
Luy réveillant l'esprit : « Marche, mon cher souci,
Grimpe au sommet du mont et atten que je vienne !
 » Fay que mon peuple en presse au pied du mont se
Et de faces et d'yeux et d'espaules espais,   [tienne,
Attendant de ma loy le mandement exprés ! »
Le Prophete obéit; il monta sur la roche,
Et plein de majesté de son Maistre il approche... (¹)

FRAGMENT

DE LA COMÉDIE DE PLUTUS. (²)

ACTE PREMIER.

CARION.

O Jupiter ! ô Dieux ! que c'est grand' peine
Que de servir un maistre qui bien saine
N'a la cervelle ! où le servant luy dit
Chose qui soit bien fort pour son profit,

1. Ces vers, qui semblent un oracle, publiez par M. C. Binet, Beauvoisin, aprés la mort de Ronsard (ce qu'il n'avoit osé faire du vivant de Henry III), avoient esté donnez à un autre Beauvoisin, qui les a conservez à la postérité.
2. Cecy est un fragment de la comedie de *Plutus* d'Aristophane, qui fut (comme le tesmoigne Binet) la premiere jouée en France, et fut representée au college de Coqueret, d'où estoit principal Dorat, precepteur de M. de Ronsard. Il estoit fort jeune quand il la fit, et n'a jamais été mise sur la presse. Ce fragment a esté recouvré par le moyen de

Et il ne plaist au maistre de le faire,
Si par cela il fait mal son affaire,
Il est bien force au serviteur aussi
D'avoir sa part du mal et du souci,
Puis qu'il a pleu à Dieu et à Fortune
Que sur son corps puissance n'ait aucune
Le vray seigneur, ains le seul achepteur.
Tel orendroit est le mien grand malheur;
Mais à present une tres-juste plainte
Je puis former contre Apollon, qui mainte
Oblique voix d'oracles va chantant,
Sur un trepied tout d'or; car, s'il est tant
Parfait devin et medecin si sage
Comme on le fait par le commun langage,
Pourquoy a-il laissé mon maistre aller,
Sans son cerveau du haut mal alleger
De phrenesie, en tell' sorte et maniere
Que toute jour il va suivant derriere
Un homme aveugle, et fait tout autrement
Qu'il ne devroit, veu que communément
Nous qui avons la veue qui nous guide,
Marchons devant les aveugles pour guide?
Mais cestui-cy va derriere, et par force
D'aller derriere avecque luy me force;
Et si la bouche on n'oseroit ouvrir,
Pour en parler; mais deussé-je mourir,
Plus desormais ne m'en tairay, mon maistre,
Si je n'entens de vous que ce peut estre,
Pourquoy ainsi nous suivons sans sejour
Cest homme aveugle. Or est-il un bon jour,
Et me frapper à ceste bonne feste,
Vous n'oseriez, ayant dessur ma teste
Ce beau bouquet au bonnet attaché.

quelqu'un (*), comme plusieurs autres pieces qui sont en ce recueil.

* C'est probablement Cl. Binet lui-même, ou Claude Garnier.

CHREMYLE.

Non par Dieu, sire, ains sera arraché
Bonnet et tout pour plus de dueil te faire,
Si tu me fasche.

CARION.

Abus! car de me taire
Je n'ay vouloir, si tu ne dis devant
Qui est cestuy que tu vas poursuivant.
Or ton amy, à fin que tu l'entende,
Bien fort je suis, et pour ce le demande.

CHREMYLE.

Et vrayement rien ne te celeré,
Car je ne pense avoir plus asseuré
Larron que toy entre ceux qui me servent.
J'estois jadis de ceux qui mieux observent
La loy de Dieu et son commandement,
Et n'ay cessé d'estre un pauvre quaimant
Et souffreteux.

CARION.

J'en sçaurois bien que dire.

CHREMYLE.

Mais les meschans, qui ne se font que rire
De dérober les temples, accuser
L'homme innocent, le coulpable excuser,
Le tort à tort contre le droit deffendre,
Ou bien le droit à beaux purs deniers vendre;
Iceux venoient tous comme petits Rois,
Riches, puissans.

CARION.

De cela je te crois.

CHREMYLE.

Ce cognoissant, je m'en allay grand erre
Vers Apollon pour d'iceluy m'enquerre,

Non pas pour moy, car mon temps est passé
En grand misere et suis ja tout cassé,
Mais pour l'amour de nostre fils unique,
A sçavoir-mon si pour avoir pratique
Et amasser or, argent à foison,
Il devoit estre injuste, sans raison,
Sans conscience et du tout rien qui vaille;
Veu qu'autrement jamais il n'auroit maille.

CARION.

Et Apollon, qu'est-ce qu'il respondit?

CHREMYLE.

Attens un peu que je t'aye tout dit,
Et tu oyras; car il veint à respondre,
Disant tout clair qu'il me falloit semondre
Venir chez moy, que je rencontreroy
Tout le premier à mon chemin et voye,
Partant de là, sans que je le laschasse
Tant que chez-moy avec moy le logeasse.

CARION.

Et qui as-tu le premier rencontré?

CHREMYLE.

Cestui-cy seul.

CARION.

Il t'a donc bien monstré
Tout clairement, si tu le sçais entendre,
Qu'il te falloit à ton fils bien apprendre
Les bonnes mœurs desquelles chacun use
En ce païs.

CHREMYLE.

Dy-moy, par quelle rûse
As-tu cogneu que c'est ce qu'il entend?

CARION.

Par cest aveugle; et c'est à quoy il tend.

Te demonstrant qu'il est tres-profitable
Ne faire rien qui soit bon et louable,
Comme aveuglé.
CHREMYLE.
Ha! croire je ne puis
Qu'il tende là où tu me dis, et puis
On voit tout clair qu'il y a autre chose,
Plus grande et haute en ces propos enclose;
Mais s'il nous dit qui il est, et pourquoy
Il vient ici auprés de toy et moy,
L'intention nous aurons clairement
Du Dieu divin et du divinement.

CARION.
Vien-çà, dis-moy tout premier qui es-tu
Que nous suivons, ou tu seras battu?
CHREMYLE.
C'est trop songé, il faut que tu le die!
ARGENT.
Je te le dis, je suis Dieu-te-maudie.
CARION.
Entendez-vous, mon maistre?
CHREMYLE.
A toy s'addresse
Ceste missive; aussi trop de rudesse
Tu as usé l'interrogeant ainsi.
Or dis-le moy tout bellement ici,
Si tu cheris l'homme qui n'est parjure.
ARGENT.
Va-t'en au diable.
CARION.
Et pren pren cest augure
Avec cest hoste.

CHREMYLE.

>   Ha ! par saincte m'amie,
> Je feray bien que point tu ne t'en rie,
> Car si ja plus tu refuses le dire,
> Je te feray mourir en grand martire.

ARGENT.

Allez-vous-en tous deux, et me laissez.

CHREMYLE.

Non ferons da.

CARION.

>   Mon maistre, j'ay assez
> Un bon moyen pour faire qu'il enrage ;
> Je le mettray sur un roc au rivage,
> Puis le lairray, à fin que là laissé
> Tombant à bas il ait le col cassé.

CHREMYLE.

Habilement qu'il soit troussé en male.

ARGENT.

Non, je te pri' !

CHREMYLE.

Dy donc.

ARGENT.

>   Helas ! bien sale
> Mon cas seroit, tant me seriez mauvais
> Si vous sçaviez qui je suis, et jamais
> Ne me lairriez d'avec vous departir.

CHREMYLE.

Si tost, par Dieu, que tu voudras partir.

ARGENT.

Lasche-moy donc.

CHREMYLE.

   Tien, te voyla lasché.
ARGENT.

Or escoutez, bien que je suis fasché
De declarer ce que celer pensoye,
Je le diray tout bas, de peur qu'on l'oye,
Je suis Argent!
CHREMYLE.

   O le plus malheureux
De tout le monde! es-tu bien si poureux
De nous avoir celé jusqu'à cest' heure
Qui tu estois, et où est ta demeure,
Puisque tu es Argent?

CARION.

   Tu es Argent!
Toy, si mal-propre et si mal-diligent
A te laver, que tu reluis d'ordure?
O Apollon! ô Dieux quelle avanture!
Quel heur! quel bien! mais dis-tu que tu l'es?

ARGENT.

Oüy.
CHREMYLE.

 Luy-mesme?
ARGENT.

   Oüy luy-mesme, allez,
C'est assez dit.
CHREMYLE.

   Comment donques es-tu
Si ord, si sale et si fort mal vestu?

ARGENT.

Je viens d'un trou où m'avoit enterré
Un chiche-face; ains m'a desenterré

Son fils prodigue, aprés avoir en terre
Mis comme moy son pere, qui le serre
Comme luy moy; car il est raisonnable,
Que qui fait mal endure le semblable.
Le fils aprés qu'il m'a eu delivré
De la prison, soudain il m'a livré
A ses putains et ribaudes folastres,
Pleines d'onguens, de verolle et d'emplastres,
Qui m'ont sali et si mal accoustré.

CHREMYLE.

Par qui as-tu ce mal-heur rencontré?

ARGENT.

Cela me vint (à fin que je ne mente)
Par Jupiter qui ne veut que je hante
Avec les bons et les gens de sçavoir,
Qui plus que nuls sont dignes de m'avoir,
Ausquels jadis à ma tendre jeunesse
Je desirois de prendre mon addresse;
Mais tout soudain que le bon Jupin vit
Mon desir tel, la veue me ravit,
Et m'aveugla, à fin de ne pouvoir
Or' discerner ce qui est blanc du noir,
Le bien du mal, et les bons de la gent
Qui ne vaut rien; tant luy desplaist qu'Argent
Soit avec ceux qui sont de bonne vie,
Comme si Dieu leur portoit quelqu'envie!
Et toutesfois il semble n'estre rien
Qu'il aime plus qu'il fait les gens de bien;
Car ce sont ceux qui l'honorent et prisent,
Et au rebours les mauvais le déprisent,
Ausquels il baille or, argent à planté.

CHREMYLE.

Je le confesse. Et si à ta santé
Tu revenois et recouvrois la veue,
Quand tu ferois des hommes la reveue,

Fuirois-tu point les meschans desormais,
Comme jadis?
         ARGENT.
            Je t'asseure, jamais
A eux n'irois.
         CHREMYLE.
            Et ausquels donc, aux bons?
         ARGENT.
Trop volontiers! mais par vaulx et par mons,
Ie n'en puis voir.
         CHREMYLE.
               Ce n'est pas grand' merveille,
Car moy qui vois, et ne suis de pareille
Façon que toy, aveugle ny sans yeux,
Pieça ne vois homme bon sous les cieux.
         ARGENT.
Or me laissez; car j'ay fait mon devoir
De vous conter ce que vouliez sçavoir.
         CHREMYLE.
Nous n'avons garde, ains par Dieu, te tiendrons
Le plus serré que tenir te pourrons.
         ARGENT.
Voyla mon cas! vous l'ay-je pas predit,
Que tout soudain que je vous aurois dit
D'où je venois et qui j'estois, sans cesse
Vous me feriez grand' fascherie et presse?
         CHREMYLE.
Et, je te prie, obeïs à mon dire,
Et ne me laisse. Où que tu voises, pire
Hoste que moy tu pourras esprouver,
Mais de meilleur tu n'en sçaurois trouver;
Car point n'en est.

ARGENT.

                Chascun m'en dit autant;
Mais aussi tost que l'un d'iceux a tant
De biens qu'il veut, et est devenu riche,
Tant plus il a, et plus il devient chiche,
Plus grand larron, plus trompeur, plus meschant.

CHREMYLE.

Il est bien vray, si c'est quelque marchant;
Mais en chascun tell' malice n'abonde.

ARGENT.

Non, tu dis vray, sinon à tout le monde.

CARION.

Je te battray si plus tu nous outrage'.

CHREMYLE.

Or entens bien les biens et l'avantage
Lequel chez moy te pourroit bien-heurer,
S'il te plaisoit avec nous demeurer;
Car aydant Dieu, j'oserois bien promettre
De te guarir tes yeux et te remettre
En tel estat que tu verrois bien clair.

ARGENT.

Je te suppli plustost de m'aveugler
Encore plus, si tel est ton pouvoir;
Car je n'ay cure aucunement de voir
Plus que je vois.

CHREMYLE.

        Que dis-tu, miserable?

CARION.

Cet homme icy, ce croy-je, est incurable?
Ce mal luy est de nature donné.

ARGENT.

Non, mais Jupin l'a ainsi ordonné,
Et s'il sçavoit, luy qui voit toute chose
Et qui du tout à son plaisir dispose,
Que de rechef je visse de mes yeux,
Il me feroit mourir.

CHREMYLE.

     Te fait-il mieux,
Quand maintenant il permet que tu cours,
En trébuchant, sans te donner secours?

ARGENT.

Je n'en sçay rien, mais moult je le redoute.
Tout homme sage et prudent fait grand doute
De l'offenser; car c'est un grand seigneur.

CHREMYLE.

Et aux seigneurs, qui fait que tant d'honneur
Chacun leur porte et craint leur grand pouvoir?
Le seul argent est la croix du tiroir;
Car quand argent et sa croix va par place,
Il n'est celuy qui soudain ne desplace;
Il court aprés, tant il se sent tiré.
Par toy, Argent, chacun est attiré,
Et va suivant les seigneurs, et les flatte.

CARION.

Par toy, Argent, chacun les pieds leur gratte,
Chacun les va par toy idolatrer,
. . . .
Car tout premier qui fait que Jupin regne
Entre les Dieux, en son celeste regne?

CARION.

Le seul Argent; il en a plein ses amples
Palais royaux, et ses tres-sacrez temples.

CHREMYLE.
Qui le luy donne?
CARION.
Autre que cestuy-ci?
CHREMYLE.
Par qui fait-on les dons à luy aussi,
A ses autels, sinon par cestuy-mesme?
CARION.
Par nul ; et si tout le monde se chesme
De le prier tousjours et à toute heure,
Pour seulement avoir quelque rogneure
De son thresor ; et ne voit-on prier
Luy ny ses Dieux, sinon pour supplier
Qu'il donne Argent à ceux qui bien le prient,
Et tout le jour autre chose ne crient.
CHREMYLE.
Si donc cestuy cause leur criement,
Il pourroit bien faire facilement
Cesser leurs cris.
ARGENT.
Dy-moy par quel moyen?
CHREMYLE.
Si tu n'estois, on ne donneroit rien
A ceux qui vont à Jupiter crians,
Et jour et nuict en son temple prians ;
Encens ou cierge on ne leur porteroit,
Ny bœufs, ny veaux on ne leur donneroit
Pour sacrifice à son idole faire ;
Car sans Argent on ne peut rien parfaire,
Ny rien avoir, lequel faut que tu livres,
Pour acheter des marbres ou des cuivres,
Quand quelqu'un veut luy dresser une image,
Qui bien ressemble à Jupin de visage.
Par ainsi donc nul n'est qui ne renie

Et Jupiter, et sa grand' tyrannie,
Si tu te veux des temples absenter.

ARGENT.

Dis-tu que c'est par moy qu'on va flater
Les grands seigneurs, et leur faire service?

CHREMYLE.

Je t'en asseure; et n'est honneste office,
Ny chose honneste ou plaisante aux humains,
Qui ne leur soit donnée par tes mains;
Car il n'est rien qui à toy n'obeïsse.

CARION.

Quant est de moy, certes point ne servisse,
Si n'eust esté quelque petite somme
De toy, Argent; car je ne suis pas homme,
Riche et puissant, comme tu peux penser.

CHREMYLE.

On dit aussi que qui veut dépenser
En chaines d'or, en bagues, en joyaux,
Des dames a et tripes et boyaux;
Mais quand un pauvre au matin les réveille,
Elles luy font tousjours la sourde aureille.

CARION.

Pareillement un mignon au cœur gent
Fait de son corps plaisir, pour de l'argent,
A quelque femme au bon riche vilain,
Pourveu qu'ell' donne un sachet d'argent plein.

CHREMYLE.

Ne font pas ceux qui ont bonne nature.

CARION.

Que font-ils donc?

CHREMYLE.

    L'un donne une monture,

L'autre un harnois; l'autre demande un lict
Pourfilé d'or, à se coucher la nuict.

CARION.

Il auroit honte, et craindroit le diffame,
S'il demandoit de l'argent à sa dame;
Mais il sçait bien, pour mieux couvrir sa honte,
Tout gentiment dire qu'on le remonte
D'un bon courtaut, ou bien de quelque mule;
Et s'il ne l'a, tousjours au bond recule.

CHREMYLE.

Les arts aussi, avec les theoriques,
Et les engins des subtils mechaniques
Par ton moyen les hommes ont trouvé.
L'un pour Argent est marchand approuvé,
Et l'autre ayant le cul dessus sa selle
Fait des souliers, l'autre forge et martelle,
L'autre charpente, et l'autre est bon orfeuvre,
Qui prend de toy l'Argent qu'il met en œuvre;
L'autre, par Dieu, est larron et voleur,
Couppeur de bourse, ou d'iceux receleur;
L'autre est foulon, et l'autre teinturier,
L'autre tanneur, et l'autre couturier,
L'autre fruictier, l'autre vendeur d'oignons;
L'autre craignant de perdre ses rognons,
Quand il se voit surpris en adultaire,
Pour Dieu, dit-il, ne me vueillez point raire
De ce razoir, sinon le poil du cu,
Et vous aurez ma bourse, amy cocu.

ARGENT.

O moy chetif! moy mal-heureux! jadis
Je n'entendois cecy que tu me dis.

CHREMYLE.

Et le grand Turc est-il pas par Argent
Si grand seigneur que d'une telle gent?

Carion.

Les grands marchands de Venise et de Romme
Ne font-ils pas leur courretier cet homme?

Chremyle.

Quoy? les soldats, les patrons des galleres,
Servent-ils pas le Roy pour les salaires?

Carion.

Les lansquenets, quand le temps s'y addonne,
Ne vont-ils pas servir qui plus leur donne?

Chremyle.

Les generaux qui sont sur la monnoye,
Aprés qu'ils ont du Roy bien mangé l'oye,
Rendent-ils pas cent ans aprés la plume?

Carion.

Ceux sur lesquels, comme sur une enclume,
Le bourreau frappe, et que si fort rabroue,
Est-ce pas toy qui les mets sur la roue?

Chremyle.

Est-ce pas toy par qui l'on pette au nez
Du medecin? et il est bien punez
S'il ne le sent; neantmoins il l'endure,
Et se nourrit tousjours dedans l'ordure.

Carion.

Est-ce pas toy par qui le venerable
Frere Frappart dit souvent une fable
Au lieu.....

Chremyle.

Holà! laisse-là le clergé,
Que tu ne sois d'heresie chargé.
Tu sçais qu'il a la charge de nos ames.

CARION.

Et du corps, qui? Les seigneurs, ou les dames?

CHREMYLE.

Aussi par toy, Argent, par grand effort,
Plusieurs mignons n'ont la verole à tort;
Car acheté ils ont Argent contant
Le grief ennuy qui les va tourmentant.

CARION.

Voire, et si toy, Argent, quand tu es vif,
Tu es si fort et si penetratif,
Que tu guaris d'une façon gentille
Le mal qu'as fait, comme un second Achille,
Duquel jadis la lance Peliaque
Guarit Telephe : ains toy, mieux que gaiaque
Decoction, tu guaris le navré
Par toy, Argent.

CHREMYLE.

De cela tu dis vray ;
Mais si faut-il aimer les damoiselles,
Quoy qu'il advienne, ou belles, ou non belles,
Par toy, Argent, les belles pour te prendre,
Et les laid'rons pour aux beaux fils te rendre.

CARION.

Et ceux qui vont marchant sur les espines
Tant sont gouteux et courbans les eschines,
S'en vont branslant comme une tour qui vole.

CHREMYLE.

Puissent-ils choir et eux et leur verole
Sur toy, valet, quand tu vas par la rue !

CARION.

C'est peu de cas : par Argent on la sue.

Chremyle.

C'est par Argent que tout est fait, et rien
N'est fait sans toy; par toy est fait le bien,
Par toy le mal, tu as toutes puissances.

Carion.

Et c'est pourquoy la guerre tu balances,
Et du costé que tu fais contre-poix,
Iceluy a de victoire le poix.

Argent.

Moy doncques seul puis tant de choses faire?

Chremyle.

Oüy, et si on a de toy affaire
De jour en jour, en d'autres choses mille,
Soit par les champs, ou bien soit à la ville.
Parquoy jamais nul ne fut soul de toy;
Plus on en a, plus on est en esmoy
D'en amasser; car de toute autre chose
On devient soul.

Carion.

De pain.

Chremyle.

De vers et prose.

Carion.

De petits chous.

Chremyle.

D'honneur.

Carion.

De tartelettes.

Chremyle.

De cœur vaillant.

CARION.

De petites figuettes.

CHREMYLE.

De bruit, renom.

CARION.

De pois, féves, lentilles.

CHREMYLE.

D'aller au camp.

CARION.

Et aller voir les filles.

CHREMYLE.

Et bref de tout, fors, Argent, de t'avoir,
De toy soulé jamais on ne peut voir
Homme quelconque. A quelqu'un mille frans
De revenu, ou trois mille contans?
Il brusle, il ard, qu'il n'en desrobe au double.
A-il tant fait que son vaillant il double?
Il devient fol, qu'il ne le peut tripler,
Puis quadrupler, puis en fin centupler;
Et croit pour seur, comme dit l'Evangile,
Que si quelqu'un a esté si habile
Que d'acquerir le centuple du bien
De ses ayeux, sans qu'il s'en faille rien,
Il joüira de l'eternelle vie,
Ou autrement que son ame est ravie
Droit en enfer, et est pis qu'un damné,
S'il n'a d'argent tant qu'il die : J'en ay!

ARGENT.

Vous dites d'or tous deux, louans l'Argent;
Mais un seul poinct me va le cœur rongeant.

CHREMYLE.

Dy hardiment, dy-nous qui est ce poinct?

ARGENT.

Je crains un mal, et c'est ce qui me poingt,
Que je ne sois assez propre à tenir
Ce grand empire, ou pour le maintenir.

CHREMYLE.

Aussi dit-on qu'il n'y a rien plus lasche,
Ny plus paoureux qu'Argent; car on le cache
De jour en jour; il a peur des gens-d'armes,
Et tout soudain qu'il oit cliquer les armes,
On voit Argent, et toute sa vaisselle
Par tout serrer, et on ne voit escuelle,
Ny plat d'argent, vase, bassin, esguierre
Chez les plus gros en aucune maniere,
Si fort tu es couard et peu hardi.

ARGENT.

Et non suis, non, si on m'a enhardi;
Mais ce qui fait que couard on me pense,
Est que souvent, quand un larron s'avance
D'entrer de nuict dedans quelque maison,
Il est marry qu'il ne trouve à foison
Argent et or, sans estre renfermé;
Et quand il voit que tout est bien fermé,
Il dit alors que c'est par couardise
Que je me cache, et ce seroit sottise
De me tenir en place descouverte,
Quand le loup a sur moy la gueule ouverte.

CHREMYLE.

Va, va, que rien de cela ne te chaille,
Tant seulement si tu vas en bataille,
Aye bon cœur, je te feray avoir
Si bonne veue, et si clairement voir
Qu'un lynx qui voit à travers les murailles;
Et si tu vois venir quelques batailles
De fins larrons qui te veulent happer,

Fort aisément tu pourras eschapper
Avant qu'un trou ils ay'nt fait aux parois,
Et par ainsi jamais peur tu n'aurois.

ARGENT.

Comment est-il possible que tu faces
Que puisse voir si clair que tu menaces?

CHREMYLE.

Assez, assez en ay bonne esperance;
Et qu'ainsi soit j'ay eu appercevance
Que le laurier d'Apollon a tremblé,
Où pour le moins lors il me l'a semblé,
Quand moy, pauvret, m'en allay lamentant
A son oracle.

ARGENT.

Il est donc consentant
De cet affaire?

CHREMYLE.

Il l'est, je t'en assèure.

ARGENT.

Gardez-vous bien!

CHREMYLE.

As-tu peur que je meure?
Ne t'en soucie; et deussé-je mourir,
Faire le veux.

CARION.

Je t'y veux secourir,
Si bon te semble.

CHREMYLE.

Il y en aura bien
D'autres assez, qui sont bons et n'ont rien,
Lesquels viendront pour nous donner secours.

ARGENT.

Je m'esbahis que tu as ton recours
A si chetive et miserable gent.

CHREMYLE.

Ils vaudront trop, s'ils ont un coup Argent;
Sus, Carion! despesche-toy d'aller.

CARION.

Où, et quoy faire?

CHREMYLE.

Haste-toy d'appeller
Mes compagnons laboureurs, et je crois
Que les pourras trouver à leurs charrois,
Ou bien aux champs autour de ce village,
Se travaillans après leur labourage.
Fay-les venir, à fin qu'ils ay'nt leur part
De ce butin; le bon, son bien départ
A son amy, et à son familier.

CARION.

Je m'y en-vois; mais gardez d'oublier
De commander que de ce sainct gasteau
On en rapporte à l'hostel un chanteau;
C'est pain benist, il faut selon l'usage
En départir à nostre voisinage,
Mais qu'on m'en garde à moy un bon lopin.

CHREMYLE.

Laisse-m'en faire, et va-t'en mettre à fin
Ce que j'ay dit. Et toy, le plus puissant
Des Dieux, Argent, entre, me benissant,
En mon hostel, car voicy la maison
Où il te faut departir à foison
De tes thresors ceste bonne journée!
Il faut de toy qu'elle soit estrenée
Comment que soit, ou justement ou non.

Argent.

Je crains d'entrer à un logis sinon
Que j'ay' bien sceu de quelles meurs est l'hoste;
Car l'un me prent, et me pince et me frotte,
L'autre me tinte, et l'autre me martelle,
L'autre me met au feu dans la coupelle,
L'autre me plie, et l'autre me cisaille,
L'autre me rompt, et l'autre me tenaille;
Bref mille maux, et nul bien ne reçois,
En quelque part où je vois et revois,
Tant un chacun à son plaisir m'espreuve.
Et puis aprés, quand à son gré me treuve,
Encore pis; car si l'hoste est avare,
Il m'emprisonne, et m'est chose tres-rare
De voir le jour; ou bien s'il est craintif,
Il m'enfouit, et m'enterre tout vif,
Ou bien m'emmure, et me celle et me plastre,
Ou pour le moins sous serrure et palastre,
Sous mille clefs, crampons, ressors m'enserre;
Et si pour prest quelqu'un le vient requerre,
Homme de bien, sans reproche, sans blasme,
Il jure Dieu, donne au diable son ame
Qu'il ne m'a veu, qu'il ne sçait qui je suis.
Mais s'il advient que je rencontre à l'huis
Où j'entre, un fou, un prodigue, un perdu,
Soudain il m'a despendu et perdu,
Perdu au jeu, despendu aux putains,
Et nu dehors me boute de ses mains,
En un moment; qui est presque incroyable,
Comment je suis par l'esprit variable
Des gens traité, qui maintenant me cachent,
Et autrefois trop la bride me laschent,
L'un qui m'amasse, et l'autre qui m'aissille,
L'un qui me donne, et l'autre qui me pille,
L'un qui m'employe, et l'autre qui m'espargne,
Et par un trou me met dedans l'espargne,
L'autre, au rebours qui par un trou aussi

Me despend tout, sans aucune mercy.
Bref, l'un d'iceux, comme larron me pend
A sa ceinture, et l'autre me despend,
Et me répand ; et quand suis répandu,
Lors il se pend, s'il m'a tout dépendu.
Voila pourquoy chez autruy franchement
Je n'ose entrer sans sçavoir bien comment.

CHREMYLE.

Je t'en croy bien ; car tu n'as peu en somme
Jusques icy experimenter homme
Qui sceut garder la mediocrité ;
Or suis-je cil, qui à la verité
Ayme espargner autant qu'homme qui soit,
Et si dépens quant le temps le reçoit.
Or donc allons tous deux en mon hostel,
Tu ne trouvas jamais un hoste tel ;
Monstrer t'y veux et à ma bonne femme,
Et à mon fils unique. Par mon ame,
Je l'aime tant qu'aprés toy il n'est rien,
Que j'ayme plus.

ARGENT.

Certes je t'en croy bien.

ACTE SECOND.

CARION.

Hé ! bons voisins, nos amis et comperes,
Qui habitez en ces proches reperes,
Bons laboureurs, aimans peine et travail,
Qui avec nous, d'un oignon et d'un ail
Souvent mangez, venez et vous hastez,
Marchez, courez, galopez et trotez !
Il n'est pas temps, bonnes gens, à ceste heure
De trop songer : l'occasion est meure,
Preste à cueillir, hastez-vous de la prendre.

TROPPE.

Me vois-tu pas pieça les pieds estendre
Tant que je puis et qu'il est convenable
A gens si vieux? mais il n'est raisonnable
Que tant je coure, avant que bien j'entende
Que veut Chremyle, et pour qui il me mande,
A si grand' haste.

CARION.

Ha dea? venez le voir,
Si vous avez haste de le sçavoir.
Que n'oyez vous? ne le vous di-je pas
Pieça? mais vous ne vous hastez d'un pas,
Comme n'oyans mot de ce que je dis.
Mon maistre mande, entendez-vous mes dis?
Si vous voulez vivre joyeusement,
Faisant grand chere en repos sans tourment,
Tous delivrez de ceste vie amere,
Peine travail, et de toute misere?

TROPPE.

Et quel moyen y a-il, et où prendre?

CARION.

Escoutez bien, je vous le veux apprendre.
Il a trouvé, pauvres gens que vous estes,
Un bon vieillard qui s'en va à courbettes,
Non le galop, ord, gras, vilain, crasseux,
Pelé, tigneux, pouilleux, pourry, baveux,
Edenté; bref, comme je crois, chastré.

TROPPE.

Est-il à poinct de tous poincts accoustré,
Le compagnon? ô le gentil thresor,
Que tu nous dis! ce n'est pas du fin or
Qu'il est tout comble, ains de sale et villaine
Ordure.

Carion.

Oüy, c'est une biere pleine
De tous les maux de fascheuse vieillesse.

Troppe.

Et penses-tu à te moquer sans cesse
Icy de nous, que tu t'en voise' ainsi,
Moy en ma main tenant ce baston-cy?

Carion.

Et vous aussi, pensez-vous que je soye
Ainsi moqueur et digne qu'on ne croye
Rien que je disse?

Troppe.

   O que tu sçais bien faire
De l'honneste homme! il est de bon affaire.

. . . .

AU LECTEUR.

A vingt ans le grand Vendomois,
Sortant de la maison des Roys,
Mit cette comedie entiere
Dessur le theatre en lumiere.
Au bout de soixante et douze ans,
Comme une relique du temps,
Ce fragment que sa dent nous laisse
Est mis au jour devant tes yeux
Sur le theatre de la Presse,
A fin qu'il y reluise mieux.

    Cl. Garnier.

FRAGMENT

DES ETRENNES AU ROY HENRY III. (¹)

Si quelque dameret se farde ou se desguise,
S'il porte une putain au lieu d'une chemise,
Atifé, gaudronné, au collet empoizé,
La cape retroussée et le cheveul frizé ;
Si plus je voy porter ces larges verdugades,
La coiffure ehontée et ces ratepenades,
Ces cheveux empruntez d'un page ou d'un garson ;
Si plus des estrangers quelqu'un suit la façon,
Qu'il craigne ma fureur.....

COMMENCEMENT

D'UN POEME INTITULÉ HERCULE TUE-LYON.

Tu peux te garantir du soleil qui nous brule
(Dit le fort Iocaste au magnanime Hercule)
Dessous ceste ombre assis, s'il te plaist nous conter
Comme ta force peut le lyon surmonter.

1. Lorsque j'ai inséré dans le Bocage Royal la pièce à Henry III, où se trouvait primitivement ce passage, je n'avais pas pu consulter l'édition originale que j'ai retrouvée depuis dans la riche et précieuse bibliothèque de mon ami le baron Jérôme Pichon. (Voyez p. 177 de ce volume une note sur le Tombeau de Marguerite de Savoie.) — Ces vers, supprimés vraisemblablement parce qu'ils s'appliquaient trop bien au Roi et à ses Mignons, doivent être reportés au tome III, page 286, après le vers 8.

Qui prenoit en Nemée et logis et pasture,
Et dont la peau te sert encore de vesture;
Car à voir tes sourcils, tes cheveux mal peignez,
Tes bras pelus, nerveux, et tes yeux renfrongnez,
Nul homme sinon toy n'eust sceu parfaire l'œuvre;
Puis ta dure massue assez le nous descœuvre.
Il n'avoit achevé, quand dix bœufs du soleil [1]
Effroyez de la peau du lyon nompareil
Qu'Hercule avoit au dos, le choquant l'irriterent,
Et l'ire de son fiel agassant despiterent.....

A JEAN GALLAND.

Galland, ma seconde ame, Atrebatique race,
Encor que nos ayeux ay'nt emmuré la place
De nos villes bien loin, la tienne prés d'Arras,
La mienne prés Vendosme, où le Loir de ses bras
Arrouse doucement nos collines vineuses
Et nos champs fromentiers de vagues limoneuses,
Et la Lise des tiens qui baignant ton Artois
S'enfuit au sein du Rhin, la borne des Gaulois!
Pour estre separés de villes et d'espaces,
Cela n'empesche point que les trois belles Graces,
L'honneur et la vertu, n'ourdissent le lien
Qui serre de si prés mon cœur avec le tien.
Heureux qui peut trouver pour passer l'avanture
De ce monde un amy de gentille nature,
Comme tu es, Galland, en qui les cieux ont mis
Tout le parfait requis aux plus parfaits amis!
Ja mon soir s'embrunit, et déja ma journée
Fuit vers son Occident à demy retournée,

1. Sans doute la suite eût expliqué ces *dix bœufs du soleil*. J'ai reproduit les mots sans les comprendre.

La Parque ne me veut ny me peut secourir ;
Encore ta carriere est bien longue à courir,
Ta vie est en sa course, et d'une forte haleine
Et d'un pied vigoureux tu fais jaillir l'areine
Sous tes pas, aussi fort que quelque bon guerrier
Le sablon Elean pour le prix du laurier.....

JUGEMENT

DE RONSARD SUR SES CONTEMPORAINS.

Sur ses derniers jours, me faisant cest honneur de me communiquer familierement tant les desseins de ses ouvrages, que les jugemens qu'il donnoit des escrivains du jourd'huy, il se plaignoit fort de je ne sçay quelles façons d'escrire et inventions fantastiques et melancholiques d'aucuns de ce temps qu'il voyoit s'authoriser parmy nous, qui ne se rapportent non plus que les songes entre-coupez d'un frenetique, ou d'un fiévreux, duquel l'imagination est blessée. « O, disoit-il, que nous sommes bien-tost à nostre barbarie ! que je plains nostre langue de voir en naissant son trespas ! » Puis parlant de tels autheurs qui s'ampoullent et font sans choix Mercure de tous bois : « Ils ont, disoit-il, l'esprit plus turbulent que rassis, plus violent qu'aigu, lequel imite les torrens d'hiver, qui atteignent des montagnes autant de boue que de claire eau ; voulant eviter le langage commun ils s'embarassent de mots et manieres de parler, dures, fantastiques, et insolentes, lesquelles representent plustost des chimeres et venteuses impressions des nues qu'une venerable majesté Virgilienne. Car c'est autre chose d'estre grave et majestueux, et autre chose d'enfler son style, et le faire crever. »

Puis faisant une parodie sur un vers d'Homere, quand Andromache dit à son Hector, le voyant sortir hors la porte tout armé : Ta vaillance te perdra ! « Ainsi, disoit-il, le chaud bouillon de la jeunesse de ces singes imitateurs et l'impetuosité de leur esprit, conduict seulement de la facilité d'une nature depravée, sans artifice laborieux, perdra leur naissante reputation. »

Disant au reste que quelques-uns d'iceux pouvoient estre capables de ce bel art, et d'estre mis au rang des bons poëtes, s'ils eussent peu recevoir correction. Mais parlant de quelques autres qui suivans ceste bande prostituent les Muses et les habillent et desguisent à leur mode, il ne peut un jour se tenir qu'il ne me dictast sur le champ ces vers :

> Bien souvent, mon Binet, la troupe sacrilege
> Des filles de Cocyte entre dans le college
> Des Muses, et vestant leurs habits empruntez
> Trompe les plus rusez de caquets eshontez,
> Qui rampant cautement se coulent et se glissent
> Au cœur des auditeurs, qui effrayez pallissent
> Estonnez du murmure et du jargon des vers :
> Tant plus ils sont bouffis, plus courent de travers ;
> Tant plus ils sont crevez de sens et de paroles,
> Plus ils sont admirez des troupes qui sont foles !
> Tels farouches esprits ont un coup de marteau
> Engravé de naissance au milieu du cerveau,
> Empeschant de prevoir de quel sainct artifice
> On appaise les Sœurs pour leur faire service,
> Qui demandent des fleurs, et non pas des chardons,
> Non des coups de canons, ains des petits fredons.
> Je les ay veus souvent courir parmy les rues,
> Servir de passetemps à nos troupes menues,
> De ris et de jouet, ou bien sur un fumier
> Ils meurent à la fin, leur tombeau coustumier ;
> Ou jureurs et vanteurs meurent à la taverne,
> Comme gens desbauchez que la lune gouverne.

Il disoit ordinairement que tous ne devoient temerairement se mesler de la poësie ; que la poësie estoit le langage des Dieux, et que les hommes n'en devoient estre les interpretes s'ils n'estoient sacrez dés leur naissance et dediez à ce ministere.

Il estoit ennemy mortel des versificateurs dont les conceptions sont toutes ravalées, qui pensent avoir fait un grand chef d'œuvre, quand ils ont mis de la prose en vers.....

(Binet, *Vie de Ronsard*.)

FIN DU RECUEIL DES FRAGMENTS.

LES
DERNIERS VERS
DE
P. DE RONSARD. (¹)

STANCES.

J'ay varié ma vie en devidant la trame
Que Clothon me filoit entre malade et sain :
Maintenant la santé je logeois en mon sein,
Tantost la maladie, extreme fleau de l'ame.
  La goutte ja vieillard me bourrela les veines,
Les muscles et les nerfs, execrable douleur !
Monstrant en cent façons, par cent diverses peines,
Que l'homme n'est sinon le sujet de malheur.
  L'un meurt en son printemps, l'autre attend la vieil-
Le trespas est tout un, les accidens divers ;   [lesse,
Le vray thresor de l'homme est la verte jeunesse,
Le reste de nos ans ne sont que des hyvers.

---

1. Paris, G. Buon, 1586, in-4° de 14 pages. Avec une préface de Claude Binet. — Ces vers se trouvent aussi dans un opuscule intitulé : *Georgii Crittonii, laudatio funebris habita in exequiis P. Ronsardi, apud Becodianos, cui præponuntur ejusdem Ronsardi carmina...* Lutetiæ apud Abraham d'Aunel, 1586, in-4°.

Pour long-temps conserver telle richesse entiere,
Ne force ta nature, ains ensuy la raison ;
Fuy l'amour et le vin, des vices la matiere ;
Grand loyer t'en demeure en ta vieille saison.
  La jeunesse des Dieux aux hommes n'est donnée
Pour gouspiller sa fleur ; ainsi qu'on void fanir
La rose par le chaud, ainsi mal gouvernée,
La jeunesse s'enfuit sans jamais revenir.

SONNET I.

Je n'ay plus que les os, un squelete je semble,
Decharné, denervé, demusclé, depoulpé,
Que le trait de la mort sans pardon a frappé ;
Je n'ose voir mes bras que de peur je ne tremble.
  Apollon et son fils, deux grands maistres ensemble,
Ne me sçauroient guerir, leur mestier m'a trompé ;
Adieu plaisant soleil ! mon œil est estoupé,
Mon corps s'en va descendre où tout se desassemble.
  Quel amy me voyant en ce poinct dépouillé,
Ne remporte au logis un œil triste et mouillé,
Me consolant au lict, et me baisant la face,
  En essuyant mes yeux par la mort endormis ?
Adieu, chers compagnons ! adieu, mes chers amis !
Je m'en vay le premier vous préparer la place.

II.

Meschantes nuicts d'hyver, nuicts filles de Cocyte,
Que la Terre engendra, d'Encelade les sœurs ;
Serpentes d'Alecton et fureur des fureurs,
N'approchez de mon lict, ou bien tournez plus vite.

Que fait tant le soleil au giron d'Amphitrite?
Leve-toy, je languis, accablé de douleurs;
Mais ne pouvoir dormir, c'est bien de mes malheurs
Le plus grand, qui ma vie enchagrine et dépite.
    Seize heures, pour le moins, je meurs les yeux ouvers,
Me tournant, me virant de droit et de travers
Sus l'un, sus l'autre flanc! je tempeste, je crie.
    Inquiet je ne puis en un lieu me tenir,
J'appelle en vain le jour, et la mort je supplie,
Mais elle fait la sourde, et ne veut pas venir.

III.

Donne-moy tes presens en ces jours que la brume
Fait les plus courts de l'an, ou, de ton rameau teint
Dans le ruisseau d'oubly, dessus mon front espreint,
Endors mes pauvres yeux, mes gouttes et mon rhume.
    Misericorde, ô Dieu! ô Dieu, ne me consume
A faute de dormir! plustost sois-je contreint
De me voir par la peste ou par la fiévre esteint,
Qui mon sang desseiché dans mes veines allume.
    Heureux, cent fois heureux, animaux qui dormez
Demy an en vos trous, sous la terre enfermez,
Sans manger du pavot qui tous les sens assomme.
    J'en ay mangé, j'ay beu de son just oublieux,
En salade, cuit, cru, et toutesfois le somme
Ne vient par sa froideur s'asseoir dessus mes yeux.

IIII.

Ah! longues nuicts d'hyver, de ma vie bourrelles,
Donnez-moy patience, et me laissez dormir!
Vostre nom seulement, et suer et fremir
Me fait par tout le corps, tant vous m'estes cruelles.

Le sommeil tant soit peu n'évente de ses ailes
Mes yeux tousjours ouverts, et ne puis affermir
Paupiere sur paupiere, et ne fais que gemir,
Souffrant comme Ixion des peines eternelles.

Vieille ombre de la terre, ainçois ombre d'enfer,
Tu m'as ouvert les yeux d'une chaine de fer,
Me consumant au lict, navré de mille pointes;

Pour chasser mes douleurs ameine-moy la mort;
Hà Mort! le port commun, des hommes le confort,
Viens enterrer mes maux, je t'en prie à mains jointes.

V.

Quoy, mon ame, dors-tu, engourdie en ta masse?
La trompette a sonné, serre bagage, et va
Le chemin deserté que Jesus-Christ trouva,
Quand tout mouillé de sang racheta nostre race.

C'est un chemin fascheux, borné de peu d'espace,
Tracé de peu de gens, que la ronce pava,
Où le chardon poignant ses testes esleva;
Pren courage pourtant, et ne quitte la place.

N'appose point la main à la mansine, aprés
Pour ficher ta charrue au milieu des guerets,
Retournant coup sur coup en arriere ta veue.

Il ne faut commencer, ou du tout s'employer;
Il ne faut point mener, puis laisser la charrue :
Qui laisse son mestier n'est digne de loyer.

VI.

Il faut laisser maisons, et vergers et jardins,
Vaisselles et vaisseaux que l'artisan burine,
Et chanter son obseque en la façon du cygne,
Qui chante son trespas sur les bords Meandrins.

C'est fait! j'ay devidé le cours de mes destins,
J'ay vescu, j'ay rendu mon nom assez insigne;
Ma plume vole au ciel, pour estre quelque signe,
Loing des appas mondains qui trompent les plus fins.
   Heureux qui ne fut onc, plus heureux qui retourne
En rien comme il estoit, plus heureux qui sejourne,
D'homme fait nouvel ange, auprés de Jesus-Christ,
   Laissant pourrir çà bas sa despouille de boue,
Dont le sort, la Fortune, et le Destin se joue,
Franc des liens du corps, pour n'estre qu'un esprit.

LE TOMBEAU DE L'AUTHEUR

COMPOSÉ PAR LUY-MESME.

Ronsard repose icy, qui hardy dés enfance
Destourna d'Helicon les Muses en la France,
Suivant le son du luth et les traicts d'Apollon;
Mais peu valut sa Muse encontre l'éguillon
De la mort, qui cruelle en ce tombeau l'enserre.
Son ame soit à Dieu, son corps soit à la terre!

A SON AME.

Amelette Ronsardelette,
Mignonnelette, doucelette,
Tres-chere hostesse de mon corps,
Tu descens là bas foiblelette,
Pasle, maigrelette, seulette,
Dans le froid royaume des mors;

Toutesfois simple, sans remors
De meurtre, poison, et rancune,
Mesprisant faveurs et tresors
Tant enviez par la commune.
Passant, j'ay dit ; suy ta fortune,
Ne trouble mon repos : je dors !

ABBREGÉ
DE
L'ART POETIQUE FRANÇOIS.[1]

A ALPHONSE DELBENE,
Abbé de Haute-Combe en Savoye.

Scribendi rectè sapere est et principium et fons.

Combien que l'art de Poësie ne se puisse par preceptes comprendre ny enseigner pour estre plus mental que traditif, toutesfois d'autant que l'artifice humain, experience et labeur le peuvent permettre, j'ay bien voulu t'en donner quelques reigles icy, à fin qu'un jour tu puisses estre des premiers en la cognoissance d'un si aggreable mestier, à l'exemple de moy qui confesse y estre assez passablement versé. Sur toutes choses tu auras les Muses en reverence, voire en singuliere veneration, et ne les

---

[1]. Paris, Buon, 1565, in-4° de 14 feuillets.
Pour se faire une idée complète de la poétique de Ronsard, il faut lire aussi ses deux préfaces sur la *Franciade*, surtout la seconde (t. III, p. 7 et 15), ainsi que le Caprice à Simon Nicolas (t. VI, p. 328).

feras jamais servir à choses des-honnestes, à risées, ny à libelles injurieux; mais les tiendras cheres et sacrées, comme les filles de Jupiter, c'est à dire, de Dieu, qui de sa saincte grace a premierement par elles fait cognoistre aux peuples ignorans les excellences de sa majesté. Car la Poësie n'estoit au premier âge qu'une theologie allegorique, pour faire entrer au cerveau des hommes grossiers, par fables plaisantes et colorées, les secrets qu'ils ne pouvoient comprendre, quand trop ouvertement on leur descouvroit la vérité. On dit qu'Eumolpe Cecropien, Line maistre d'Hercule, Orphée, Homere, Hesiode, inventerent un si doux allechement. Pour ceste cause ils sont appellez Poëtes divins, non tant pour leur divin esprit qui les rendoit sur tous admirables et excellens, que pour la conversation qu'ils avoient avecques les Oracles, Prophetes, Devins, Sibylles, interpretes de songes, desquels ils avoient appris la meilleure part de ce qu'ils sçavoient. Car ce que les Oracles disoient en peu de mots, ces gentils personnages l'amplifioient, coloroient et augmentoient, estans envers le peuple ce que les Sibylles et Devins estoient en leur endroit. Long-temps aprés eux sont venus d'un mesme païs les seconds Poëtes, que j'appelle humains, pour estre plus enflez d'artifice et labeur que de divinité. A l'exemple de ceux-cy, les Poëtes Romains ont foisonné en telle formiliere, qu'ils ont apporté aux libraires plus de charge que d'honneur, excepté cinq ou six, desquels la doctrine, accompagnée d'un parfait artifice, m'a tousjours tiré en admiration. Or, pour-ce que les Muses ne veulent loger en une ame si elle n'est bonne, saincte et vertueuse; tu seras de bonne nature, non meschant, refrongné, ne chagrin; mais animé d'un gentil esprit, ne laisseras rien entrer en ton entendement qui ne soit sur-humain et divin. Tu auras en premier lieu les conceptions hautes, grandes, belles, et non trainantes à terre. Car le principal poinct est l'invention, laquelle vient tant de la bonne nature, que par la leçon des bons et

anciens autheurs. Et si tu entreprens quelque grand
œuvre, tu te monstreras religieux et craignant Dieu,
le commençant ou par son nom, ou par un autre qui
representera quelque effect de sa Majesté, à l'exemple
des Poëtes Grecs, Μηνιν άειδε Θεά. Ανδρα μοὶ ἔννεπε
Μοῦσα. Εκ Διὸς ἀρχώμεσθα. Αρχόμενος σέο Φοῖβε. Et nos
Romains, *Æneadum genitrix. Musa mihi causas memora.*
Car les Muses, Apollon, Mercure, Pallas et autres
telles Deïtez ne nous representent autre chose que les
puissances de Dieu, auquel les premiers hommes avoient
donné plusieurs noms pour les divers effects de son
incomprehensible Majesté. Et c'est aussi pour te
monstrer que rien ne peut estre ny bon, ny parfait, si
le commencement ne vient de Dieu. Aprés tu seras
studieux de la lecture des bons Poëtes, et les apprendras par cœur autant que tu pourras. Tu seras laborieux à corriger et limer tes vers, et ne leur pardonneras non plus qu'un bon jardinier à son ante, quand
il la void chargée de branches inutiles ou de bien peu
de profit. Tu converseras doucement et honnestement
avec les Poëtes de ton temps; tu honoreras les plus
vieux comme tes peres, tes pareils comme tes freres,
les moindres comme tes enfans, et leur communiqueras
tes escrits; car tu ne dois jamais rien mettre en lumiere
qui n'ait premierement esté veu et reveu de tes amis,
que tu estimeras les plus experts en ce mestier, à fin
que par telles conjonctions, et familiaritez d'esprits
avecques les lettres et la bonne nature que tu as, tu
puisses facilement parvenir au comble de tout honneur,
ayant pour exemple domestique les vertus de ton
pere, qui non seulement a surpassé en sa langue
Italienne les plus estimez de ce temps, mais encores a
fait la victoire douteuse entre luy et ceux qui escrivent
aujourd'huy le plus purement et doctement au vieil
langage Romain. Or pour ce que tu as déja la cognoissance de la langue Grecque et Latine, et qu'il ne te
reste plus que la Françoise, laquelle te doit estre
d'autant plus recommandée qu'elle t'est maternelle,

je te diray en peu de parolles ce qui me semble le plus expedient, et sans t'esgarer par longues et fascheuses forests, je te meneray tout droict par le sentier que j'auray cogneu le plus court; à fin qu'aisément tu regagnes ceux qui s'estans les premiers mis au chemin, te pourroient avoir aucunement devancé. Tout ainsi que les vers Latins ont leurs pieds, comme tu sçais, nous avons en nostre Poësie Françoise, de laquelle je veux icy traicter, une certaine mesure de syllabes, selon le dessein des carmes que nous entreprenons composer, qui ne se peut outrepasser sans offenser la loy de nostre vers : desquelles mesures et nombre de syllabes, nous traiterons aprés plus amplement. Nous avons aussi une certaine cesure de la voyelle, e, laquelle se mange toutes les fois qu'elle est rencontrée d'une autre voyelle ou diphthongue, pourveu que la voyelle qui suit, e, n'ait point la force de consone. Aprés, à l'imitation de quelqu'un de ce temps, tu feras tes vers masculins et fœminins tant qu'il te sera possible, pour estre plus propres à la Musique et accord des instrumens, en faveur desquels il semble que la Poësie soit née; car la Poësie sans les instrumens, ou sans la grace d'une seule ou plusieurs voix, n'est nullement aggreable, non plus que les instrumens sans estre animez de la melodie d'une plaisante voix. Si de fortune tu as composé les deux premiers vers masculins, tu feras les deux autres fœminins, et paracheveras de mesme mesure le reste de ton Elegie ou Chanson, à fin que les musiciens les puissent plus facilement accorder. Quant aux vers Lyriques, tu feras le premier couplet à ta volonté, pourveu que les autres suivent la trace du premier. Si tu te sers des noms propres des Grecs et Romains, tu les tourneras à la terminaison Françoise, autant que ton langage le permet; car il y en a beaucoup qui ne s'y peuvent nullement tourner. Tu ne rejetteras point les vieux mots de nos romans, ains les choisiras avecques meure et prudente election. Tu practiqueras bien souvent les artisans de tous mestiers, comme de *Marine*, *Venerie*, *Fauconnerie*, et principalement les artisans de feu, *Orfèvres*, *Fondeurs*, *Mareschaux*, *Minerailliers*; et de là tireras maintes belles et vives comparaisons avecques les noms propres des mestiers, pour enrichir ton œuvre et le rendre plus agreable et parfait; car tout ainsi qu'on ne peut veritablement dire un corps humain, beau, plaisant, et accomply, s'il n'est composé de sang, veines, arteres et tendons, et sur tout d'une plaisante couleur; ainsi la Poësie ne peut estre plaisante sans belles inventions, descriptions, comparaisons, qui sont les nerfs et la vie du livre, qui veut forcer les siecles pour demeurer de toute memoire victorieux et maistre du temps. Tu sçauras dextrement choisir et approprier à ton œuvre les mots plus significatifs des dialectes de nostre France, quand mesmement tu n'en auras point de si bons ny de si propres en ta nation; et ne se faut soucier si les vocables sont *Gascons*, *Poictevins*, *Normans*, *Manceaux*, *Lionnois*, ou d'autres païs, pourveu qu'ils soient bons et que proprement ils signifient ce que tu veux dire, sans affecter par trop le parler de la Cour, lequel est quelquefois tres-mauvais pour estre langage de Damoiselles, et jeunes Gentils-hommes qui font plus profession de bien combattre que de bien parler. Et noteras que la langue Grecque n'eust jamais esté si faconde et abondante en dialectes et en mots comme elle est, sans le grand nombre de Republiques qui fleurissoient en ce temps-là; lesquelles comme amoureuses de leur bien propre, vouloient que leurs doctes citoyens escrivissent au langage particulier de leur nation; et de là sont venus une infinité de dialectes, phrases, et manieres de parler qui portent encores aujourd'huy sur le front la marque de leur pays naturel, lesquelles estoient tenues indifferemment bonnes par les doctes plumes qui escrivoient de ce temps-là; car un païs ne peut jamais estre si parfait en tout, qu'il ne puisse encores quelquefois emprunter je ne sçay quoy de son voisin. Et ne fais point de doute que s'il y avoit encores en France des Ducs de Bourgongne, de Picardie, de Normandie, de Bretaigne, de Champaigne, de Gascongne, qu'ils ne desirassent pour l'honneur de leur altesse, que leurs sujets escrivissent en la langue de leur païs naturel. Car les Princes ne doivent estre moins curieux d'estendre leur langage par toutes nations, que d'agrandir les bornes de leur Empire; mais aujourd'huy pource que nostre France n'obéist qu'à un seul Roy, nous sommes contraints, si nous voulons parvenir à quelque honneur, de parler son langage; autrement nostre labeur, tant fust-il honorable et parfait, seroit estimé peu de chose, ou (peut-estre) totalement mesprisé.

DE L'INVENTION.

Pource qu'auparavant j'ay parlé de l'invention, il me semble estre bien à propos de t'en redire un mot. L'invention n'est autre chose que le bon naturel d'une imagination concevant les idées et formes de toutes choses qui se peuvent imaginer, tant celestes que terrestres, animées ou inanimées, pour aprés les representer, descrire, et imiter : car tout ainsi que le but de l'Orateur est de persuader, ainsi celuy de Poëte d'imiter, inventer, et representer les choses qui sont, qui peuvent estre, ou que les Anciens ont estimées comme veritables. Et ne faut point douter, aprés avoir bien et hautement inventé, que la belle disposition de vers ne s'ensuive, d'autant que la disposition suit l'invention mere de toutes choses, comme l'ombre fait le corps. Quand je te dy que tu inventes choses belles et grandes, je n'entens toutesfois ces inventions fantastiques et melancholiques, qui ne se rapportent non plus l'une à l'autre que les songes entrecouppez d'un frenetique, ou de quelque patient extremement tourmenté de la fiévre, à l'imagination duquel, pour estre blessée, se representent mille formes monstrueuses sans ordre ny liaison; mais tes inventions, desquelles je ne te puis donner regle pour estre spirituelles, seront bien ordonnées et disposées; et bien qu'elles semblent passer celles du vulgaire, elles seront toutesfois telles qu'elles pourront estre facilement conceues et entendues d'un chacun.

DE LA DISPOSITION.

Tout ainsi que l'invention despend d'une gentile nature d'esprit, ainsi la disposition despend de la belle invention, laquelle consiste en une elegante et parfaicte collation et ordre des choses inventées, et ne permet que ce qui appartient à un lieu soit mis en l'autre; mais se gouvernant par artifice, estude et labeur, ajance et ordonne dextrement toutes choses à son poinct. Tu en pourras tirer les exemples des autheurs anciens, et de nos modernes qui ont illustré depuis quinze ans nostre langue, maintenant superbe par la diligence d'un si honorable labeur. Heureux et plus qu'heureux ceux qui cultivent leur propre terre, sans se travailler aprés une estrangere, de laquelle on ne peut retirer que peine ingrate et malheureuse, pour toute recompense et honneur! Quiconques furent les premiers qui oserent abandonner la langue des Anciens pour honorer celle de leur païs, ils furent veritablement bons enfans, et non ingrats citoyens, et dignes d'estre couronnez sur une statue publique, et que d'âge en âge on face une perpetuelle memoire d'eux et de leurs vertus. [Non qu'il faille ignorer les langues étrangeres; je te conseille de les sçavoir parfaictement et d'elles comme d'un vieil tresor trouvé soubs terre enrichir ta propre nation; car il est fort malaisé de bien escrire en langue vulgaire si on n'est instruit en celles des plus honorables et fameux estrangers. ([1])]

---

1. Passage qui ne se trouve que dans l'édition de 1573.

DE L'ELOCUTION.

Elocution n'est autre chose qu'une propriété et splendeur de parolles bien choisies et ornées de graves et courtes sentences, qui font reluire les vers comme les pierres precieuses bien enchassées les doigts de quelque grand seigneur. Sous l'elocution se comprend l'election des parolles, que Virgile et Horace ont si curieusement observée. Pource tu te dois travailler d'estre copieux en vocables, et trier les plus nobles et signifians pour servir de nerfs et de force à tes carmes, qui reluiront d'autant plus que les mots seront significatifs, propres et choisis. Tu n'oublieras les comparaisons, les descriptions des lieux, fleuves, forests, montagnes, de la nuict, du lever du soleil, du midy, des vents, de la mer, des Dieux et Déesses, avecques leurs propres mestiers, habits, chars et chevaux; te façonnant en cecy à l'imitation d'Homere, que tu observeras comme un divin exemple, sur lequel tu tireras au vif les plus parfaits lineamens de ton tableau.

DE LA POESIE EN GENERAL.

Tu dois sçavoir sur toutes choses que les grands Poëmes ne se commencent jamais par la premiere occasion du fait, ny ne sont tellement accomplis que le lecteur espris de plaisir n'y puisse encores desirer une plus longue fin; mais les bons ouvriers le commencent par le milieu, et sçavent si bien joindre le commencement au milieu, et le milieu à la fin, que de telles pieces rapportées ils font un corps entier et parfait. Tu ne commenceras jamais le discours d'un grand Poëme s'il n'est esloigné de la memoire des hommes, et pource tu invoqueras la Muse, qui se souvient de tout, comme Déesse, pour te chanter les choses dont les hommes ne se peuvent plus aucunement souvenir. Les autres petits Poëmes veulent estre abruptement commencez, comme les Odes lyriques, à la composition desquels je te conseille premierement t'exerciter, te donnant de garde sur tout d'estre plus versificateur que poëte. Car la fable et fiction est le sujet des bons poëtes, qui ont esté depuis toute memoire recommandez de la posterité; et les vers sont seulement le but de l'ignorant versificateur, lequel pense avoir fait un grand chef-d'œuvre quand il a composé beaucoup de carmes rymez, qui sentent tellement la prose que je suis esmerveillé comme nos François daignent imprimer telles drogueries, à la confusion des autheurs, et de nostre nation. Je te dirois icy particulierement les propres sujets d'un chacun Poëme, si tu n'avois desja veu l'Art Poëtique d'Horace et d'Aristote, ausquels je te cognois assez mediocrement versé. Je te veux advertir de fuïr les epithetes naturels qui ne servent de rien à la sentence de ce que tu veux dire, comme *la riviere courante, la verde ramée*. Tes epithetes seront recherchez pour signifier, et non pour remplir ton carme, ou pour estre oiseux en ton vers; exemple : *le ciel vouté encerne tout le monde*. J'ay dit vouté, et non ardant, clair, ny haut, ny azuré, d'autant qu'une voute est propre pour embrasser et encerner quelque chose. Tu pourras bien dire : *le bateau va dessur l'onde coulante*, pource que le cours de l'eau fait couler le bateau. Les Romains ont esté tres-curieux observateurs de ceste reigle, et entre les autres Virgile et Horace. Les Grecs, comme en toutes choses appartenantes aux vers, y ont esté plus libres, et n'y ont advisé de si prés. Tu fuiras aussi la maniere de composer des Italiens, en ta langue, qui mettent ordinairement quatre ou cinq Epithetes les uns après les autres en un mesme vers, comme *alma, bella, angelica e fortunata donna*. Tu vois que tels epithetes sont plus pour ampouller et farder les vers que pour besoin qu'il en soit. Bref, tu te contenteras d'un epithete, ou pour le moins de deux, si ce n'est quelque-fois par gaillardise qu'en mettras cinq ou six ; mais si tu m'en crois, cela t'adviendra le plus rarement que tu pourras.

DE LA RYME.

La Ryme n'est autre chose qu'une consonance et cadance de syllabes, tombantes sur la fin des vers, laquelle je veux que tu observes tant aux masculins qu'aux fœminins, de deux entieres et parfaites syllabes, ou pour le moins d'une aux masculins, pourveu qu'elle soit resonnante, et d'un son entier et parfait. Exemple des fœminins : *France, esperance, despence, negligence, familiere, fourmiliere, chere, mere.* Exemple des masculins : *surmonter, monter, douter, sauter, Jupiter.* Toutesfois tu seras plus soigneux de la belle invention et des mots que de la ryme, laquelle vient assez aisément d'elle-mesme, aprés quelque peu d'exercice et labeur.

DE LA VOYELLE E.

Toutesfois et quantes que la voyelle e est rencontrée d'une autre voyelle ou diphthongue, elle est tousjours mangée, se perdant en la voyelle qui la suit, sans faire syllabe par soy ; je dy rencontrée d'une voyelle ou d'une diphthongue pure, autrement elle ne se peut manger, quand l'i et u voyelles se tournent en consones, comme *je, vive.* Exemple de e qui se mange : *Cruelle et fiere, et dure, et fascheuse amertume. Belle au cœur dur, inexorable et fier.* D'avantage i et a voyelles se peuvent elider et manger. Exemple d'a : *l'artillerie, l'amour,* pour *la artillerie, la amour.* Exemple de la voyelle i : *n'à ceux-cy, n'à ceux-là.* Quand tu mangerois l'o et l'u pour la necessité de tes vers, il n'y auroit point de mal, à la mode des Italiens, ou plustost des Grecs qui se servent des voyelles et diphthongues, comme il leur plaist, et selon leur necessité.

DE L'H.

L'h quelque-fois est note d'aspiration, quelque-fois non. Quand elle ne rend point la premiere syllabe du mot aspirée, elle se mange, tout ainsi que fait e fœminin. Quand elle la rend aspirée, elle ne se mange nullement. Exemple de h non aspirée : *Magnanime homme, humain, honneste, et fort.* Exemple de celle qui rend la premiere syllabe du mot aspirée, et ne se mange point : *La belle femme hors d'icy s'en alla. Le Gentil-homme hautain alloit par tout.* Tu pourras voir par la lecture de nos Poëtes François l'h qui s'elide ou non. Tu eviteras autant que la contrainte de ton vers le permettra les rencontres des voyelles et diphthongues qui ne se mangent point ; car telles concurrences de voyelles, sans estre elidées, font les vers merveilleusement rudes en nostre langue, bien que les Grecs sont coustumiers de ce faire, comme par elegance. Exemple : *Vostre beauté a envoyé amour.* Ce vers icy te servira de patron pour te garder de ne tomber en telle aspreté, qui escraze plustost l'aureille que ne luy donne plaisir. Tu dois aussi noter que rien n'est si plaisant qu'un carme bien façonné, bien tourné, non entr'ouvert ny beant. Et pource, sauf le jugement de nos Aristarques, tu dois oster la derniere e fœminine, tant des vocables singuliers que pluriers, qui se finissent en *ce*, et en *ces*, quand de fortune ils se rencontrent au milieu de ton vers. Exemple du masculin plurier : *Roland avoit deux espées en main.* Ne sens-tu pas que ces *deux espées en main* offensent la delicatesse de l'aureille ? et pource tu dois mettre : *Roland avoit deux espés en la main*, ou autre chose semblable. Exemple de l'e fœminine singuliere : *Contre Mezance Enée print sa picque*. Ne sens-tu pas comme derechef *Enée* sonne tres-mal au milieu de ce vers ? pource tu mettras : *Contre Mezance Ené' branla sa picque*. Autant en est-il des vocables terminez en oue et ue, comme *roue, joue, nue, venue*, et mille autres qui doivent recevoir syncope au milieu de ton vers. Si tu veux que ton poëme soit ensemble doux et savoureux, pource tu mettras *rou', jou', nu'*, contre l'opinion de tous nos maistres qui n'ont de si prés avisé à la perfection de ce mestier. Encores je te veux bien admonester d'une chose tres-necessaire ; c'est quand tu trouveras des mots qui difficilement reçoivent ryme, comme *or, char*, et mille autres, ryme-les hardiment contre *fort, ort, accort, part, renart, art*, ostant par licence la derniere lettre t du mot fort, et mettant *for*, simplement avec la marque de l'apostrophe ; autant en feras-tu de *far*, pour *fard*, pour le rymer contre *char*. Je voy le plus souvent mille belles sentences, et mille beaux vers perdus par faute de telle hardiesse, si bien que sur *or*, je n'y voy jamais ryme que *tresor*, ou *or'*, pour *ores, Nestor, Hector*, et sur *char, Cesar*. Tu syncoperas aussi hardiment ce mot de *come*, et diras à ta necessité *com'* ; car je voy en quelle peine bien souvent on se trouve par faute de destourner l'e finale de ce mot, et mesme au commencement du vers. Tu accourciras aussi (je dis en tant que tu y seras contraint) les verbes trop longs, comme *donra*, pour *donnera, sautra* pour *sautera*, et non les verbes dont les infinitifs se terminent en e, lesquels au contraire tu n'allongeras point, et ne diras *prendera* pour *prendra, mordera* pour *mordra*, n'ayant en cela reigle plus parfaite que ton aureille, laquelle ne te trompera jamais, si tu veux prendre son conseil avec certain jugement et raison. Tu eviteras aussi l'abondance des monosyllabes en tes vers, pour estre rudes et mal-plaisans à oüir. Exemple : *Je vy le ciel si beau, si pur et net*.

Au reste, je te conseille d'user de la lettre *ò*, marquée de ceste marque, pour signifier *avecques*, à la façon des Anciens, comme *ò luy*, pour *avecques luy;* car *avecques* composé de trois syllabes donne le grand empeschement au vers, mesmement quand il est court. Je m'asseure que telles permissions n'auront si tost lieu que tu cognoistras incontinent de quelle peine se verront delivrez les plus jeunes, par le courage de ceux qui auront si hardiment osé. Tu pourras aussi à la mode des Grecs, qui disent οὔνομα pour ὄνομα, adjouster un u aprés un o, pour faire ta ryme plus riche et plus sonante, comme *troupe* pour *trope*, *Callioupe* pour *Calliope*. Tu n'oublieras jamais les articles, et tiendras pour tout certain que rien ne peut tant défigurer ton vers que les articles delaissez; autant en est-il des pronoms primitifs, comme *je, tu*, que tu n'oublieras non plus, si tu veux que tes carmes soient parfaits et de tous poincts bien accomplis. Je te dirois encores beaucoup de reigles et secrets de nostre Poësie; mais j'aime mieux en nous promenans te les apprendre de bouche, que les mettre par escrit, pour fascher, peut-estre, une bonne partie de ceux qui pensent estre grands maistres, dont à peine ont-ils encores touché les premiers outils de ce mestier.

DES VERS ALEXANDRINS.

Les Alexandrins tiennent la place, en nostre langue, telle que les vers heroïques entre les Grecs et les Latins, lesquels sont composez de douze à treize syllabes: les masculins de douze, les fœminins de treize; et ont tousjours leur repos sur la sixiesme syllabe, comme les vers communs sur la quatriesme, dont nous parlerons aprés. Exemple des masculins :

Madame, baisez-moy, je meurs en vous baisant.

où tu vois manifestement le repos de ce vers estre sur la sixiesme syllabe. Exemple du fœminin :

O ma belle maistresse, as-tu pas bonne envie ?

Tu dois icy noter que tous noms François qui ne se terminent en e lente, sans force et sans son, ou en es, sont fœminins ; tous les autres, de quelque terminaison qu'ils puissent estre, sont masculins. Exemple de e fœminin : *singuliere, femme, beste, nasarde, livre, escritoire*. Exemple de es : *livres, escritoires, chantres, etc.* Exemple des masculins : *donné, haut, chapeau, descendez, surmontez*. Il faut aussi entendre que les pluriers des verbes qui se finissent en ent, sont reputez fœminins, comme : ils *viennent, disent, souhaitent, parlent, marchent, etc.* La composition des Alexandrins doit estre grave, hautaine, et (s'il faut ainsi parler) altiloque, d'autant qu'ils sont plus longs que les autres, et sentiroient la prose, s'ils n'estoient composez de mots esleus, graves et resonnans, et d'une ryme assez riche, à fin que telle richesse empesche le style de la prose, et qu'elle se garde tousjours dans les aureilles, jusques à la fin de l'autre vers. Tu les feras donc les plus parfaits que tu pourras, et ne te contenteras point (comme la plus grand' part de ceux de nostre temps) qui pensent, comme j'ay dit, avoir accomply je ne sçay quoy de grand, quand ils ont rymé de la prose en vers. Tu as desja l'esprit assez bon, pour descouvrir tels versificateurs par leurs miserables escrits, et par la cognoissance des mauvais, faire jugement des bons, lesquels je ne veux particulierement nommer, pour estre en petit nombre, et de peur d'offenser ceux qui ne seroient couchez en ce papier ; aussi que je desire eviter l'impudence de telle maniere de gens. Car tu sçais bien que non seulement Κεραμεὺς, κεραμεῖ κοτές καὶ τέκτονι τέκτων, mais aussi ἀοιδὸς ἀοιδῷ.

[Si je n'ai commencé ma *Franciade* en vers Alexandrins, lesquels j'ay mis (comme tu sçais) en vogue et en honneur, il s'en faut prendre à ceux qui ont puis-

DE L'ART POETIQUE.

sance de me commander et non à ma volonté ; car cela est fait contre mon gré, esperant un jour la faire marcher à la cadence Alexandrine ; mais pour cette fois il faut obéir.] (¹)

DES VERS COMMUNS.

Les vers communs sont de dix à onze syllabes, les masculins de dix, les fœminins d'onze, et ont sur la quatriesme syllabe leur repos ou reprise d'haleine, ainsi que les vers Alexandrins sur la fin des six premieres syllabes. Or comme les Alexandrins sont propres pour les sujets heroïques, ceux-cy sont proprement naiz pour les amours, bien que les vers Alexandrins reçoivent quelquefois un sujet amoureux, et mesmement en Elegies et Eclogues, où ils ont assez bonne grace, quand ils sont bien composez. Exemple des vers communs masculins :

Heureux le Roy qui craint d'offenser Dieu.

Exemple du fœminin :

Pour ne dormir j'allume la bougie.

Telle maniere de carmes ont esté fort usitez entre les vieux Poëtes François ; je te conseille de t'y amuser quelque peu de temps avant que passer aux Alexandrins. Sur toute chose je te veux bien advertir, s'il est possible (car tousjours on ne fait pas ce qu'on propose), que les quatre premieres syllabes du vers commun ou les six premieres des Alexandrins, soient façonnées d'un sens, aucunement parfait, sans l'emprunter du mot suivant. Exemple du sens parfait :

Jeune beauté maistresse de ma vie.

Exemple du vers qui a le sens imparfait :

L'homme qui a esté dessus la mer.

---

1. Cet alinéa, ajouté en 1573, a été retranché dans les éditions posthumes.

DES AUTRES VERS EN GENERAL.

Les vers Alexandrins et les communs sont seuls entre tous qui reçoivent cesure sur la sixiesme et quatriesme syllabe. Car les autres marchent d'un pas licencieux, et se contentent seulement d'un certain nombre que tu pourras faire à plaisir, selon ta volonté, tantost de sept à huict syllabes, tantost de six à sept, tantost de cinq à six, tantost de quatre à trois, les masculins estans quelquefois les plus longs, quelquesfois les fœminins selon que la caprice te prendra. Tels vers sont merveilleusement propres pour la musique, la lyre et autres instrumens ; et pource quand tu les appelleras Lyriques, tu ne leur feras point de tort, tantost les allongeant, tantost les accourcissant, et aprés un grand vers un petit, ou deux petits, au chois de ton aureille, gardant tousjours le plus que tu pourras une bonne cadence de vers (comme je t'ay dit auparavant) pour la musique et autres instruments. Tu en pourras tirer les exemples en mille lieux de nos Poëtes François. Je te veux aussi bien advertir de hautement prononcer tes vers quand tu les feras, ou plustost les chanter quelque voix que puisses avoir, car cela est bien une des principales parties, que tu dois le plus curieusement observer.

DES PERSONNES DES VERBES FRANÇOIS,

ET DE L'ORTHOGRAPHIE. (¹)

Tu n'abuseras des personnes des verbes, mais les feras servir selon leur naturel, n'usurpant les unes pour les autres, comme plusieurs de nostre temps.

1. Les édit. posth. portent : *Orthographe*.

Exemple en la premiere personne, *j'alloy*, et non *j'allois*, *il alloit*; si ce n'est aux verbes anomaux, desquels nous avons grand' quantité en nostre langue, comme en toutes autres, et cela nous donne à cognoistre que le peuple ignorant a fait les langages, et non les sçavans; car les doctes n'eussent jamais tant créé de monstres en leur langue, qui se doit si sainctement honorer. Ils n'eussent jamais dit *sum*, *es*, *est*, mais plustost, *sum*, *sis*, *sit*; et n'eussent dit *bonus*, *melior*, *optimus*, ains *bonus*, *bonior*, *bonissimus*; mais ayant trouvé desja les mots faits par le peuple, ils ont esté contraints d'en user pour donner à entendre plus facilement au vulgaire leurs conceptions, par un langage desja receu. Tu pourras, avecques licence, user de la seconde personne pour la premiere, pourveu que la personne se finisse par une voyelle ou diphthongue, et que le mot suivant s'y commence, à fin d'eviter un mauvais son qui te pourroit offenser, comme *j'allois à Tours*, pour dire *j'alloy à Tours*; *je parlois à Madame*, pour *je parloy à Madame*, et mille autres semblables, qui te viendront à la plume en composant. Tu pourras aussi adjouster, par licence, une s à la premiere personne, pourveu que la ryme du premier vers le demande ainsi. Exemple :

> Puisque le Roy fait de si bonnes loix,
> Pour ton profit, ô France, je voudrois
> Qu'on les gardast.....

Tu ne rejetteras point les vieux verbes Picards, comme *voudroye* pour *voudroy*, *aimeroye*, *diroye*, *feroye*; car plus nous aurons de mots en nostre langue, plus elle sera parfaicte, et donnera moins de peine à celuy qui voudra pour passe-temps s'y employer. Tu diras selon la contrainte de ton vers, *or*, *ore*, *ores*, *adoncq*, *adoncque*, *adoncques*, *avecq'*, *avecques*, et mille autres, que sans crainte tu trancheras et allongeras ainsi qu'il te plaira, gardant tousjours une certaine mesure consultée par ton aureille, laquelle est certain juge de la structure des vers, comme l'œil de la peinture des tableaux. Tu eviteras toute orthographie superflue et ne mettras aucunes lettres en tels mots si tu ne les proferes; au moins tu en useras le plus sobrement que tu pourras en attendant meilleure reformation; tu escriras *écrire*, et non *escripre; cieux*, et non *cieulx*. Tu pardonneras encores à nos z, jusques à tant qu'elles soient remises aux lieux où elles doivent servir, comme en *roze, choze, espouze*, et mille autres. Quant au k, il est tres-utile en nostre langue, comme en ces mots : *kar, kalité, kantité, kaquet, kabaret*, et non le c, qui tantost occupe la force d'un k, tantost d'une s, selon qu'il a pleu à nos predecesseurs ignorans de les escrire, comme *France* pour *Franse;* et si on te dit qu'on prononceroit *Franze*, tu respondras que la lettre s ne se prononce jamais par un z. Autant en est-il de nostre g, qui souventesfois occupe si miserablement l'i consone, comme en *langage*, pour *langaje*. Autant en est-il de nostre q, et du c, lesquels il faudroit totalement oster, d'autant que le k, qui est le κ des Grecs, peut en nostre langue servir sans violence en lieu du q et du c. Il faudroit encores inventer des lettres doubles à l'imitation des Espagnols, de ill, et de gn, pour bien prononcer *orgueilleux, Monseigneur*, et reformer, ou la plus grand' part, nostre a, b, c, lequel je n'ay entrepris pour le present, t'ouvrant par si peu d'escriture la cognoissance de la verité de l'orthographie et de la Poësie que tu pourras plus amplement pratiquer de toy-mesme, comme bien nay, si tu comprens ce petit Abbregé, lequel en faveur de toy a esté en trois heures commencé et achevé. Joinct aussi que ceux qui sont si grands maistres de preceptes, comme Quintilian, ne sont jamais volontiers parfaits en leur mestier. Je te veux encore advertir de n'écorcher point le Latin, comme nos devanciers qui ont trop sottement tiré des Romains une infinité de vocables estrangers, veu qu'il y en avoit d'aussi bons en nostre propre langage. Toutesfois tu ne les desdaigneras s'ils sont desja receus et usitez d'un chacun ; tu composeras hardiment des mots à l'imitation des Grecs et Latins, pourveu qu'ils soient gracieux et plaisans à l'aureille, et n'auras soucy de ce que le vulgaire dira de toy, d'autant que les Poëtes, comme les plus hardis, ont les premiers forgé et composé les mots, lesquels pour estre beaux et significatifs ont passé par la bouche des Orateurs et du vulgaire, puis finalement ont esté receus, louez et admirez d'un chacun. J'ay entendu par plusieurs de mes amis, que si ceux qui se mesloient de la Poësie les plus estimez en ce mestier du temps du feu Roy François et Henry, eussent voulu sans envie permettre aux nouveaux une telle liberté, que nostre langue en abondance se feust en peu de temps egallée à celle des Romains et des Grecs. Tu tourneras les noms propres des anciens à la terminaison de ta langue, autant qu'il se peut faire, à l'imitation des Romains, qui ont approprié ce qu'ils ont peu des Grecs à leur langue Latine, comme 'Οδυσσευς, *Ulysses, Ulysse,* ou pour syncope *Ulys;* Αχιλλευς, *Achilles, Achille;* Ηρακλῆς, *Hercules, Hercule,* ou *Hercul;* Μενέλεως, *Menelaus, Menelas;* Νικόλεως, *Nicolaus, Nicolas.* Les autres sont demeurez en leur premiere terminaison, comme *Agamemnon, Hector, Paris,* et plusieurs autres que tu pourras par-cy, par-là trouver en la lecture des Autheurs. Tu ne desdaigneras les vieux mots François, d'autant que je les estime tousjours en vigueur, quoy qu'on die, jusques à ce qu'ils ayent fait renaistre en leur place, comme une vieille souche, un rejetton ; et lors tu te serviras du rejetton et non de la souche, laquelle fait aller toute sa substance à son petit enfant, pour le faire croistre et finalement l'establir en son lieu. De tous vocables quels qu'ils soient, en usage ou hors d'usage, s'il reste encores quelque partie d'eux, soit en nos verbe, adverbe, ou participe, tu le pourras par bonne et certaine analogie faire croistre et multiplier, d'autant que nostre langue est encores pauvre, et qu'il faut mettre peine, quoy que murmure le peuple, avec toute modestie de l'enrichir et cultiver. Exemple des vieux mots : puis que le nom de *verve* nous reste, tu pourras faire sur le nom le verbe *verver*, et l'adverbe *vervement;* sur le nom *d'essoine, essoiner, essoinement*, et mille autres tels ; et quand il n'y auroit que l'adverbe, tu pourras faire le verbe et le particife librement et hardiment; au pis aller tu le cotteras en la marge de ton livre, pour donner à entendre sa signification ; et sur les vocables receus en usage, comme *pays, eau, feu*, tu feras *payser, ever, fouer, evement, fouement;* et mille autres tels vocables qui ne voyent encores la lumiere, faute d'un hardy et bien-heureux entrepreneur.

Or si je cognois que cest Abbregé te soit agreable, et utile à la posterité, je te feray un plus long discours de nostre Poësie, comme elle se doit enrichir, de ses parties plus necessaires, du jugement qu'on en doit faire, si elle se peut regler aux pieds des vers Latins et Grecs ou non, comme il faut composer des verbes frequentatifs, inchoatifs, des noms comparatifs, superlatifs et autres tels ornements de nostre langage pauvre et manque de soy ; et ne se faut soucier, comme je l'ay dit tant de fois, de l'opinion que pourroit avoir le peuple de tes escrits, tenant pour regle toute asseurée qu'il vaut mieux servir à la verité qu'à l'opinion du peuple, qui ne veut sçavoir sinon ce qu'il void devant ses yeux, et croyant à credit, pense que nos devanciers estoient plus sages que nous, et qu'il les faut totalement suivre, sans rien inventer de nouveau, en cecy faisant grand tort à la bonne nature laquelle ils pensent pour le jourd'huy estre brehaigne et infertile en bons esprits, et que dés le commencement elle a respandu toutes ses vertus sur les premiers hommes, sans avoir rien retenu en espargne, pour donner comme mere tres-liberale à ses enfans, qui devoient naistre après au monde par le cours de tant de siecles à venir.

(1565.)

PREFACE SUR LA MUSIQUE.

AU ROY CHARLES IX. (¹)

Sire, tout ainsi que par la pierre de touche, on esprouve l'or s'il est bon ou mauvais, ainsi les anciens esprouvoyent par la Musique les esprits de ceux qui sont genereux, magnanimes, et non forvoyans de leur première essence; et de ceux qui sont engourdiz, paresseux, et abastardiz en ce corps mortel, ne se souvenant de la celeste armonie du ciel, non plus qu'aux compagnons d'Ulysse d'avoir esté hommes, après que Circé les eut transformés en porceaux. Car celuy, Sire, lequel oyant un doux accord d'instrumens ou la douceur de la voyx naturelle, ne s'en resjouist point, ne s'en esmeut point, et de teste en pieds n'en tressault point, comme doucement ravy, et si ne sçay comment derobé hors de soy ; c'est signe qu'il a l'ame tortue, vicieuse, et depravée, et du quel il se faut donner garde, comme de celuy qui n'est point heureusement né. Comment se pourroit-on accorder avec un homme qui de son naturel hayt les accords? celuy n'est digne de voyr la douce lumiere du soleil, qui ne fait honneur à la Musique, comme petite partie de celle, qui si armonieusement (comme dit Platon) agitte

---

1. Cette préface est extraite d'un livre intitulé : *Mélanges de cent quarante-huit Chansons tant de vieux auteurs que de modernes, à cinq, six, sept et huit parties, avec une préface de P. de Ronsard* (Paris, Ad. Leroy et Rob. Ballard, 1572, in-4° oblong). J'en dois la copie à l'obligeance de M. le conservateur de la Bibliothèque d'Upsal (Suède), où se trouve le seul exemplaire que je connaisse de cet ouvrage. Je saisis avec empressement cette occasion de remercier M. le bibliothécaire d'Upsal. P. B.

tout ce grand univers. Au contraire celuy qui lui porte honneur et reverence est ordinairement homme de bien, il a l'ame saine et gaillarde, et de son naturel ayme les choses haultes, la philosophie, le maniment des affaires politicques, le travail des guerres, et bref en tous offices honorables il fait tousjours apparoistre les estincelles de sa vertu. Or' de declarer icy que c'est que Musique, si elle est plus gouvernée de fureur que d'art, de ses concens, de ses tons, modulations, voyx, intervalles, sons, systemates, et commutations : de sa division en enarmonique, laquelle pour sa difficulté ne fut jamais parfaittement en usage : en chromatique, laquelle pour sa lasciveté fut par les anciens banye des republiques : en diatonique, laquelle comme la plus aprochante de la melodie de ce grand univers fut de tous approuvée. De parler de la Phrigienne, Dorienne, Lydienne : et comme quelques peuples de Grece animez d'armonie, alloyent courageusement à la guerre, comme nos soldats aujourd'huy au son des trompettes et tabourins : comme le Roy Alexandre oyant les chants de Timothée, devenoit furieux, et comme Agamemnon allant à Troye, laissa en sa maison tout expres je ne sçay quel Musicien Dorien, lequel par la vertu du pied Anapeste, moderoit les efrenées passions amoureuses de sa femme Clytemnestre, de l'amour de laquelle Ægiste emflamé ne peut jamais avoir joyssance, que premierement il n'eut fait meschamment mourir le Musicien : de vouloir encores deduire comme toutes choses sont composées d'accords, de mesures, et de proportions, tant au ciel, en la mer, qu'en la terre, de vouloir discourir davantage comme les plus honorables personnages des siecles passez se sont curieusement sentis espris des ardeurs de la Musique, tant monarques, princes, philosophes, gouverneurs de provinces, et cappitaines de renom : je n'auroys jamais fait; d'autant que la Musique a tousjours esté le signe et la marque de ceux qui se sont monstrez vertueux, magnanimes et veritablement nez pour ne sentir rien de vulgaire. Je prendray seullement pour exemple le feu Roy votre pere, que Dieu absolve, lequel ce pendant qu'il a regné a fait apparoistre combien le ciel l'avoit liberallement enrichy de toutes graces et de presens rares entre les Roys, lequel a surpassé soit en grandeur d'empire, soit en clemence, en liberalité, bonté, pieté et religion, non seullement tous les Princes ses predecesseurs, mais tous ceux qui ont jamais vescu portant cet honorable tiltre de Roy : lequel pour descouvrir les etincelles de sa bien naissance, et pour montrer qu'il estoit accomply de toutes vertus, a tant honoré, aymé, et prisé la Musique, que tous ceux qui restent aujourd'huy en France bien affectionnez à cet art, ne le sont tant tous ensemble, que tout seul particulierement l'estoit. Vous aussi, Sire, comme heritier et de son royaume et de ses vertus, monstrez combien vous estes son filz favorisé du ciel, d'aymer si perfaittement telle science et ses accords, sans lesquels chose de ce monde ne pourroit demourer en son entier. Or de vous conter icy d'Orphée, de Terpandre, d'Eumolpe, d'Arion, ce sont histoires desquelles je ne veux empescher le papier, comme choses à vous congneues. Seullement je vous reciteray que les plus magnanimes Roys faisoyent anciennement nourrir leurs enfans en la maison des Musiciens, comme Peleus qui envoya son filz Achille, et Æson son filz Jason, dedans l'antre venerable du centaure Chiron, pour estre instruitz tant aux armes qu'en la Medicine, et en l'art de Musique : d'autant que ces trois mestiers meslez ensemble ne sont mal seans à la grandeur d'un Prince; et advint d'Achille et de Jason, qui estoyent princes de votre age, un si recommandable exemple de vertu, que l'un fut honoré par le divin poëte Homere, comme le seul autheur de la prinse de Troye, et l'autre celebré par Apolloine Rhodien, comme le premier autheur d'avoir apris à la mer, de soufrir le fardeau incongnu des navires : lequel ayant outrepassé les roches Symplegades, et donté la furie de la froide mer de Scytie, finablement s'en retourna en son pays, enrichy de la noble toyson d'or. Donques, Sire, ces deux Princes vous seront comme patrons de la vertu, et quand quelques foys vous serez lassé de voz plus urgentes affaires, à leur imitation, vous adoucirez voz souciz par les accordz de la Musique, pour retourner plus fraiz et plus dispos à la charge royale que si dextrement vous suportez. Il ne faut aussi que votre Majesté s'esmerveille si ce livre de mellanges lequel vous est treshumblement dedié par voz treshumbles et tresobeissans serviteurs et imprimeurs Adrian le Roy, et Robert Ballard, est composé des plus vielles chanssons qui se puissent trouver aujourd'huy, pource qu'on a tousjours estimé la Musique des anciens estre la plus divine, d'autant qu'elle a esté composée en un siecle plus heureux, et moins entaché des vices qui regnent en ce dernier age de fer. Aussi les divines fureurs de Musique, de Poësie, et de paincture, ne viennent pas par degrés en perfection comme les autres sciences, mais par boutées et comme esclairs de feu, qui deça qui dela apparoissent en divers pays, puis tout en un coup s'esvanouissent. Et pource, Sire, quand il se manifeste quelque excellent ouvrier en cet art, vous le devez songneusement garder, comme chose d'autant excellente, que rarement elle apparoist. Entre lesquelz se sont, depuis six ou sept vingtz ans, eslevez, Josquin des Prez, Hennuyer de nation, et ses disciples Mouton, Vuillard, Richaffort, Jannequin, Maillard, Claudin, Moulu, Jaquet, Certon, Arcadet. Et de present le plus que divin Orlande, qui comme une mouche à miel a cueilly toutes les plus belles fleurs des antiens, et outre semble avoir seul desrobé l'harmonie des cieux, pour nous en resjouir en la terre, surpassant les antiens, et se faisant la seule merveille de notre temps. Plusieurs autres choses se pourroyent dire de la Musique, dont Plutarque et Boëce ont amplement fait mension. Mais ny la breveté de ce preface, ny la commodité du temps, ny la matiere ne me permet de vous en faire plus long discours, supliant le Createur, Sire, d'augmenter de plus en plus les vertus de votre Majesté, et vous continuer en la bonne affection qu'il vous plaist porter à la Musique, et à tous ceux qui s'estudient de faire reflorir soubz votre regne, les sciences et les artz qui florissoyent soubz l'empire de Cesar Auguste : du quel Auguste Dieu tout puissant vous vueille donner les ans, les victoyres, et la prosperité.

TRANSLATION

DE L'ORIGINAL LATIN DE LA FONDATION DU PRIEURÉ DE SAINCT COSME. [1]

COMMENT L'EGLISE DE SAINCT COSME A ÉTÉ INSTITUÉE PAR PIERRE LE DOYEN, ET LES AUTRES CHANOINES DE SAINCT MARTIN.

Veu que la naissance et accroissement de toute creature raisonnable retient, par un sort infaillible, sa cause, son principe, et son ordre, de l'eternité stable et immuable de l'esprit de Dieu tout-puissant; et veu que ce mesme Esprit, bien arresté constamment en la hautesse de son immuableté, dispose et ordonne mille sortes de moyens à un chacun des choses qu'il doit faire; il faut croire que devant la creation du monde, ce grand Esprit, premier moteur de l'univers, a eu prescience, et a predestiné ceux qu'il feroit venir mesme en la fin des siecles à la congnoissance de sa

---

1. Je dois cette pièce presque inconnue à M. Manceau, bibliothécaire de la ville du Mans, qui m'en a envoyé la copie avec le plus gracieux empressement. — P. B.

divinité; aussi a eu prescience de ceux ausquels elle commanderoit par ses divins advertissemens de resister aux vices et suivre les vertus, eslevant leurs cœurs aux esperances droictes et celestes, et les admonnestant de rechercher sans cesse ardamment la bonté de Dieu, par une affluence d'humbles prieres et oraisons. Doncques en toutes ces differentes manieres d'hommes inspirez d'une divine lumiere, tout ainsi qu'ils sont de diverses manieres, aussi un labeur de differante sorte d'estude et de devotion les exerce; lesquels combien qu'ils s'acheminent par un different chemin de bonnes œuvres, toutesfois avec une mesme intention de courage, mettent peine de parvenir à la fin de la beatitude eternelle. Prenez que nous passions maintenant soubs silence les Martyrs pourprez de leur sang, les excellens Confesseurs, les discrets Anachorettes, les Moines tousjours veillans; si est-ce que nous sommes contraints d'approuver, que la pure innocence de vivre des Chanoines s'efforce et tend à gaigner meritoirement la faveur et propitiation divine, combien qu'il avienne rarement; car après que quelques uns ont exterminé de leurs cœurs toute volupté du monde, et ont rejetté l'usage superflu des choses qu'on ne peut sainctement appeter, nous voyons qu'iceux insistent vigilamment en actions divines sans aucun defaut, se rangeant à une nouvelle façon de saincteté souz l'aspreté et austerité de la profession reguliere; et voyons encore que quelques uns d'iceux, poussez d'un ardant desir envers Dieu, et d'une charité fraternelle, transportent en commun (à l'imitation des Apostres) tous les biens qui leur estoient propres en la secularité, afin que leurs semblables y participent et en usent comme eux fraternellement, rejettant de leurs cœurs, au mesme instant, toute particuliere affectation de vivre à sa propre volonté.

Pour ce quelques Chanoines de S. Martin, desirans estre du nombre et de la devotion des dessus dits, se sont eslevez en l'an mil quatre vingts et douze, lesquels aprés avoir dormy leur somme avec une joyeuse douceur d'excessives delices, mignardez et nouris au giron de fortune favorable, mirent en arriere et mespriserent en fin les plaisirs mondains, tant de cœur que de jouïssance, et se sousmirent à se glorifier en un vil habit de discipline austere, rendans communs à ceux de leur habit tous les biens que particulierement ils possedoient, et qu'ils pouvoient par aprés honnestement acquerir; et esleurent pour la place en laquelle ils devoient vivre souz telle discretion, l'isle qui s'appelle S. Cosme, cogneue de plusieurs, en laquelle y avoit seulement une chapelle fondée, où presque personne n'habitoit : et demanderent au doyen de S. Martin nommé Pierre, et à un nommé Gautier, qui lors estoit maistre des œuvres et surintendant de l'estat des temples, et à tout le chapitre dudit S. Martin, que telle isle leur fust concedée pour vivre la vie dont ils avoient fait eslection ; ce qu'ils impetrerent par une franche liberalité dudit doyen, les favorisant en cela : tous les prevots le voulans, et toutes les dignitez aussi, assavoir, Bouchard chantre, Robert maistr' escolle, François soubzdoyen, Valentin cellerier, et tout le reste du chapitre s'y accordans, et loüans ceux qui embrassoient la conversation d'une si religieuse devotion ; car ladite petite eglise, avec toute l'isle seulement, par telle definition et arrest leur fut concedée, et à tous leurs successeurs vivans souz la mesme regle de tel ordre regulier, par le doyen, et par tous les clercs et chanoines dudit S. Martin. Doncques ledit Pierre doyen, de l'honneur duquel dependoit l'isle de S. Cosme, et tout le clergé de S. Martin, en ayant communiqué avec le conseil d'hommes sages et avisez, tous ensemble ont donné et concedé l'eglise et l'isle susdite aux chanoines qui les en requeroient, pour en jouïr librement et paisiblement en l'observance du susdit ordre : Prevoyans toutesfois à ce, et ordonnans que ceux qui avoient servy Dieu plus à leur aise, et moins estroittement au temple de Sainct

Martin, ne feussent changez ni transmuez en la possession d'un autre sainct, convertissant leur vie, mais s'efforçans de maintenir cet ordre promeu et avancé, et vivans en la possession de vertu, fussent maintenus au droict de leur heritage par la société qu'ils avoient avec l'eglise de S. Martin, comme domestiques de la mesme eglise. Doncques ils ont donné cette isle, de telle sorte, que jamais ny le doyen, ny le tresorier, ny le cellerier auquel cet affaire et cette chose regardoit, ny tout le reste de la communauté dudit clergé, n'en prendra rien dudit monastere de Sainct Cosme, et ne requerra luy en estre donné ny rendu aucune chose des freres retirez audit lieu, soit par droict hereditaire, soit par droict precaire, soit à quelqu'autre charge et condition que ce soit : lesdits freres seulement seront tenus recongnoistre qu'ils sont establis souz la maison du chef du bien-heureux Sainct Martin. Que si par avanture quelque jour ce lieu prenoit tel accroissement, que les freres du monastere voulussent creer un prieur, aprés qu'il aura esté esleu d'eux aùparavant, et qu'il aura esté offert au chapitre de Sainct Martin, il y sera estably sans aucune controverse ny debat par les dignitez dudit chapitre : et les freres dudit monastere pourront entrer au chœur de Sainct Martin, sauf toutesfois la coustume du lieu dudit Sainct; et lorsqu'ils assisteront aux services dudit lieu, sans aucune differance, ils y serviront, iront aux obseques solemnels qui se feront en l'eglise de S. Martin pour les defuncts chanoines, et se trouveront seulement à l'enterrement d'iceux chanoines : aussi en recompense de telle soumission et obeïssance, les chanoines de S. Martin auront soin reciproquement des chanoines reguliers de S. Cosme, exemptez seulement de la fatigue de procession.

Que si quelqu'un d'iceux chanoines reguliers, par une lascive et vagabonde incertitude d'esprit, se retiroit dudit ordre, s'essayant d'oster de son chef l'austerité et severité requise; ou si tel vouloit par sa rebelle opiniastreté amoindrir cet ordre promeu, ou du tout le pervertir; ou si tous ensemble, pour la difficulté de telle religion austere, rejettant le joug, monstroient se vouloir laisser aller à une vie plus molle et paresseuse, et corrigez, ne vouloient s'amender; le chapitre de Sainct Martin s'est reservé la puissance de chasser de ladite eglise de S. Cosme, celuy ou ceux en general et en particulier, qui demeureroient incorrigibles et voudroient perseverer en leur impieté et dureté de cœur, pour subroger en leur place en ce sainct ordre et religion maintenant establie (non en une religion monachalle, ny au commun canonical) autres de mesme profession; voulans à tout jamais conserver en ce lieu un tel ordre, avec la vigueur de sa religion, et ne voulant jamais le priver de ses biens, ny de la communauté de l'eglise Sainct Martin, ains l'augmenter selon qu'ils verront telle religion s'accroistre. Que si le nombre de ces freres religieux pullule jusques à douze ou davantage, en tel convent, par cy apres, honorera de sa presence les Rogations Gregoriennes en l'eglise du bien-heureux Sainct Martin.

Le clergé du bien-heureux Sainct Martin a pour recommandé et recommande le memorial de ce privilége, et ordonne qu'il demeure perpetuellement ainsi, sans estre violé ny corrompu. Il anathematize les violateurs et infracteurs dudit privilege, et le fortifie du seing de son tesmoignage, souscrivant à leurs successeurs, qu'ils le lisent afin de l'observer et garder. Ainsi signez, P. doyen, Gautier trés., Robert m., Bouchard chantre, Foucher souzd., Valentin cellerier, Othon capitulans, Robert vandomois, quatre nommez Geofrois, Lambert diacre, Ramart, Humbert, Rorgan, Vincent, Ulger, Hervé, prestres : Foucher chambrier, Mathieu prevost, Turelin prevost, et le prevost Venant : Guillaume torterier, Radulphe, Hugon, Breton, et le commun.

Rendu confirmé autentiqué, l'an mil nonante deux, aprés la Nativité de nostre Seigneur, souz la 15. Indiction romaine, l'an 35. de l'empire de Philippes, entre les mains de Jugon et de Letard chanoines, l'un prestre, et l'autre levite. Aderbal administrateur en ce temps là des escolles de S. Martin, enregistra de sa main ce present memorial de privilege, composé par l'entendement de Scricer, fait durant l'Epacte neufiéme quatre ans concurrants avec le bissexte.

Le tout fidelement traduit sur l'original latin, par feu de bonne memoire messire Pierre de Ronsard, Prince des Poëtes françois, et Prieur commandataire dudit prieuré de Sainct Cosme.

Imprimé à Tours, chez Jacques POINSOT et Claude BRICET, Imprimeurs ordinaires du Roy, à l'Enseigne du Nom de Jesus. M. DC. XXXVII.

FIN DU TOME SEPTIÈME ET DERNIER.

TABLE DES MATIÈRES

CONTENUES DANS CE VOLUME.

DISCOURS.

	Pages
Ad. Carolum Agenoreum	6
Avertissement	7
Discours des miseres de ce temps	9
Continuation des miseres	17
Institution pour l'adolescence de Charles IX	33
Elegie sur le tumulte d'Amboise	39
Discours à Louys des Masures	49
Remonstrance au peuple de France	54
Prognostiques sur les miseres de ce temps	82
Epistre	84
Divers effects des quatre humeurs qui sont en frere Zamariel	87
Le Temple de Ronsard	88
Response aux calomnies des predicans, etc.	95
Aux bons medecins predicans	133
In Petrum Ronsardum coaxatio	134
Ronsardi responsum	134
In Laudem Ronsardi	135

TABLE

	Pages
Epistre au lecteur.	136
Priere à Dieu pour la victoire.	149
L'Hydre desfaict.	155
Les Elemens ennemis de l'Hydre.	163

EPITAPHES.

Le derrenier honneur qu'on doit	168
Sur le cœur de Henry II (sonnet)	169
Le tombeau de Charles IX.	170
Sonnet de luy-mesme.	175
A M. Arnaut Sorbin (sonnet)	176
A Luy-mesme (sonnet)	177
Le tombeau de Marguerite de France	177
Epitaphe de François de Bourbon.	191
Prosopopée de François de Lorraine.	193
Epitaphe de M. d'Annebault.	194
— de Roch Chasteigner.	198
— de H. Strosse	202
Elegie en forme d'Epitaphe d'A. Chasteigner.	202
Epitaphe d'Anne de Montmorency.	208
— de Louys de Bueil.	215
— du jeune la Chastre	216
— de Ph. de Commines.	218
— d'Artuse de Vernon.	221
— d'André Blondet	222
— de Loyse de Mailly.	225
— de Claude de L'Aubespine	227
— de M. le President de Sainct-André	231
Sixain pour les cœurs de MM. de L'Aubespine.	233
Epitaphe de Françoise de Vieil-Pont.	233
— de Mlle Anne L'Esrat.	236
— de Marulle.	238
Sur le trespas d'A. Turnebe.	239
Epitaphe de J. de La Peruse	240
— de N. Vergece.	241
— de Marie Brachet.	242

DES MATIÈRES. 349
Pages
Epitaphe de Quélus 243
Pour le seigneur de Maugiron (sonnet) 246
Epitaphe de Remy Belleau 247
    — d'Albert. 247
    — de Courte, chienne de Charles IX 250
Dialogue de Beaumont, levrier du Roy, et de Caron. 253
Epitaphe de la Barbiche de madame de Villeroy . . . 257
    — de Thomas 259
    — de J. Mernable. 260
    — de J. Martin 261
Le Passant respond à l'Esprit. 265
Epitaphe de Hugues Salel. 267
    — d'André Blondet 270
Pour luy-mesme. 271
Epitaphe de Loys de Mailly. 271
Sur le tombeau de J. Brinon 272
Epitaphe de F. Rabelais. 273
    — de Rose. 275
    — de Quélus 276
    — de L'Aubespine 276
    — de Ch. de Bourdeille 277

FRAGMENTS.

Je chante par quel art. 279
Mon Prince, illustre sang 280
Fragment du Plutus d'Aristophane. 281
Si quelque Dameret se farde 306
Commencement d'Hercule Tue-Lyon. 306
A Jean Galland. 307
Jugement de Ronsard sur ses contemporains. . . . 308

LES DERNIERS VERS DE RONSARD.

Stances. J'ay varié ma vie. 311
Sonnet I. Je n'ay plus que les os 312
    — II. Meschantes nuicts d'hyver. 312

TABLE DES MATIÈRES.

	Pages
Sonnet III. *Donne-moy tes presens*.	313
— IV. *Ah! longues nuicts*.	313
— V. *Quoy, mon ame, dors-tu*	314
— VI. *Il faut laisser maisons*.	314
Tombeau de l'autheur, par luy-mesme.	315
A son ame : *Amelette Ronsardelette*	315
ABBREGÉ DE L'ART POÉTIQUE	317
PRÉFACE SUR LA MUSIQUE.	337
FONDATION DU PRIEURÉ DE SAINT-COSME	341

FIN.

LECTEUR DEBONNAIRE,

Je ne veux achever ce Septième Volume sans t'avertir que les Œuvres de P. de Ronsard, présentement mises au jour pour la *dix-septième fois*, comprennent un volume sans lettre numérale qui doit être mis en tête des autres, et qui contient la Vie du Poète, ses Œuvres inédites, son Oraison funèbre, etc.; plus une Notice bibliographique, les Tables détaillées des Amours et des Odes, qui eussent enflé outre mesure les Tomes I et II; enfin une Liste alphabétique de tous ceux de ses Contemporains que Ronsard a nommés dans ses Œuvres.

Je dois aussi te confesser que tu y trouveras certaines fautes qu'un mieux instruit eût heureusement évitées et dont je note ci-dessous les plus capitales, laissant à ton savoir le soin d'amender les autres.

T. I. — Page 30. Le *Sonnet de l'auteur à son livre* est signalé à tort comme ayant paru pour la première fois en 1564. Il a été reproduit à la fin du t. V, tel qu'il avait été imprimé en 1552, à la fin de la première édition des Amours. — Page 50. Sonnet LXXXVII. Le nom de Saint-Gelais, qui figurait primitivement au 12e vers, a été bien vite remplacé par celui de *Des Autels*. — Page 398. La chanson: *Je te hay bien*, se lit de nouveau page 441. Une ou deux pièces peu importantes ont été ainsi répétées.

T. II. — Page 299. Six strophes de l'*Ode à Madame Marguerite*, retrouvées par M. Ed. Turquety dans l'éd. originale, sont imprimées au volume préliminaire. Elles concernent Saint-Gelais.

T. III. — Page 286. Après la ligne 8e, ont été omis huit vers; ils ont été rétablis page 305 de ce volume. — A la

Table après : LE BOCAGE ROYAL, on a omis : *le Panegyrique de la Renommée au Roy Henry III*... 265.

T. IV. — Page 177. Dans le sonnet dédicatoire de la *Charite*, manque le 7ᵉ vers :

   Ny du peuple mordu, repris, ny envié.

T. VII. — Page 6. J'ai traduit à tort *Carolus Agenoreus* ('Αγήνωρ : Vaillant) par Charles Vaillant, pensant qu'il s'agissait d'un parent de Germain Vaillant de La Guesle, abbé de Pimpont. Je me suis aperçu trop tard que c'était *Charles d'Angennes*, cardinal de Rambouillet.

Il me reste encore, suivant l'exemple des anciens, à solliciter ton indulgence pour ce mien travail, consacré à la gloire du grand Vendômois, PIERRE DE RONSARD, travail auquel j'ai employé douze années, dans le dessein de t'être agréable, et enfin à te dire

   A DIEU, BENEVOLE LECTEUR.

           PROSPER BLANCHEMAIN.

ACHEVÉ D'IMPRIMER A NOGENT-LE-ROTROU,
PAR A. GOUVERNEUR,
LE XII MARS M. DCCC. LXVII.

www.ingramcontent.com/pod-product-compliance
Lightning Source LLC
Chambersburg PA
CBHW060324170426
43202CB00014B/2667